STARK IN...
Mathematatik 2

Schroedel

Stark in Mathematik 2

Bearbeitet von
Ludwig Augustin, Prof. Dr. Eugen Bauhoff, Rolf Breiter, Kathrin Dieterich,
Heinz Fehrmann, Andrea Gotsche-Drötboom, Walter Kaub, Sybille Stefener

in Zusammenarbeit mit der Verlagsredaktion

Zum Schülerband erscheinen
Arbeitsheft 2 Teil 1 (43337)
Arbeitsheft 2 Teil 2 (43338)
Förderheft 2 (43342)
Materialien für Lehrerinnen und Lehrer (43332)
Lösungen (83329)

Druck A ^{4} / Jahr 2012
Alle Drucke der Serie A sind im Unterricht parallel verwendbar.

Umschlaggestaltung: boje 5 Grafik & Werbung, Eckard Schönke, Braunschweig
Innenlayout: init. Büro für Gestaltung, Bielefeld
Illustrationen: Dietmar Griese; Zeichnungen: Günter Schlierf, Peter Langner
Herstellung: Dirk Walter-von Lüderitz
Satz: DTP Heimservice Gundolf Porr, 76726 Germersheim
Druck und Bindung: westermann druck GmbH, Braunschweig

ISBN 978-3-507-**43326**-7

Inhaltsverzeichnis

Bildquellenverzeichnis. Umschlag, Marc Dietrich; Panther Media GmbH, München; S. 5, Peter Lehner – Mauritius, Mittenwald; S. 6 (Schwimmer) Jörg Lantelme, Kassel; S. 6 (Radfahren, PC- Spiele, Lesen) 50, 52 (Bahnhofsuhr, Laptop), 53, 54, 80, 95, 96, 97, 100, 122, 138, 144, 152, 163, 168, 170, 172, 177, 178, 180, 181, 183, 189, 190, 198, 202, 207, 208, 209 (Aquarium) H. Kittel, Schwäbisch Gmünd; S. 14 Bartlomiej Banaszak – DB AG, Berlin; S. 23 Werner Otto, Oberhausen; S. 27 (Springfloh) Hecker/Sauer – Blickwinkel, Witten; S. 27 (Känguru) Seeber, Berlin; S. 27 (Springfrosch) Konrad Wothe – LOOK-foto, München; S. 29 J. Kottmann – blickwinkel, Witten; S. 31 (Riesenschildkröte), 52 (Krokodil) Corbis, Düsseldorf; S. 31 (Elefant), 209 (Guppy) Tierbildarchiv Angermayer, Holzkirchen; S. 31 (Orang-Utan, Kaninchen) Vario Images, Bonn; S. 31 (Faultier) The Image Works Visum, Hamburg; S. 31 (Pfau) Mauritius, Mittenwald; S. 31 (Känguru) Jean-Paul Ferrero/Auscape/SAVE – Okapia KG, Frankfurt; S. 31 (Meerschweinchen) Vitalkraftwerke, Bremen; S. 31 (Sinai-Stachelmaus) NPL – Arco Images, Lünen; S. 33 Jochen Zick – Keystone, Hamburg; S. 40 Sebastian Schupfner, Hamburg; S. 42 Fotoagentur SVEN SIMON; S. 43 F.-P. Tschauner – dpa Picture-Alliance, Frankfurt; S. 45 (Königstiger) Thorsten Milse – Picture Press, Hamburg; S. 45 (Wanderfalke) TopicMedia Service, Ottobrunn; S. 49 www.stillsonline.de, Hamburg; S. 52 (Leiter) Hailo-Werk, Haiger/OT Flammersbach; S. 52 (Autobahnkreuz) www.Luftbild-Bertram.de – Blickwinkel, Witten; S. 52 (Skispringer) Reinhard Eisele – project photos, Augsburg; S. 52 (Drachen) www.BilderBox.com, A-Thening; S. 52 (Kran) HSC – A1PIX, Taufkirchen; S. 52 (Signal) STELLA – Alimdi.net, Deisenhofen; S. 58 SGM – A1PIX, Taufkirchen; S. 67 Jonathan Ferrey – Getty Images, München; S. 83 Matthias Tunger, München; S. 84 photothek.net GbR, Berlin; S. 87 Schroedel-Archiv; S. 105 (Kartoffeln) Grafica – Mauritius, Mittenwald; S. 105 (Tomaten) Justus de Cuveland – Fotex, Hamburg; S. 113 Jochen Tack, Essen; S. 116 R. Frank – Arco Images, Lünen; S. 118 W. Otto – F1 Online, Frankfurt; S. 119 Torsten Krueger/Das Fotoarchiv, Essen; S. 121 Wothe, K. – Arco Images, Lünen; S. 139 (Getränke) Photostudio Druwe & Polastri, Cremlingen; S. 139 (Brot) Ulrike Köcher, Hannover; S. 139 (Nudeln) Ulrich Niehoff – Alimdi.net, Deisenhofen; S. 139 (Gemüse) Annette Falck – Jump Fotoagentur, Hamburg; S. 139 (Säfte) Photostudio Druwe & Polastri, Cremlingen; S. 139 (Milch) Minkus, Isernhagen; S. 139 (Fleisch) Natterer, Freiburg; S. 139 (Fisch) Chromorange – Bildagentur-online, Burgkunstadt; S. 139 (Butter) Ulrich Niehoff – Alimdi.net, Deisenhofen; S. 140 Mauritius, Mittenwald; S. 149 (Fenster) artvertise, Gütersloh; S. 149 (Drachen) Vario Images, Bonn; S. 149 (Segelboot) GEN – A1PIX, Taufkirchen; S. 149 (Verkehrsschild) Markus Hanke – Visum, Hamburg; S. 154 (Segelboot) Günter Zucchi – Interfoto, München; S. 154 (Windsurfer) Uwe Schmid-Fotografie, Duisburg; S. 183 (Internetcafe) Jochen Tack – Das Fotoarchiv, Essen; S. 187 Dieter Rixe, Braunschweig; S. 198 Rosenfeld – Mauritius, Mittenwald; S. 201 www.MarkusHanke.de, Hamburg; S. 206 Hartmut Freese, Steinhude; S. 209 (Panzerwels, Neonsalm) Reinhard Tierfoto, Heiligkreuzsteinach

Rechnen bis 10 000

Freizeit

1 Die Klasse 7B hat an ihrer Schule eine Befragung über Freizeitaktivitäten in den Sommerferien durchgeführt.
Carlo hat zu den Ergebnissen der Jungen ein Säulendiagramm gezeichnet.
Lies die Zahlen im Säulendiagramm ab und trage sie in eine Liste ein.

Schwimmen:	75
Fahrradfahren:	
PC-Spiele:	
Freunde treffen:	

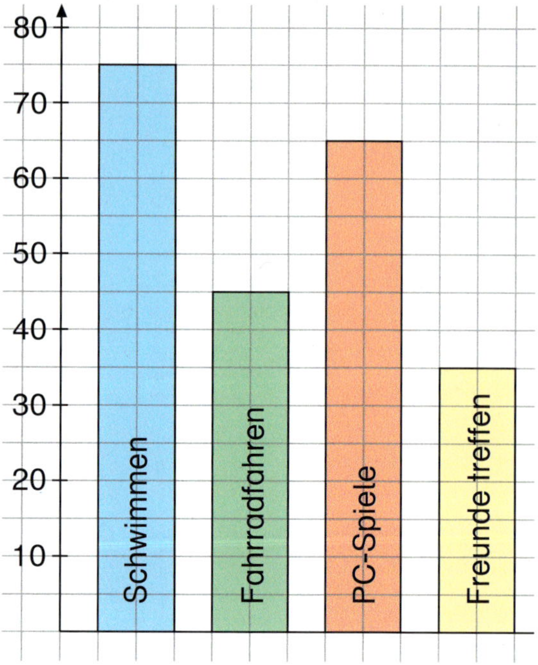

2 Jana hat die Ergebnisse der Mädchen aufgeschrieben.
Zeichne das vollständige Säulendiagramm dazu in dein Heft.

Schwimmen:	30
Freunde treffen:	40
Lesen:	15
Shoppen:	20

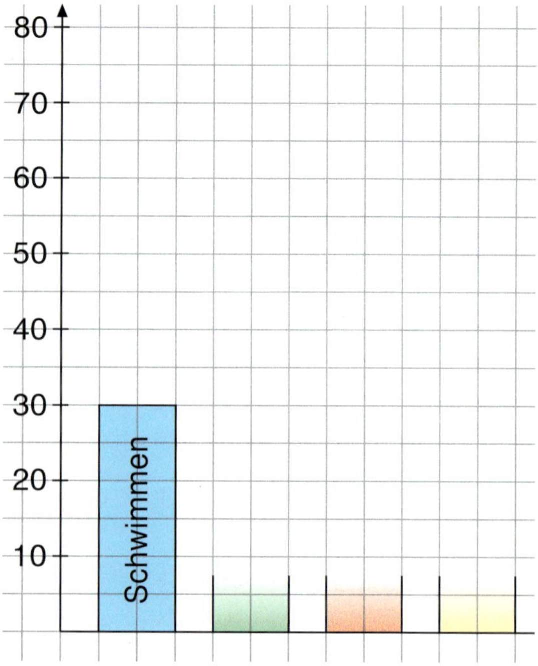

1 In der Zeitung findet Julian ein Säulendiagramm. Es zeigt die Besucherzahlen eines Wildtierparks in den Sommermonaten.

a) Wie viele Besucher kamen jeweils im Juni, Juli und August?

b) Wie viele Besucher hatte der Wildtierpark in diesen drei Monaten zusammen?

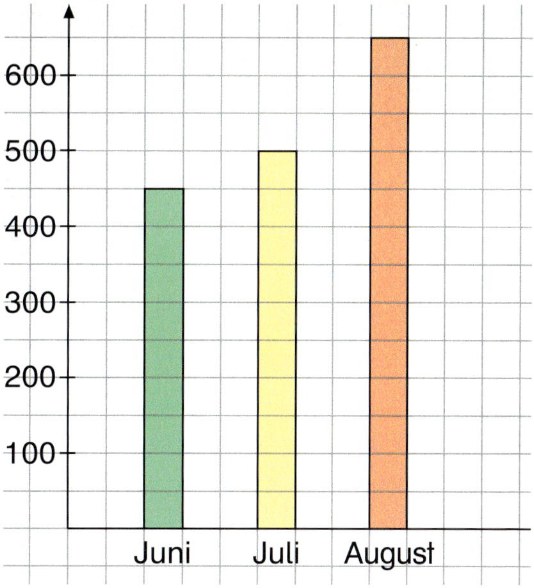

2 Zeichne zu den Zahlen aus der Zeitung ein Säulendiagramm.

Freizeitverhalten im Wandel

In diesem Sommer waren die folgenden Aktivitäten der Renner in unserer Region (2000 Jugendliche befragt):

PC-Spiele und Chatten:	900
Sport:	450
Ausflüge unternehmen:	300
Freunde treffen:	350

3 Die Schüler der Burgschule haben eine Umfrage zum Thema *Wie viel Zeit verbringst du am PC?* durchgeführt.
Übertrage das Säulendiagramm und die Liste in dein Heft.
Vervollständige das Säulendiagramm und ergänze die Liste.

1 h – 2 h täglich:	40 Schüler
2 h – 3 h täglich:	95 Schüler
3 h – 4 h täglich:	
mehr als 4 h:	15 Schüler

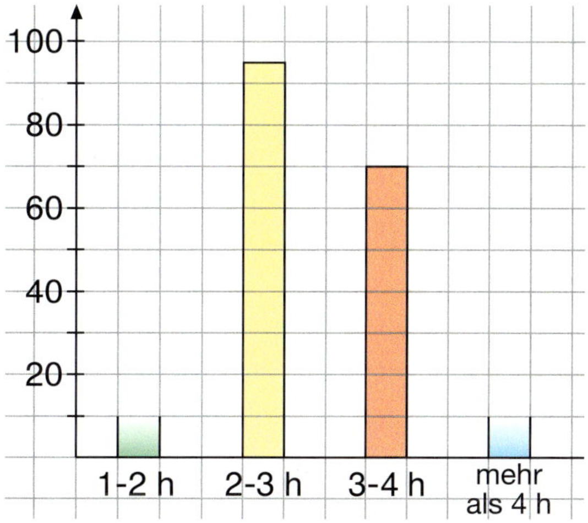

4 Führt an eurer Schule eine Umfrage durch.
Überlegt euch ein Thema.
Zeichnet zu den Ergebnissen ein Säulendiagramm.

Zahlen ordnen und vergleichen

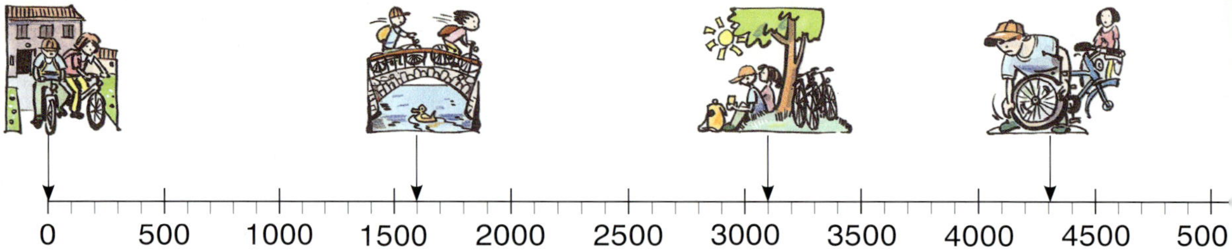

1 a) Beschreibe die Fahrradtour von Christoph und Pia.
b) Wie heißen die Zahlen bei den Pfeilen?

2 Zeige auf der Wegstrecke folgende Stellen.
a) 1 000, 3 000, 5 000, 7 000, 9 000
b) 500, 4 500, 5 500, 7 500, 9 500
c) 800, 2 200, 5 800, 7 300, 9 400
d) 600, 1 800, 3 600, 6 200, 8 400

3 Schreibe zu jeder Zahl die Nachbartausender auf.

1 000 | 1 400 | 2 000

a) 1 400, 3 700, 8 200, 6 600, 2 900, 9 300
b) 2 170, 5 650, 9 423, 3 224, 8 615, 1 514

4 Wie heißen die Zahlen bei den Fahnen?
Zwischen welchen Hundertern liegen sie?

A: 6 200 | 6 210 | 6 300

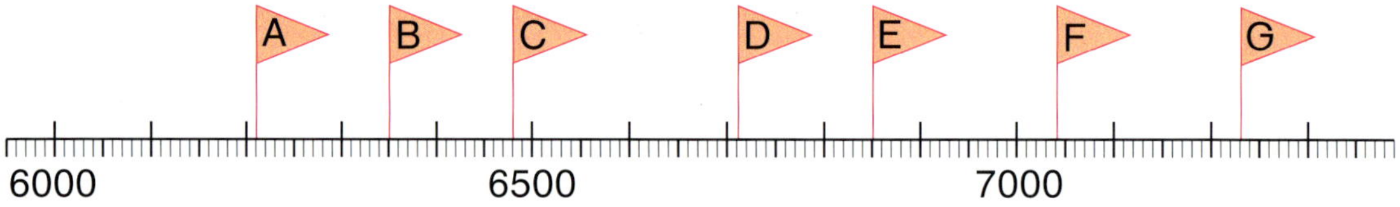

5 Zwischen welchen Hundertern liegt die Zahl?
a) 4 160, 6 270, 3 660, 8 010, 7 520, 5 890, 2 340
b) 5 709, 2 321, 5 709, 4 101, 1 045, 7 981, 9 815

6 Wie heißt die Zahl in der Mitte?

a)
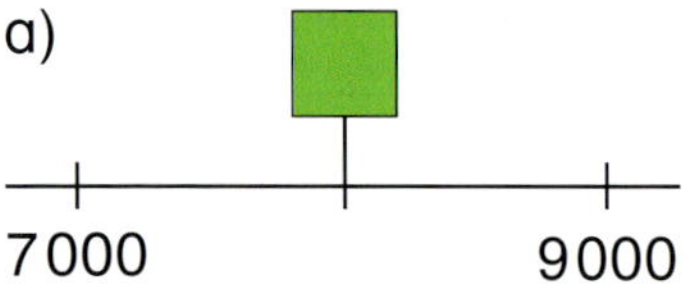

b)
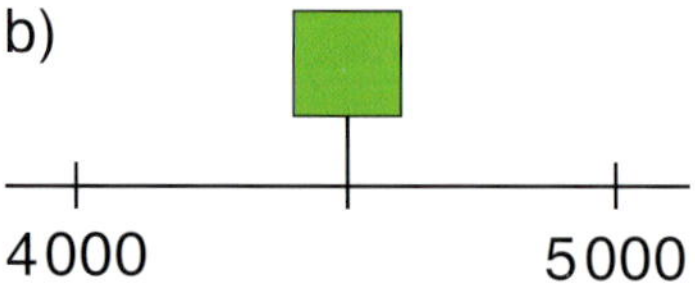

c)
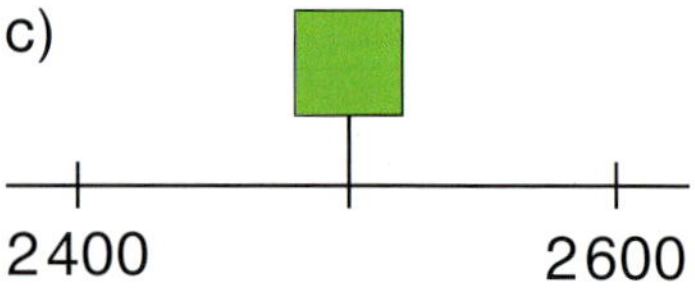

7 Wie heißt der Vorgänger, wie heißt der Nachfolger?

3 461 | 3 462 | 3 463

a) 3 462, 2 935, 6 579
b) 2 790, 5 299, 4 670
c) 5 100, 3 000, 8 999
d) 7 920, 9 999, 3 700

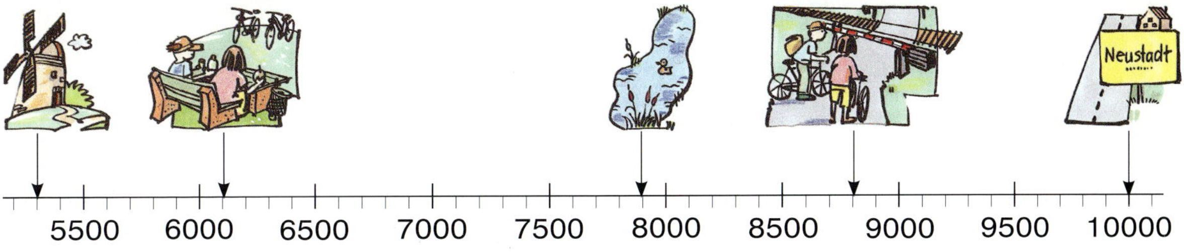

1 Setze die Zahlenreihe fort.

a)	3300	3400								4200
b)	4640	4650								4730
c)	8970	8980								9060
d)	2200	2100								1300
e)	9400	9300								8500
f)	1300	1200								400

2 Kleiner, größer oder gleich? Setze ein: <, > oder =

a) 4235 ■ 1816 b) 5924 ■ 5948 c) 4236 ■ 4239
2170 ■ 5380 3280 ■ 3790 7815 ■ 7820
6728 ■ 3539 1630 ■ 1230 9999 ■ 9998
3924 ■ 6217 2365 ■ 2365 2001 ■ 2000

ist größer als

4	2	3	5	>	1	8	1	6
2	1	7	0	<	5	3	8	0

ist kleiner als

3 Ordne die Zahlen nach der Größe. Beginne mit der kleinsten Zahl.

a) 3420, 6870, 4290, 1970

b) 2960, 5340, 9710, 7190

c) 4315, 2926, 4837, 3508

d) 1316, 3625, 3242, 1761

e) 6565, 6865, 5650, 5850

4 Bilde mindestens 6 verschiedene Zahlen und schreibe sie wie im Beispiel auf.

a) b)

Addieren und Subtrahieren

1 Welche Aufgabe passt zum Bild? Schreibe Frage, Rechnung und Antwort auf.

8 300 + 300

8 300 – 300

2
a) 400 + 500
200 + 700
800 + 100

b) 5 000 + 2 000
3 000 + 5 000
7 000 + 2 000

c) 800 – 300
600 – 400
900 – 500

d) 4 000 – 2 000
6 000 – 3 000
5 000 – 4 000

3
a) 3 000 + 400
6 000 + 700
2 000 + 500

b) 7 000 + 200
9 000 + 600
4 000 + 100

c) 4 200 + 600
3 500 + 300
1 200 + 700

d) 5 800 + 100
1 100 + 700
8 400 + 400

4 In jedem Ball ergeben zwei Zahlen dieselbe Summe wie die beiden anderen.

a) 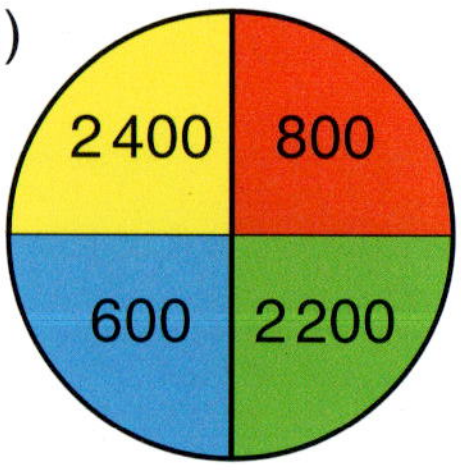

b) 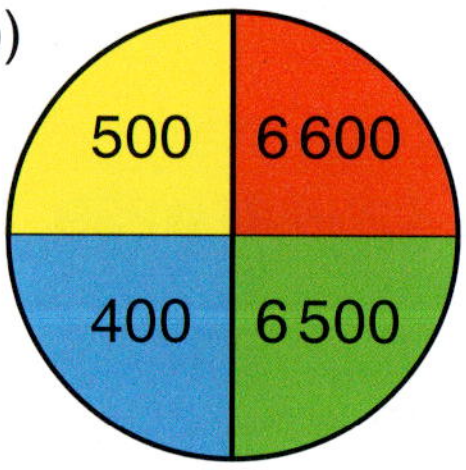

c) 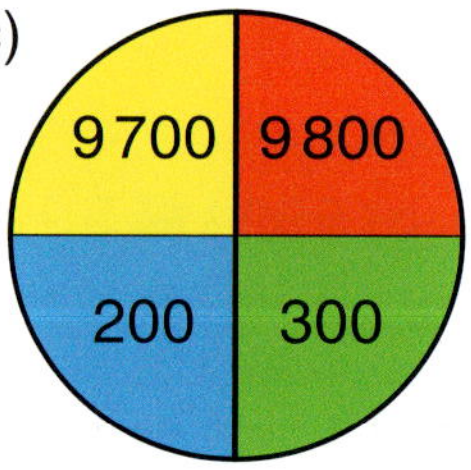

d) 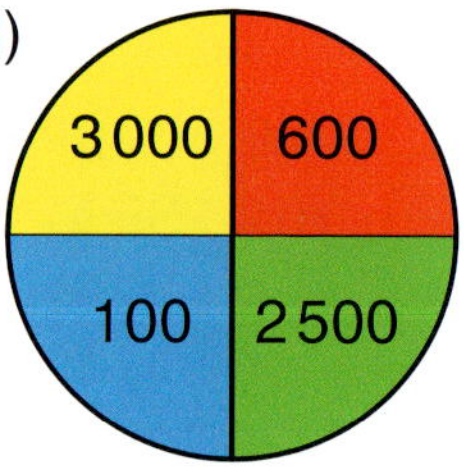

5
a) 3 800 – 600
4 500 – 300
6 700 – 500

b) 8 800 – 700
9 200 – 100
7 500 – 400

c) 3 000 – 600
5 000 – 200
2 000 – 100

d) 7 000 – 400
10 000 – 300
9 000 – 700

6
a) 2 400 + 3 000
4 800 + 2 000
5 100 + 4 000

b) 6 600 + 1 300
4 500 + 3 100
8 200 + 1 700

c) 6 400 – 2 000
8 500 – 4 000
1 900 – 1 000

d) 8 300 – 5 100
9 600 – 2 400
3 900 – 2 800

7 Wie geht es weiter? Schreibe noch zwei Aufgaben mit Ergebnis dazu.

a) 2 100 + 1 300
2 200 + 1 400
2 300 + 1 500

b) 3 200 + 5 600
3 300 + 5 500
3 400 + 5 400

c) 8 800 – 1 100
8 700 – 1 200
8 600 – 1 300

d) 9 800 – 2 600
9 700 – 2 500
9 600 – 2 400

8

a)	4 200	+	70	250	600	90	310	20	800	30
b)	5 500	–	60	400	200	80	100	20	500	50
c)	7 700	+	90	140	300	30	240	80	270	50

1 Eine Firma hat 9500 Lackdosen bestellt.
Es werden nur 4100 Lackdosen geliefert.
Welche Aufgabe passt zum Text?
Schreibe Frage, Rechnung und Antwort auf.

9500 + 4100   9500 – 4100

2
a) 3900 + 200
5800 + 400
2700 + 400
4600 + 600

b) 7500 + 700
6800 + 500
8500 + 600
1400 + 800

c) 4100 – 200
6300 – 400
3200 – 500
1400 – 600

d) 9500 – 700
7300 – 600
2600 – 800
1200 – 500

3 Jeder Lkw kann 7500 kg laden.
Wie viel Kilogramm können jeweils noch zugeladen werden?

a) 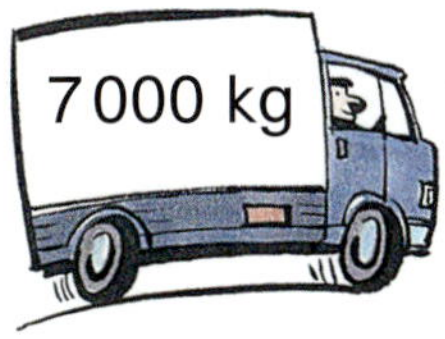

b) 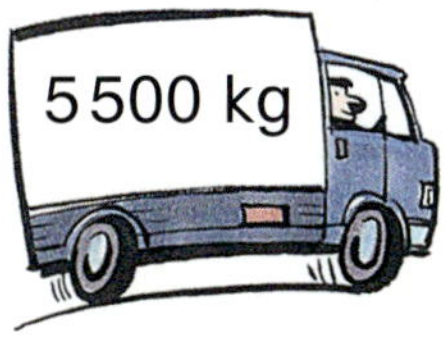

c) 

d) 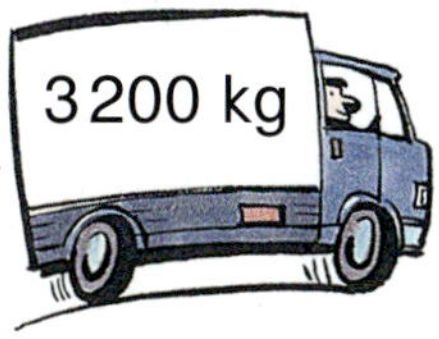

4
a) 2500 + ■ = 3000
4800 + ■ = 5000
8200 + ■ = 9000
1300 + ■ = 2000

b) ■ + 2300 = 3300
■ + 4500 = 6500
■ + 3400 = 5400
■ + 6100 = 9100

c) 1800 + ■ = 2100
5900 + ■ = 6400
900 + ■ = 1800
4700 + ■ = 8800

5 Bilde mindestens 3 Aufgaben (+ oder –).
Das Ergebnis soll kleiner als 4000 sein.

a) 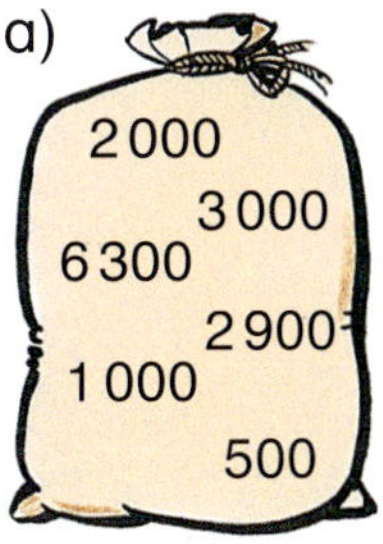

b) 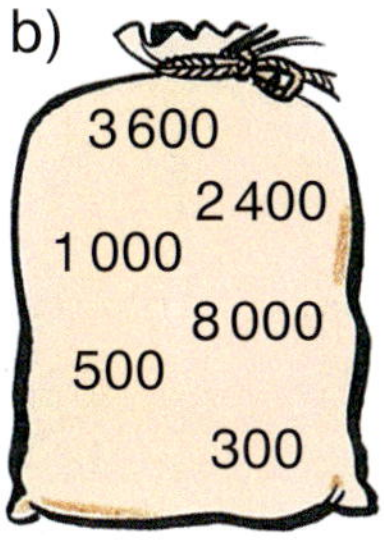

c) 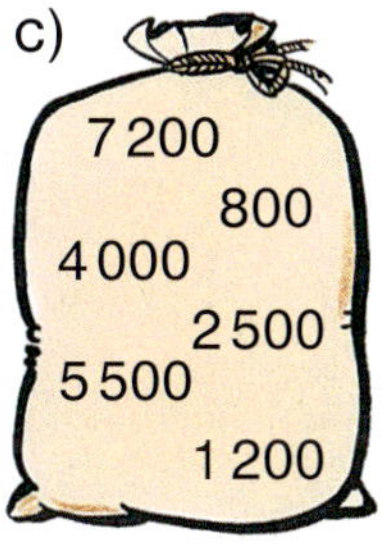

d) 

e) 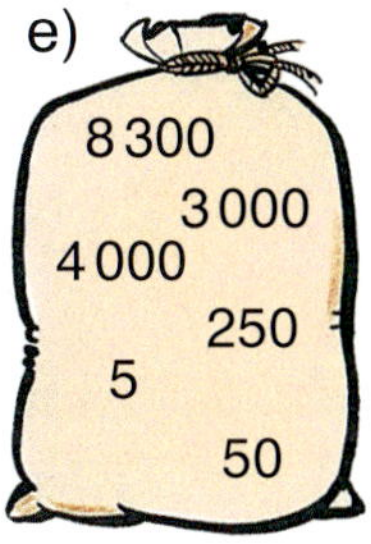

6

a)	2400	+	4000	800	60	6	7000	700	70	7
b)	4300	–	3000	500	50	5	2000	600	10	1
c)	3200	–	2000	400	40	4	3000	700	70	7

Schriftliches Addieren

1 Der Lkw hat zwei Kisten geladen.
Wie schwer ist die gesamte Ladung?

2

a) 6010 + 3680

b) 106 + 1803

c) 1621 + 270

d) 2330 + 6569

e) 761 + 2408

f) 3142 + 4624

3

a) 3478 + 1414

b) 5729 + 2435

c) 4817 + 337

d) 663 + 3652

e) 2048 + 3566

	3	4	7	8
+	1	4	1	4
			1	
	4	8	9	2

4

a)

3416	+	1238	325	2754	4093	806	1907	2009	847

b)

5092	+	3026	1547	239	4350	2245	965	4908	592

5

a) 2417 + 1241 + 4231

b) 3028 + 2454 + 1212

c) 5309 + 278 + 2421

d) 3008 + 2643 + 270

e) 1578 + 397 + 4302

6

a) 2438 + 3293 + 607
3715 + 765 + 4034

b) 2427 + 1813 + 265
4916 + 2035 + 2806

c) 6509 + 1672 + 2034
676 + 3250 + 1973

7 Wie viel Kilogramm hat jeder Lkw geladen?

a) b) c)

8 Schreibe die vollständige Rechnung in dein Heft.

a) 3 4 6 8 + 1 ■ ■ 1 = ■ 8 7 ■

b) 5 0 2 3 + ■ 2 6 ■ = 6 ■ ■ 9

c) 2 4 1 8 + 3 ■ ■ ■ = ■ 5 3 8

d) 7 2 1 6 + ■ ■ ■ 3 = 8 4 9 ■

1 Ein Lkw hat 6500 Flaschen geladen. Eine Limonadenfabrik erhält 2760 Flaschen. Wie viele Flaschen bleiben übrig?

2

a) 9625	b) 4628	c) 3437	d) 6543	e) 7359	f) 8645
− 2413	− 2510	− 2127	− 402	− 5018	− 2314

3

a) 5372	b) 7615	c) 4153	d) 8420	e) 3706
− 3148	− 2453	− 1708	− 915	− 692

			6	
	5	3	7̸	2
−	3	1	4	8
	2	2	2	4

4

a)	5267	−	1143	2134	129	3112	3406	304	2038	2702
b)	8428	−	5276	827	4258	4230	219	2408	3428	3009
c)	6840	−	2425	6307	1567	581	3680	6359	381	241
d)	7065	−	3162	4019	865	619	5437	1024	4049	6038

5

a) 10000 − 4825	b) 7308 − 614	c) 9005 − 3234	d) 6274 − 3004
6413 − 2904	2500 − 1923	5612 − 736	3960 − 1879
4081 − 1417	3726 − 2446	4803 − 2599	10000 − 625

6 Immer das gleiche Ergebnis. Schreibe noch zwei Aufgaben dazu.

a) 9876 − 6789 b) 8765 − 5678 c) 7654 − 4567 d) 6543 − 3456

7 Eine Baustoffhandlung hat 9500 Pflastersteine auf Lager. In einer Woche werden 7485 Pflastersteine verkauft. Wie viele Pflastersteine sind noch auf Lager?

8 Welche Fehler wurden gemacht? Berichtige.

a)

	3	2	0	7
-	1	4	2	3
	2	2	2	4

b)

	5	3	9	8
-	2	0	4	5
	3	0	5	3

c)

		7		
	4	8̸	0	6
-		8	7	2
	4	1	3	4

d)

			2	
	7	1	3̸	0
-	2	8	1	5
	5	7	1	5

Multiplizieren

1 a) Ein Güterzug fährt die Strecke Hamburg – München (600 km). Wie viel km fährt der Zug bei der Hin- und Rückfahrt?

b) Der Güterzug fährt 4-mal in einer Woche hin und zurück. Wie viel km sind das insgesamt?

2

a)	b)	c)	d)
4 · 20	3 · 30	5 · 20	2 · 100
4 · 200	3 · 300	5 · 2000	2 · 10
4 · 2000	3 · 3000	5 · 200	2 · 1000

3

a)	b)	c)	d)
3 · 50	4 · 300	3 · 2000	70 · 30
5 · 60	6 · 400	5 · 1000	80 · 20
9 · 40	2 · 700	2 · 4000	40 · 60

4 Wie viel Minuten sind es: 3 h 5 h 4 h 10 h 7 h 12 h?

5

a)	b)	c)	d)
5 · 2000	2 · 600	10 · 900	70 · 50
6 · 300	3 · 2000	90 · 20	50 · 80
4 · 600	5 · 300	600 · 4	4 · 2000
7 · 1000	8 · 400	200 · 30	80 · 60

6 Erfinde eine Rechengeschichte zu jeder Aufgabe. So kann der Text beginnen: *Ein Reisebus fährt …*

a) 2 · 800

b) 7 · 400

7

a) · 5: 500, 300, 900, 800, 400, 2000

b) · 3: 700, 200, 60, 800, 2000, 30

c) · 7: 40, 200, 90, 600, 1000, 700

d) · 40: 9, 60, 30, 200, 80, 50

8 Notiere Frage, Rechnung und Antwort.

1 a) Wie viele Farbdosen sind in jeder kleinen Kiste?

b) Wie viele Farbdosen sind in jeder großen Kiste?

2

a)	b)	c)	d)
36 : 6	27 : 3	200 : 5	32 : 4
360 : 6	270 : 3	20 : 5	3200 : 4
3600 : 6	2700 : 3	2000 : 5	320 : 4

3

a)	b)	c)	d)
160 : 4	1200 : 3	1800 : 6	9000 : 3
560 : 7	2400 : 6	4000 : 5	8000 : 4
120 : 2	4500 : 9	2700 : 9	2000 : 2
480 : 6	6300 : 7	2100 : 3	6000 : 3

4

a)	b)	c)	d)
3500 : 5	2800 : 7	4000 : 8	3600 : 4
3500 : 50	2800 : 70	4000 : 800	3600 : 400
3500 : 500	2800 : 700	4000 : 80	3600 : 40

5 Ein Lkw mit 6000 kg Ladegewicht wird zur Hälfte beladen.
Wie viel Kilogramm wiegt die Ladung?

6

a)

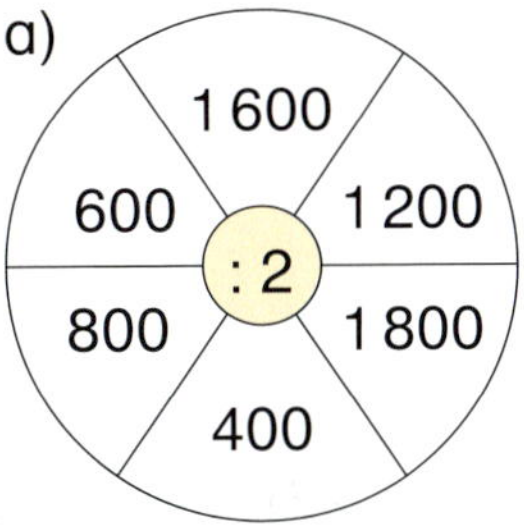

b)

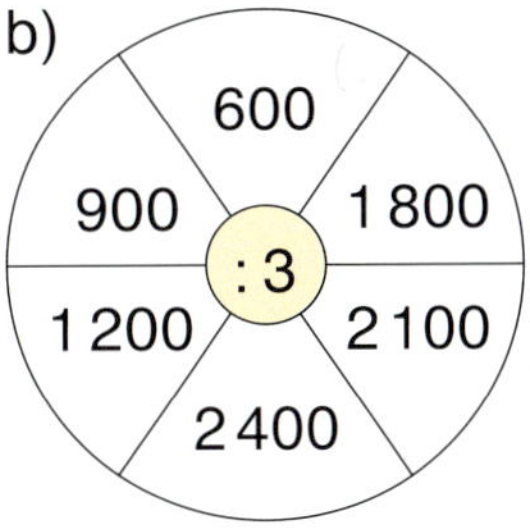

c)

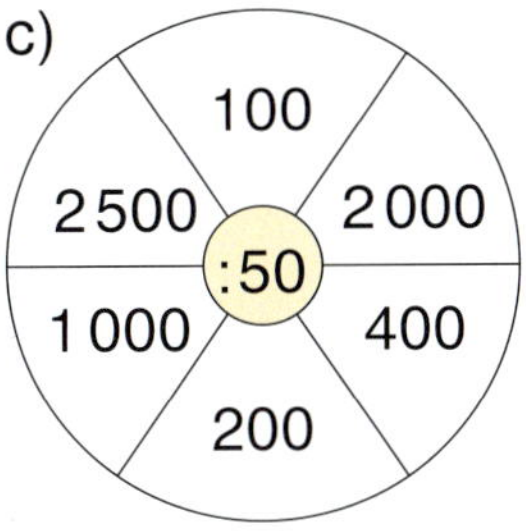

d)

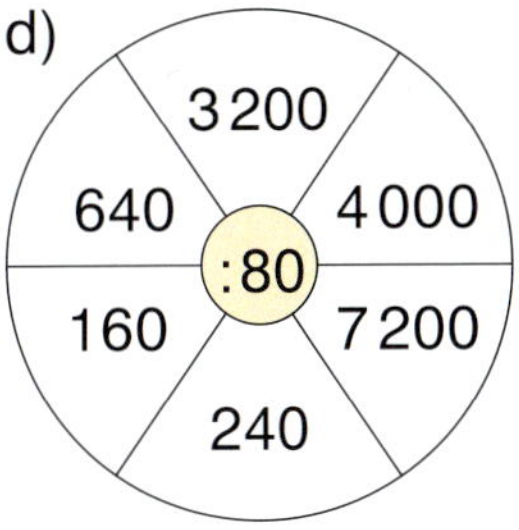

7 Notiere Frage, Rechnung und Antwort.

Schriftliches Multiplizieren

1 Eine Jugendgruppe von 8 Schülern plant eine Ferienfahrt.

2

a)	b)	c)	d)
223 · 3	110 · 5	152 · 3	131 · 5
142 · 2	230 · 3	436 · 2	106 · 6
122 · 4	323 · 3	118 · 4	171 · 4
403 · 2	424 · 2	206 · 3	218 · 3

```
2 2 3 · 3
    6 6 9
```

3 Ordne die Ergebnisse nach der Größe. Beginne mit der kleinsten Zahl. Du erhältst jeweils ein Lösungswort.

a)

642 · 7	E	409 · 9	I
583 · 6	E	391 · 4	F
728 · 8	N	507 · 7	R

b)

262 · 5	S	893 · 2	M
904 · 8	R	370 · 4	O
472 · 6	M	627 · 5	E

4

a)	b)	c)	d)
43 · 50	59 · 40	65 · 50	29 · 40
67 · 30	27 · 70	53 · 80	52 · 60
38 · 40	93 · 50	41 · 90	19 · 80
86 · 20	74 · 60	78 · 30	83 · 20

```
4 3 · 5 0
  2 1 5
      0 0

  2 1 5 0
```

5 Die Klassen 7A und 7B fahren nach Berlin. Jeder Teilnehmer zahlt 185 €. Wie viel Euro kostet die Fahrt für 30 Teilnehmer?

6 Wo wurden Fehler gemacht? Berichtige.

a)
```
4 1 8 · 6
  2 4 0 2
```

b)
```
3 7 4 · 7
  2 6 1 8
```

c)
```
5 8 · 6 0
  3 4 8
    0 0

  3 4 8
```

d)
```
7 2 · 3 0
  2 1 6
    0 0

  2 1 0 0
```

Rechenschieber

1 So baust du einen Rechenschieber:

In ein Stück Pappe …

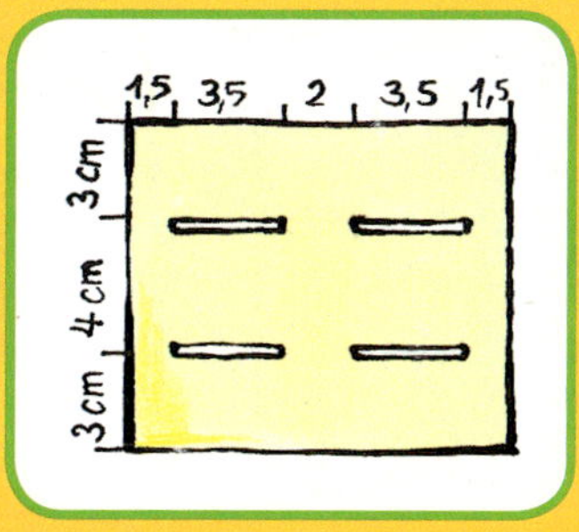

… schneidest du 4 Schlitze.

Schneide von einem Blatt Papier zwei Streifen ab.

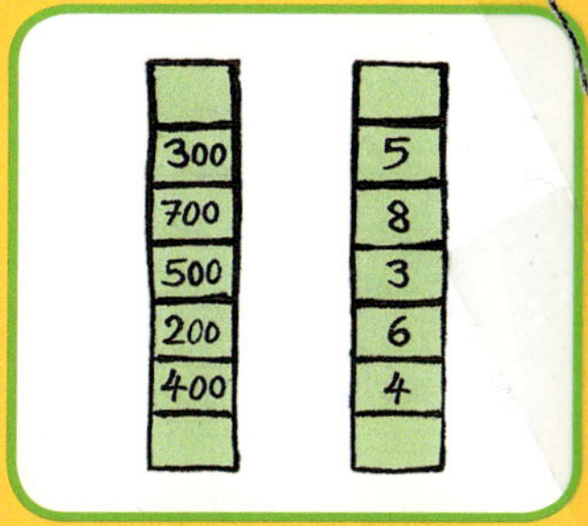

Teile die Streifen ein und schreibe je 5 Zahlen auf die Felder.

Schiebe die Streifen durch die Schlitze.

Schiebe die Streifen in verschiedene Positionen. Du erhältst viele Aufgaben.

2 Verwende auch diese Streifen für den Rechenschieber.

a)

b)

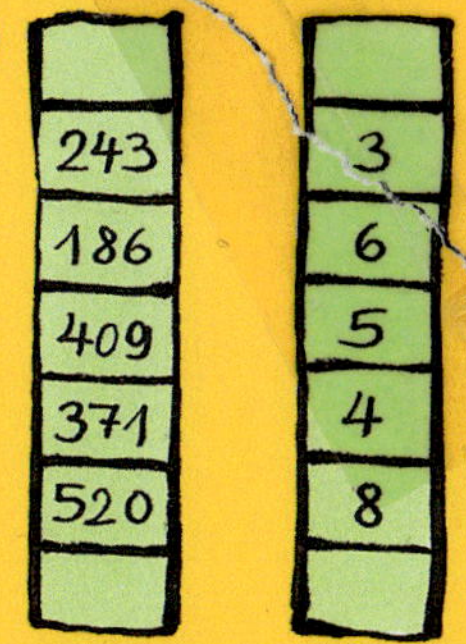

c)

d)

e)

f)

Schriftliches Dividieren

Wie viel Euro kostet eine Fahrkarte?

8	2	8	:	6	=	1	3	8
6								
2	2							
1	8			Probe:				
	4	8						
	4	8			1	3	8	· 6
		0				8	2	8

1

a) 612 : 4
567 : 3
825 : 5
954 : 6

b) 984 : 8
896 : 7
518 : 2
756 : 6

c) 3574 : 2
6685 : 5
7446 : 3
8538 : 6

d) 9872 : 4
4917 : 3
9828 : 7
8944 : 8

2

a)	975	7296	9726	: 3	b)	616	3464	9652	: 4
c)	846	3144	4872	: 6	d)	414	2538	8244	: 9
e)	312	2172	3332	: 4	f)	976	4656	8992	: 8

3

a) 216 : 3
128 : 4
455 : 5
567 : 7

b) 4356 : 6
1372 : 2
5139 : 9
2168 : 8

c) 4135 : 5
3724 : 7
2348 : 4
1594 : 2

d) 4416 : 6
5792 : 8
2658 : 3
7317 : 9

4 Ordne die Ergebnisse nach der Größe. Beginne mit der kleinsten Zahl. Du erhältst jeweils ein Lösungswort.

a)

4265 : 5	U
2526 : 3	D
5154 : 6	C
6744 : 8	R
8925 : 7	E
9396 : 4	R
1798 : 2	K

b)

2658 : 3	I
3894 : 6	N
3592 : 4	T
1248 : 2	O
4736 : 8	M
6566 : 7	O
4925 : 5	R

5 Welcher Text passt zur Aufgabe?

Lena macht gemeinsam mit ihren drei Freundinnen Urlaub. Zusammen bezahlen sie 1828 €.

1828 : 4

Lena und ihre drei Freundinnen machen gemeinsam Urlaub. Jede zahlt 1828 €.

1

2 Vorsicht bei Nullen!

a)	b)	c)	d)	e)
650 : 5	3460 : 2	906 : 3	2505 : 5	4108 : 4
920 : 4	6250 : 5	606 : 6	6084 : 3	3009 : 3
840 : 6	7040 : 4	804 : 4	5608 : 2	5010 : 5

3

a)	b)	c)	d)
621 : 3	756 : 7	2124 : 3	7329 : 7
535 : 5	927 : 9	8368 : 4	5265 : 5
816 : 4	840 : 8	1614 : 2	3645 : 9
604 : 2	624 : 6	4254 : 6	1632 : 8

4 Bei diesen Aufgaben bleibt ein Rest.

a)	b)	c)
812 : 6	4831 : 2	8104 : 3
126 : 8	1342 : 3	9211 : 9
748 : 9	2748 : 7	1004 : 3
256 : 7	9655 : 8	7425 : 6

```
812 : 6 = 135 R 2
6
21          Probe:
18          135 · 6
 32            810
 30
  2         810 + 2 = 812
```

5 Bei einigen Aufgaben bleibt ein Rest.

a)	b)	c)	d)
845 : 3	4104 : 9	2736 : 9	7204 : 8
739 : 7	9469 : 8	5445 : 5	4976 : 5
632 : 6	3244 : 5	6508 : 4	6237 : 3

6 Erfinde eine Rechengeschichte zu jeder Aufgabe. So kann der Text beginnen:
In einem Computerladen ...

a) 1248 : 3

b) 2365 : 5

Vermischte Übungen

1 Wie viele Container muss jedes Schiff transportieren?

2 Wie viele Nägel sind es?

Gewicht	1 kg	7 kg	9 kg	5 kg	3 kg	6 kg	20 kg	30 kg
Anzahl	258 Stück							

3 Im Kopf oder schriftlich?

a)	b)	c)	d)
4203 + 873	7400 − 3100	647 · 4	2505 : 3
2500 + 2100	9208 − 3874	90 · 30	6000 : 5
3840 + 1756	5247 − 854	268 · 6	8064 : 8
5812 + 2000	6000 − 2500	60 · 50	5600 : 7

4 Die Summe von zwei unteren Zahlen ist die Zahl im Stein darüber.

a)

b)

c)

5 a)

Wie viel Kilometer sind es insgesamt?

b)

Wie viel Pakete werden jedesmal transportiert?

Punkt vor Strich – Klammern

1 a) Rechnet Herr Reitmeier richtig? Wie viel Euro muss er bezahlen?
b) Wie heißen die Rechnungen für Frau Göben und Lukas? Wie viel Euro müssen sie bezahlen?

Bei Aufgaben mit mehreren Rechenzeichen gilt:
Punktrechnung (· und :) vor Strichrechnung (+ und –).
Soll die Strichrechnung zuerst berechnet werden, muss sie in Klammern stehen.

2

a)	b)	c)
7 · 3 + 4 · 5	2 · 40 + 3 · 50	36 : 6 – 21 : 7
6 · 2 + 3 · 9	4 · 30 + 6 · 20	45 : 5 – 16 : 4
4 · 8 + 2 · 6	5 · 20 + 7 · 40	63 : 9 – 35 : 5

3

a)	b)	c)
(28 + 32) · 3	(62 – 22) · 4	(120 + 30) : 3
(45 + 55) · 6	(71 – 41) · 7	(480 + 20) : 5
(37 + 13) · 8	(86 – 46) · 5	(640 + 160) : 4

4

a)	b)	c)
(150 + 50) : 5	(120 + 80) : 4	(37 + 13) · 2
150 + 50 : 5	120 + 80 : 4	37 + 13 · 2

5

a)	b)	c)
24 + 16 : 2	42 – 6 · 2	78 – 18 : 2
(24 + 16) : 2	(42 – 6) · 2	(78 – 18) : 2

6

a)	b)	c)
3 · 4 + 2 · 4	6 · 5 + 4 · 5	32 : 4 + 8 : 4
(3 + 2) · 4	(6 + 4) · 5	(32 + 8) : 4

7 Maler Schmidt holt 4 Eimer mit je 10 l Farbe und später noch 3 Eimer mit je 5 l Farbe.
Wie viel l Farbe holt er insgesamt?

Wiederholen und Üben

1

a) 2000 + 7000
4000 + 3000
3200 + 600

b) 7300 + 2000
3500 + 4300
1800 + 400

c) 8000 – 3000
9000 – 6000
7900 – 500

d) 5200 – 3000
8500 – 4100
3400 – 600

2

a)	1906	2145	943	+ 4408
c)	4530	6218	3721	– 2110
e)	8904	6430	7057	– 3514

b)	2437	1009	443	+ 2774
d)	5724	6537	4888	– 312
f)	3408	6464	2411	– 1973

3 Bilde mindestens 3 Aufgaben (+ oder –).
Das Ergebnis soll kleiner als 4000 sein.

a)

b)

c)

d)

4

a) 4 · 600
3 · 800
5 · 2000

b) 700 · 9
600 · 8
800 · 6

c) 20 · 30
40 · 70
90 · 20

c) 1500 : 5
3600 : 9
2700 : 30

d) 4900 : 70
7200 : 800
4200 : 600

5

a) 438 · 3
197 · 4
609 · 5

b) 345 · 7
259 · 8
407 · 9

c) 24 · 60
38 · 30
53 · 40

d) 14 · 90
56 · 50
47 · 60

6 Bei einigen Aufgaben bleibt ein Rest.

a) 355 : 5
164 : 4
711 : 3

b) 3406 : 2
8525 : 5
2015 : 3

c) 5210 : 3
8475 : 5
9999 : 2

d) 5376 : 4
4056 : 6
7419 : 9

7

a)
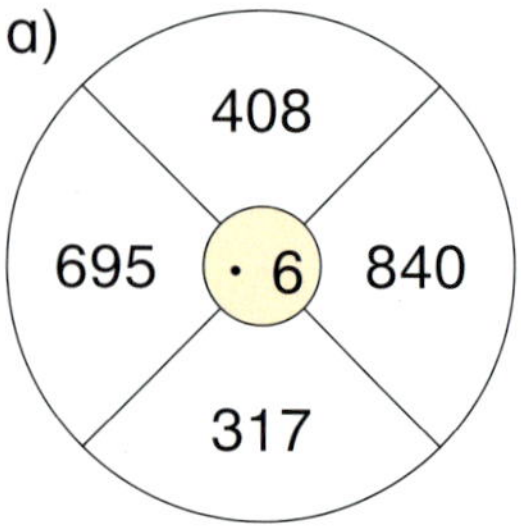

b)
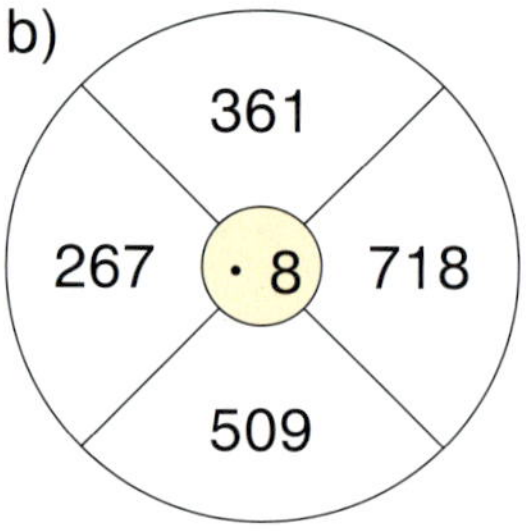

c)
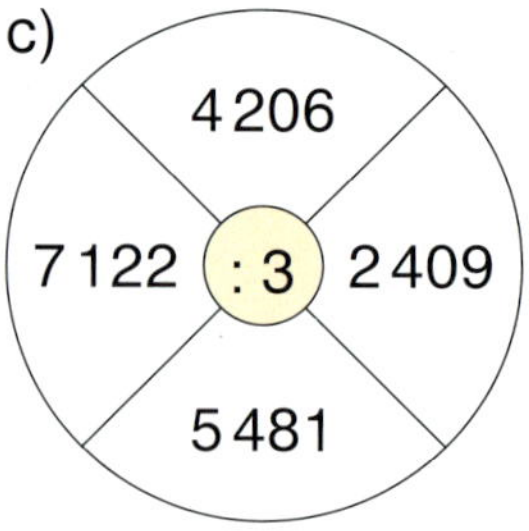

d)
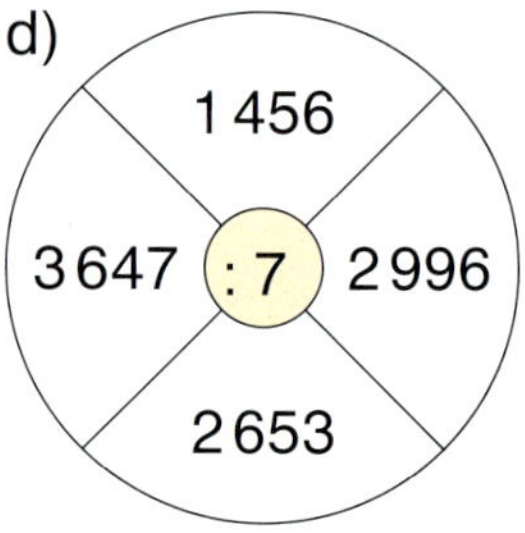

8

a) (25 + 45) · 4
(17 + 23) · 8
(53 + 27) · 6

b) (160 + 20) : 6
(490 + 50) : 9
(300 – 60) : 8

c) 6 · 4 + 2 · 8
3 · 6 + 5 · 3
49 : 7 – 21 : 3

Sachrechnen mit Größen

Tages-Eintrittspreise für den Zoo	
Tageskarte	
Erwachsene	12,00 €
Studenten, Berufsschüler, Erwerbslose, Wehr- und Ersatzdienstleistende, Schüler – ab 16 Jahre (Schülerausweis)	9,00 €
Kinder – 5 bis einschließlich 15 Jahre, Hartz IV-Empfänger, Schwerbehinderte ab 80 % + Begleitung je	6,00 €

Öffnungszeiten	
01. Januar – 20. März:	9.00 – 17.00 Uhr
21. März – 14. September:	9.00 – 19.30 Uhr
15. September – 25. Oktober:	9.00 – 19.00 Uhr
26. Oktober – 30. Dezember:	9.00 – 17.00 Uhr
24. Dezember:	9.00 – 14.00 Uhr
31. Dezember:	9.00 – 17.00 Uhr

Geld

1 Ersin und Julia kaufen am Zookiosk das gleiche Tierheft.

a) Wie viel Euro bekommt Ersin zurück?

b) Wie viel Euro bekommt Julia zurück?

1 € = 100 Cent
1 Cent = 0,01 €

2 € 57 Cent = 2,57 €
257 Cent = 2,57 €

2 Übertrage die Tabelle in dein Heft und vervollständige sie.

1 € 5 Cent	3 € 25 Cent			27 € 8 Cent	
1,05 €		12,30 €			
105 Cent			2355 Cent		3075 Cent

3 Wandle um in €: 600 Cent 420 Cent 565 Cent 85 Cent

4 Schreibe die Geldbeträge mit Komma.

a) 23 € 85 Cent
152 € 28 Cent
89 € 6 Cent

b) 200 € 83 Cent
73 € 2 Cent
144 € 10 Cent

c) 10 € 1 Cent
208 € 80 Cent
61 € 4 Cent

d) 99 € 9 Cent
100 € 10 Cent
25 € 5 Cent

5 Kleiner, größer oder gleich? Setze ein: <, > oder =

a) 5,73 € ■ 537 Cent
9,05 € ■ 905 Cent
3,50 € ■ 325 Cent

b) 2 € 45 Cent ■ 245 Cent
7 € 4 Cent ■ 740 Cent
8 € 30 Cent ■ 800 Cent

c) 10 € 6 Cent ■ 10,60 €
6 € 10 Cent ■ 6,10 €
15 € 73 Cent ■ 15,37 €

6 Ordne nach der Größe. Beginne mit dem kleinsten Geldbetrag.

a) 4 € 82 Cent
428 Cent
4,20 €

b) 16,05 €
16 € 50 Cent
655 Cent

c) 3 € 20 Cent
3,23 €
302 Cent

d) 32,74 €
32 € 47 Cent
3240 Cent

7 Im Kopf oder schriftlich?

a) 5,50 € + 2 €
4 € + 17,85 €
21,35 € + 12,25 €

b) 18,85 € – 13,55 €
20 € – 8,10 €
29,55 € – 12,95 €

c) 49,98 € – 10 €
56,83 € + 31,04 €
74,05 € – 39,97 €

8 Tonio kauft ein Tierheft für 2,90 €, ein Buch für 9,90 € und einen Sticker für 1,25 €. Wie viel Euro zahlt er insgesamt?

1 Wie viel Geld fehlt noch?

2 Luca hat 3 verschiedene Geldscheine.
Alle sind kleiner als 200 €.

a) Welchen Geldbetrag kann Luca haben?

b) Wie viel Euro sind es mindestens?

c) Wie viel Euro sind es höchstens?

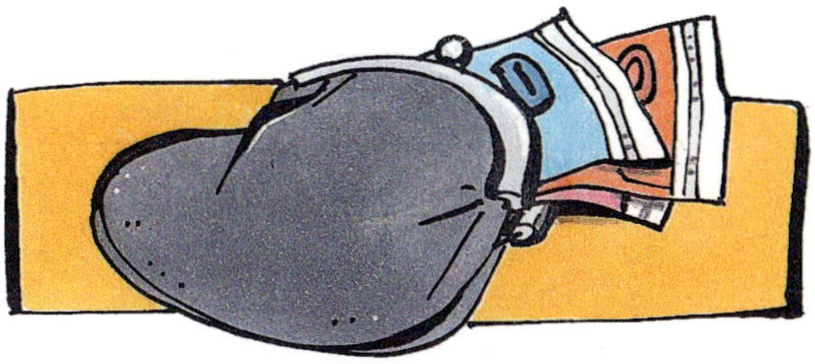

3 Wie teuer sind die Waren?

	ist so teuer wie	
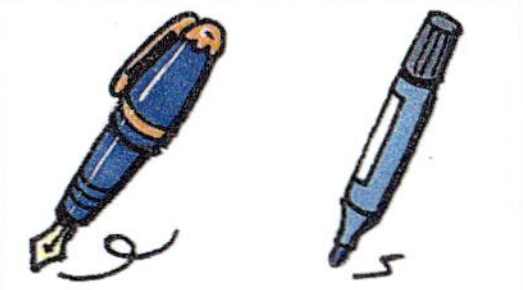	ist so teuer wie	

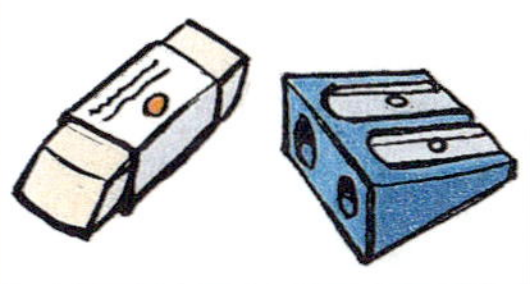	ist so teuer wie	
	ist so teuer wie	

4 Berechne die fehlenden Preise.

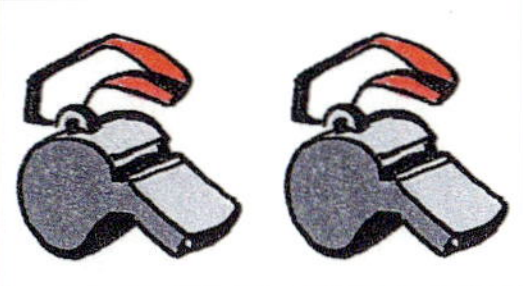	ist so teuer wie	
	ist so teuer wie	
	ist so teuer wie	

	ist so teuer wie	
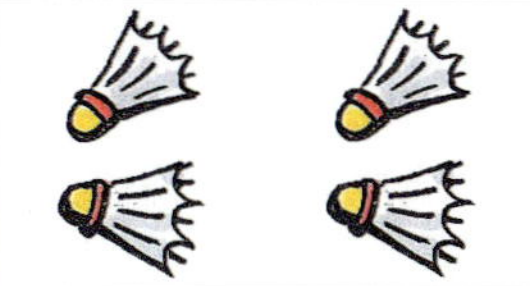	ist so teuer wie	
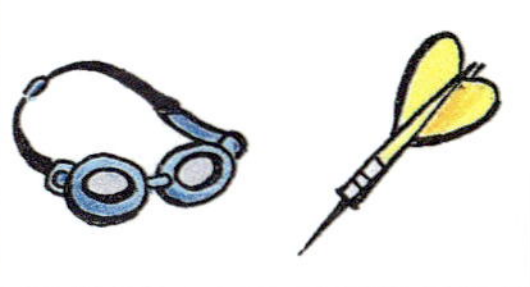	ist so teuer wie	

Längen

1 a) Kann der Lkw durch den Tunnel fahren?

b) Wie viel cm Platz sind zwischen Lkw und Tunnel?

!

1 cm = 10 mm	**1 m = 100 cm**	**1 km = 1 000 m**
1 mm = 0,1 cm	**1 cm = 0,01 m**	**1 m = 0,001 km**
3 cm 2 mm = 3,2 cm	**1 m 5 cm = 1,05 m**	**1 km 483 m = 1,483 km**
32 mm = 3,2 cm	**105 cm = 1,05 m**	**1 483 m = 1,483 km**

2 Übertrage die Tabelle in dein Heft und vervollständige sie.

1 cm 5 mm		12 cm 8 mm		6 m 4 cm	3 km 235 m	
1,5 cm	7,3 cm					5,078 km
15 mm			225 cm			

3 a) Wandle um in cm: 50 mm 4 mm 70 mm 30 mm 25 mm 83 mm

b) Wandle um in m: 200 cm 400 cm 80 cm 150 cm 230 cm 4 cm

c) Wandle um in km: 4 000 m 6 000 m 100 m 2 300 m 410 m 3 800 m

4 Kleiner, größer oder gleich? Setze ein: <, > oder =

a) 2 cm ■ 15 mm
3,5 cm ■ 35 mm
0,5 cm ■ 5 mm

b) 3 m ■ 280 cm
1,40 m ■ 120 cm
2,50 m ■ 190 cm

c) 5 km ■ 2 000 m
3,500 km ■ 3 500 m
0,800 km ■ 900 m

5 Ordne nach der Größe. Beginne mit der kleinsten Länge.

a) 25 cm
5,2 cm
50 mm

b) 430 cm
4,03 m
4 m 43 cm

c) 1,85 m
150 cm
1 m 80 cm

d) 3 km 210 m
3 120 m
3,021 km

6 a) 3,2 cm + 7 mm
5,1 cm + 8 mm
8,7 cm + 6 mm

b) 5,5 cm − 4 mm
7,3 cm − 5 mm
8,8 cm − 12 mm

c) 7,7 cm − 15 mm
5,9 cm + 21 mm
9,4 cm + 16 mm

7 a) 6,23 m + 55 cm
3,84 m + 12 cm
5,40 m + 72 cm

b) 9,45 m − 33 cm
8,78 m − 61 cm
4,30 m − 55 cm

c) 2,55 m + 63 cm
4,45 m − 90 cm
8,90 m − 110 cm

1 Wie lang ist die rote Leiste? Gib ihre Länge in cm und in m an.

a) 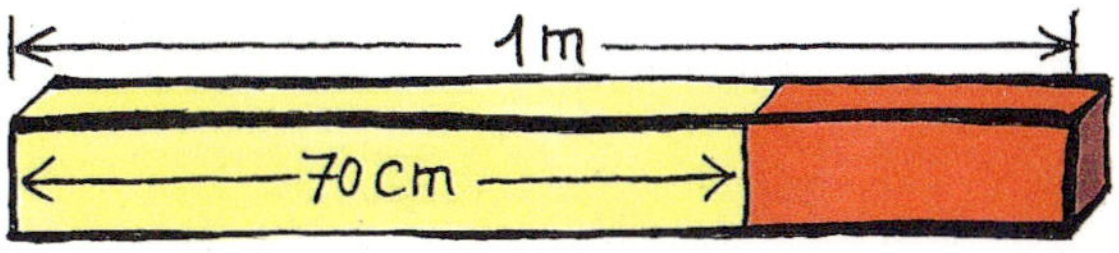

b) 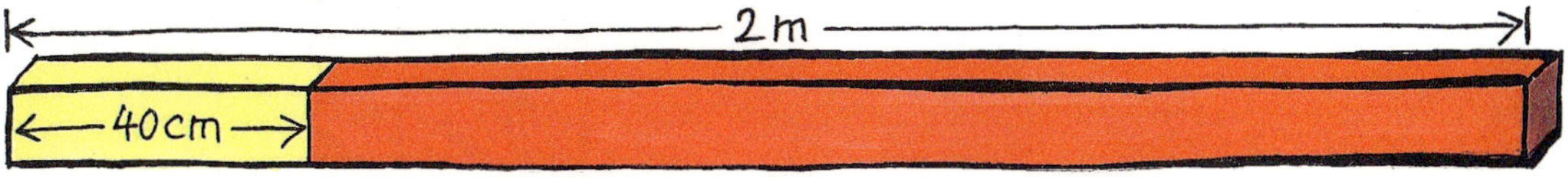

c) 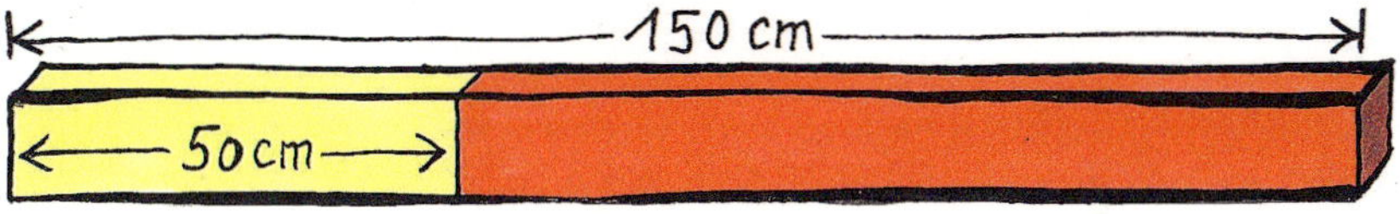

2 Ein Marathonlauf ist etwa 42 km lang.
Wie weit ist es für die Läufer noch bis zum Ziel?

3 Von Kiel bis Garmisch-Partenkirchen sind es fast 1 000 km.

a) Ein Fußgänger schafft ungefähr 5 km in der Stunde.
Wie viel Stunden geht ein Fußgänger von Kiel bis Garmisch-Partenkirchen?

b) Ein Radfahrer fährt ungefähr 20 km in der Stunde.
Wie lange würde er für die 1 000 km brauchen?

c) Ein Autofahrer hat von Kiel bis Garmisch-Partenkirchen 9 Stunden Fahrzeit gebraucht. Wie viel Kilometer hat er in einer Stunde zurückgelegt?

4 Diese Tiere sind Meister im Springen. Wie weit springt jedes Tier?

Gewichte

1 a) Darf der Lkw alle Kisten laden?

b) Wie viel Kilogramm dürfen zusätzlich zu den Kisten aufgeladen werden?

!

1 kg = 1000 g
1 g = 0,001 kg
1 kg 284 g = 1,284 kg
1284 g = 1,284 kg

1 t = 1000 kg
1 kg = 0,001 t
1 t 385 kg = 1,385 t
1385 kg = 1,385 t

2 Übertrage die Tabelle in dein Heft und vervollständige sie.

1 kg 245 g		2 kg 524 g		3 t 566 kg		
1,245 kg			0,430 kg		6,329 t	
1245 g	9703 g					1078 kg

3 a) Wandle um in kg: 3000 g, 800 g, 2500 g, 7225 g, 510 g

b) Wandle um in t: 4000 kg, 600 kg, 3500 kg, 285 kg, 1265 kg

4 Kleiner, größer oder gleich? Setze ein: <, > oder =

a) 3 kg ■ 3050 g
2,505 kg ■ 2505 g
4 kg 283 g ■ 4083 g
0,856 kg ■ 8500 g

b) 9,525 kg ■ 9500 g
0,525 kg ■ 525 g
6 kg 45 g ■ 6045 g
1,253 kg ■ 1453 g

c) 6 t ■ 6100 kg
4,750 t ■ 4750 kg
2 t 350 kg ■ 2530 kg
0,825 t ■ 1825 kg

5 Ordne nach der Größe. Beginne mit dem kleinsten Gewicht.

a) 4,825 kg
4000 g
3 kg 200 g

b) 0,350 kg
3500 g
5 kg 300 g

c) 6 t 250 kg
6,555 t
5600 kg

d) 5,721 t
5700 kg
5 t 70 kg

6 a) 3,150 kg + 500 g
7,400 kg + 350 g
5,800 kg + 600 g

b) 7,950 kg – 800 g
6,630 kg – 510 g
8,300 kg – 400 g

c) 5,500 kg – 650 g
3,380 kg + 720 g
9,100 kg – 850 g

7 a) 2,500 t + 350 kg
4,450 t + 450 kg
1,700 t + 800 kg

b) 3,650 t – 550 kg
8,210 t – 310 kg
4,430 t – 580 kg

c) 4,340 t + 1200 kg
3,900 t + 560 kg
4,150 t – 2150 kg

1 Bestimme das unbekannte Gewicht.

1 500 g + 500 g = 2 kg

a)
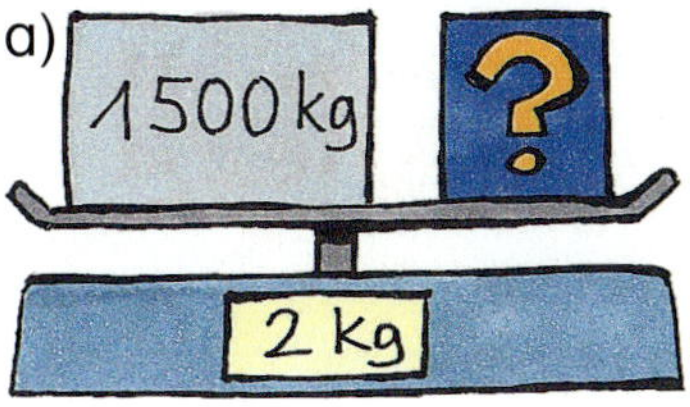

b)
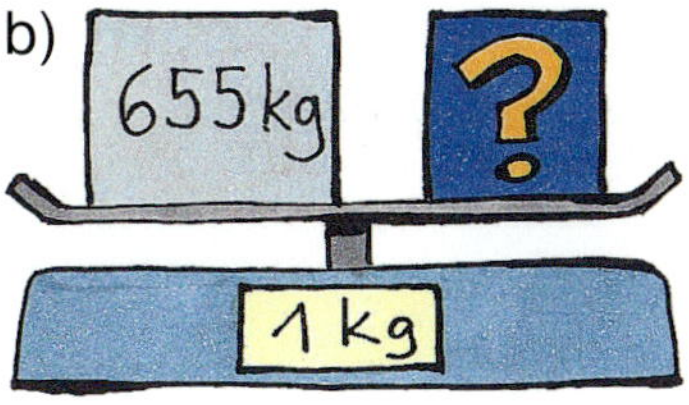

c)
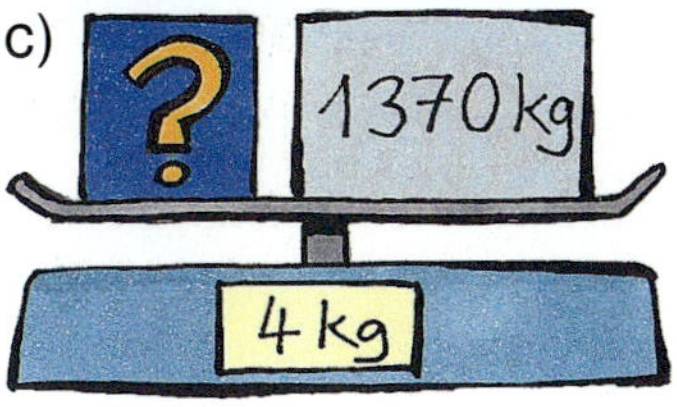

2

a) 800 g + ■ = 1 kg
750 g + ■ = 1 kg
670 g + ■ = 1 kg

b) 1 350 g + ■ = 2 kg
2 810 g + ■ = 3 kg
2 355 g + ■ = 4 kg

c) 550 kg + ■ = 1 t
455 kg + ■ = 1 t
640 kg + ■ = 1 t

3 Eine Waldameise wiegt 0,1 g. Sie kann das Dreißigfache ihres Gewichts tragen.

a) Wie viel Gramm kann die Waldameise tragen?

b) Wie schwer bist du? Wie viel Kilogramm müsste die Waldameise tragen, wenn sie so schwer wäre wie du?

4 Wie schwer ist jedes Gewichtsstück?

a)
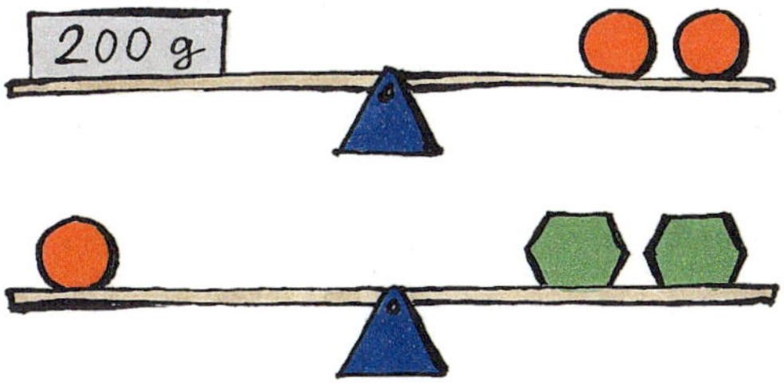

b)
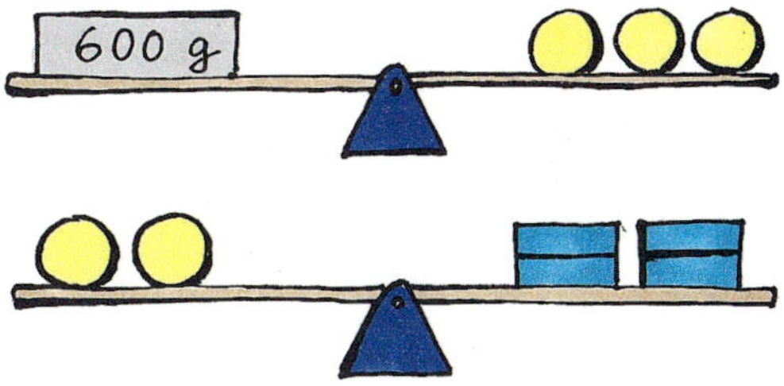

5 Hier musst du 3 Waagebilder verwenden. Wie schwer ist jedes Gewichtsstück?

a)
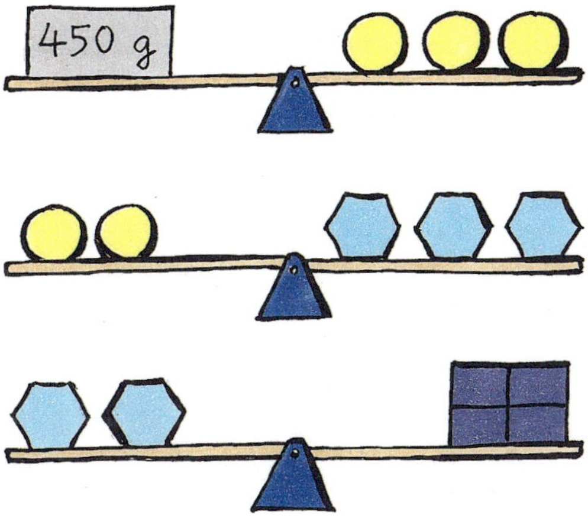

b)
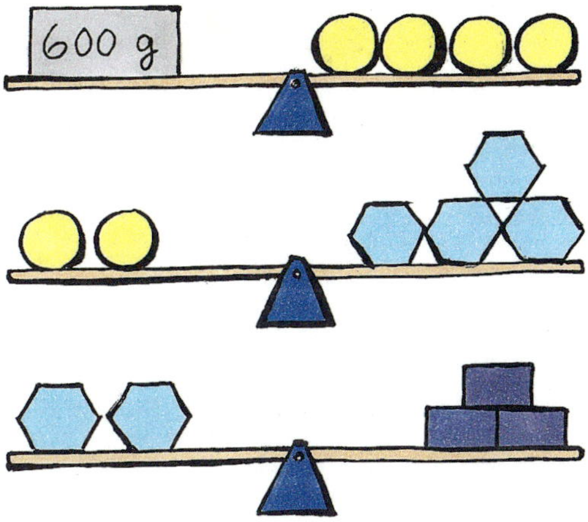

1 a) Um wie viel Uhr machen die Wanderer Rast?

b) Um wie viel Uhr sind die Wanderer an der Burg?

!

Eine Stunde hat 60 Minuten. **1 h = 60 min**
Eine Minute hat 60 Sekunden. **1 min = 60 s**

Ein Jahr hat 12 Monate.
Eine Woche hat 7 Tage.
Ein Tag hat 24 Stunden.

2 Wandle um in Minuten.

2 h 4 h 3 h 5 h 2 h 40 min 1 h 55 min 4 h 20 min

3 Wandle um in Stunden.

240 min 120 min 60 min 300 min 420 min 540 min

4 Schreibe immer zwei Uhrzeiten auf.

a) b) c) d) e) f)

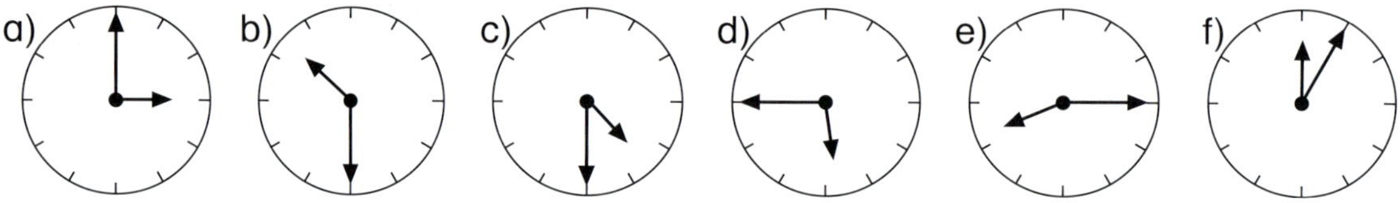

5 Übertrage die Tabelle in dein Heft und ergänze die fehlenden Angaben.

Abfahrt	9.10 Uhr	14.20 Uhr	7.30 Uhr	18.15 Uhr		
Fahrzeit	30 min	40 min			15 min	30 min
Ankunft			7.55 Uhr	18.55 Uhr	12.45 Uhr	10.00 Uhr

6 Es ist 17.35 Uhr. Ali sagt: „Das Fußballspiel beginnt in 145 Minuten."
Um wie viel Uhr beginnt es?

7 Übertrage die Tabelle in dein Heft und vervollständige sie.

Wochen	2		5			8
Tage		21		28	7	

8

a) Wie alt ist Max? b) Wie alt ist Tina?

 Riesenschildkröte (200 Jahre)	 Elefant (70 Jahre)	 Orang-Utan (50 Jahre)
 Faultier (40 Jahre)	 Pfau (30 Jahre)	 Känguru (20 Jahre)
 Meerschweinchen (12 Jahre)	 Kaninchen (10 Jahre)	 Sinai-Stachelmaus (4 Jahre)

1 Unter den Bildern steht, wie alt die Tiere werden.
Die Schüler der Klasse 7b haben sich über das Alter anderer Tiere informiert und Vergleiche aufgeschrieben.
Wie alt werden die Tiere?

- Ein Gepard wird 4-mal so alt wie eine Stachelmaus.
- Ein Wolf wird doppelt so alt wie ein Kaninchen.
- Eine Giraffe wird doppelt so alt wie ein Meerschweinchen.
- Ein Löwe wird halb so alt wie ein Orang-Utan.
- Ein Pfau wird 2 Jahre älter als ein Zebra.
- Ein Gorilla wird 10 Jahre älter als ein Orang-Utan.

2 Nicht alle Aussagen sind richtig. Berichtige die falschen Aussagen.

a) Das Meerschweinchen wird 3-mal so alt wie die Stachelmaus.

b) Die Riesenschildkröte wir 3-mal so alt wie der Orang-Utan.

c) Der Pfau wird 10 Jahre älter als das Faultier.

d) Der Elefant wird 7-mal so alt wie ein Kaninchen.

Wiederholen und Üben

1 Bilde mindestens 3 Aufgaben (+ oder –). Das Ergebnis soll kleiner als 20 € sein.

a)

b)

c)

d)

2

a) Wandle um in cm:	30 mm	28 mm	5 mm	105 mm	3 mm	450 mm
b) Wandle um in m:	450 cm	30 cm	1 230 cm	150 cm	670 cm	3 cm
c) Wandle um in km:	5 500 m	450 m	25 m	13 500 m	8 040 m	980 m

3

a)	b)	c)
12 mm + ■ = 2 cm	140 cm + ■ = 2 m	1 300 m + ■ = 2 km
8 mm + ■ = 3 cm	310 cm + ■ = 4 m	2 450 m + ■ = 3 km
25 mm + ■ = 4 cm	450 cm + ■ = 6 m	370 m + ■ = 2 km
41 mm + ■ = 5 cm	35 cm + ■ = 3 m	5 800 m + ■ = 6 km

4

a) Wandle um in kg:	1 250 g	857 g	2 399 g	12 780 g	390 g
b) Wandle um in t:	3 840 kg	595 kg	21 400 kg	4 870 kg	150 kg

5

a)	b)	c)
300 g + ■ = 1 kg	1 700 g + ■ = 2 kg	1 500 kg + ■ = 2 t
965 g + ■ = 1 kg	1 350 g + ■ = 2 kg	2 750 kg + ■ = 3 t
125 g + ■ = 1 kg	3 900 g + ■ = 4 kg	800 kg + ■ = 2 t
55 g + ■ = 1 kg	1 050 g + ■ = 3 kg	1 450 kg + ■ = 3 t

6 Im Aufzug dürfen höchstens 300 kg transportiert werden. Wer kann mitfahren?

7 a) Wandle um in Minuten.

2 h 15 min   4 h 30 min   8 h   5 h 50 min   3 h 20 min   11 h

b) Wandle um in Stunden.

125 min   200 min   450 min   80 min   500 min   150 min

Zahlen bis 100 000

Zahlen darstellen und benennen

1 Ordne zu:

Einer (**E**) Zehner (**Z**) Hunderter (**H**)
Tausender (**T**) Zehntausender (**ZT**) Hunderttausender (**HT**)

a) 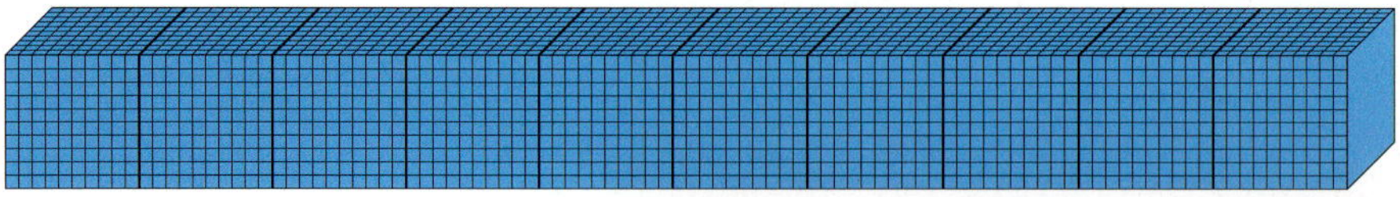

b) 

c) 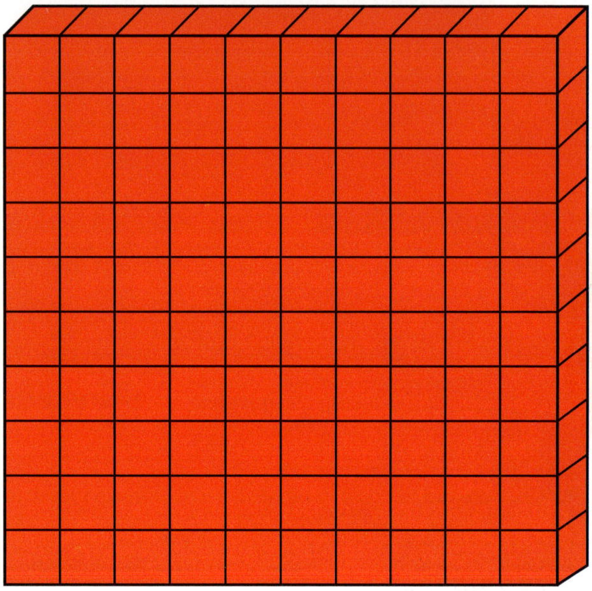

d) 

e) 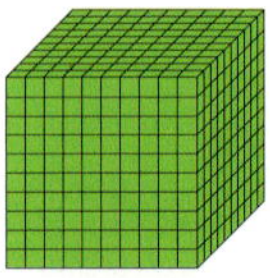

f) 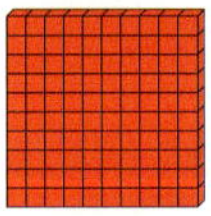

2 Wie heißen die Zahlen?

a)

HT	ZT	T	H	Z	E
1	0	0	0	0	0
	8	0	0	0	0
			5	0	1
		7	0	3	0
	2	5	0	0	0
	9	0	8	0	0
				6	1

b)

HT	ZT	T	H	Z	E
	3	4	3	4	0
		5	0	7	8
	1	6	1	0	1
	8	7	5	4	2
1	0	0	0	0	0
		4	3	1	2
	4	0	5	0	6

3 Trage in eine Stellenwerttafel ein.

ZT	T	H	Z	E	Zahl
2	0	0	0	0	20000

a) 2 ZT
1 ZT
5 ZT

b) 6 T
4 ZT
5 H

c) 8 E
5 T
7 ZT

d) 1 ZT 3 T 4 H 5 Z 2 E
4 ZT 1 T 5 H 2 Z 9 E
3 ZT 6 T 2 H 7 Z 1 E
5 ZT 5 T 1 H 1 Z 4 E

e) 2 ZT 5 H 6 Z
6 T 2 H 8 E
7 ZT 8 T 9 H
5 T 3 Z 2 E

f) 5 T 2 Z 3 E
3 ZT 1 H
6 H 9 Z
1 T 4 E

1 Lege Zahlen und diktiere sie deinem Partner.

2 Lies die Zahlen und trage sie in eine Stellenwerttafel ein.

a)	b)	c)	d)
12363	26501	6489	40700
34216	31200	108	1050
21052	75003	10260	10009
48404	40302	4700	70030

3 Bilde mindestens 8 verschiedene Zahlen.
Schreibe sie wie im Beispiel auf.
Lies die Zahlen.

ZT	T	H	Z	E	Zahl
2	7	1	5	9	27159

4 Schreibe wie im Beispiel.

30000 + 8000 + 400 + 60 + 5 = 38465

a) 30000 + 8000 + 400 + 60 + 5
60000 + 3000 + 700 + 20 + 6
40000 + 900 + 10 + 7
80000 + 9000 + 100 + 8
70000 + 1000 + 700 + 10 + 7

b) 80000 + 7000 + 200 + 70 + 6
50000 + 2000 + 90 + 3
10000 + 3000 + 900 + 7
80000 + 4000 + 200 + 10 + 9

5 Schreibe die Zahlen wie in Aufgabe 4.
Was fällt dir auf?

a) 60000 + 600 + 60 + 6
60000 + 6000 + 60 + 6
60000 + 6000 + 600 + 6
60000 + 6000 + 600 + 60

b) 40000 + 4000 + 400 + 40
40000 + 4000 + 400 + 4
40000 + 4000 + 40 + 4
40000 + 400 + 40 + 4

Übungen am Zahlenstrahl

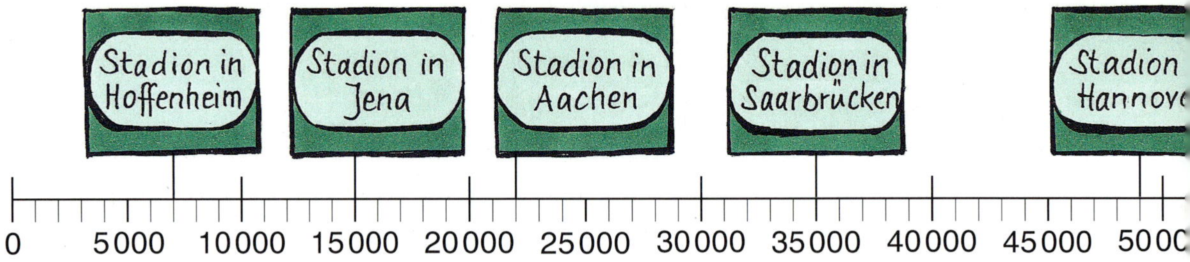

1 Wie viele Zuschauerplätze hat jedes Stadion?

2 Zeige am Zahlenstrahl.

a) 40 000, 20 000, 90 000, 55 000
b) 75 000, 35 000, 11 000, 81 000
c) 19 000, 62 000, 73 000, 5 000
d) 44 000, 87 000, 2 000, 15 000

3 Wie heißen die Zahlen bei den Fahnen?

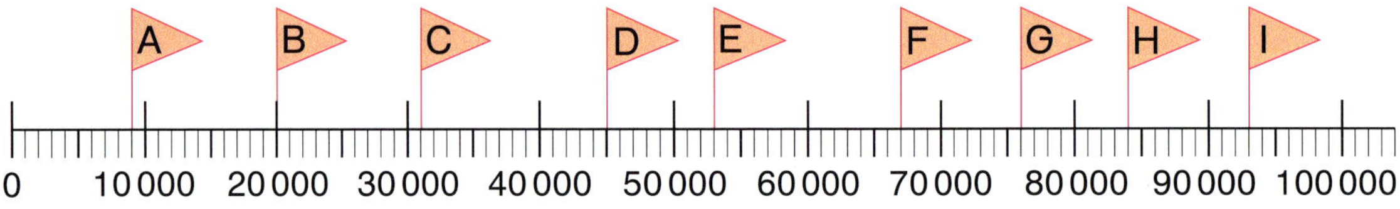

4 Schreibe jeweils die Nachbarzehntausender auf.

20 000 | <u>25 000</u> | 30 000

a) 25 000, 65 000, 37 000, 74 000
b) 16 000, 89 000, 56 500, 72 900
c) 28 420, 41 050, 52 491, 20 700
d) 30 102, 12 004, 97 008, 8 065

5 Wie heißen die Zahlen bei den Fahnen?
Schreibe jeweils die Nachbartausender auf.

A: 35 000 | <u>35 900</u> | 36 000

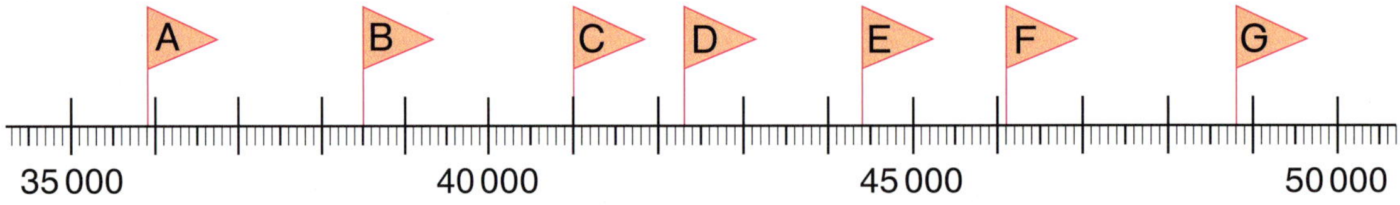

6 Schreibe jeweils die Nachbartausender auf.

a) 37 800, 39 068, 35 504, 48 186
b) 41 900, 38 001, 45 080, 36 777
c) 14 708, 56 881, 17 102, 53 310
d) 9 097, 30 004, 50 090, 88 008

7 Wie heißt die Zahl in der Mitte?

a)

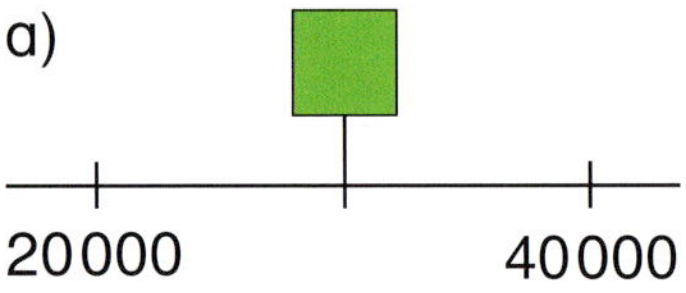

b)

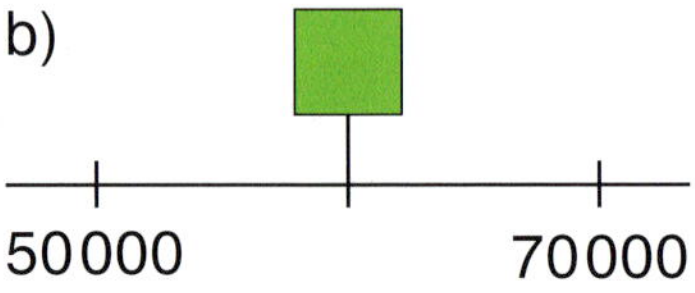

c)

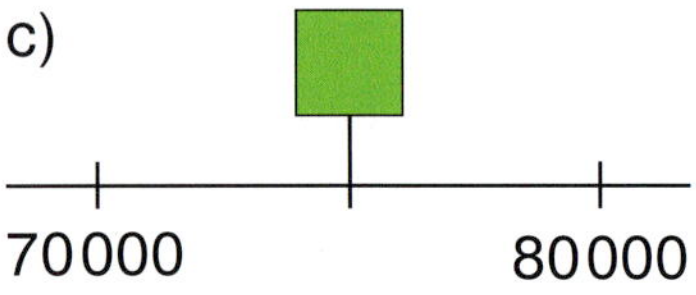

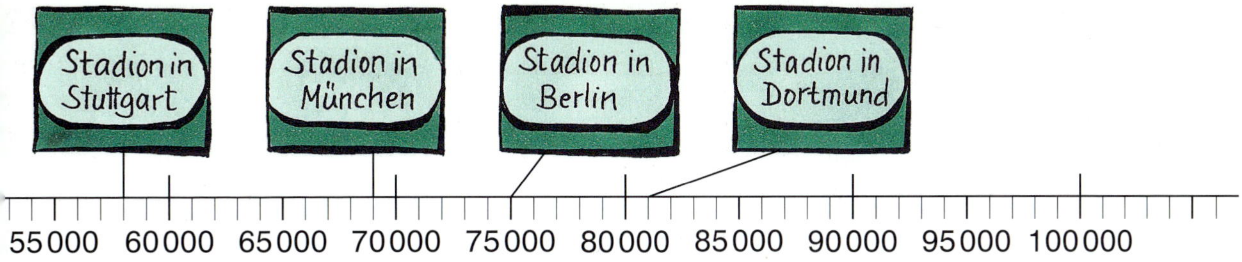

1 Vervollständige die Zahlenreihe.

a)	10000	20000							100000
b)	17000	18000							26000
c)	25000	30000							70000
d)	46000	45000							37000
e)	80000	75000							35000
f)	19600	19700							20500

2 Setze die Zahlenreihe jeweils bis 50 000 fort.

a) 36000 37000 38000
28000 30000 32000
22000 26000 30000

b) 43500 44000 44500
47800 48000 48200
48600 48700 48800

3 Erfindet selbst Zahlenreihen. Schreibt sie für eure Partner als Aufgaben auf.

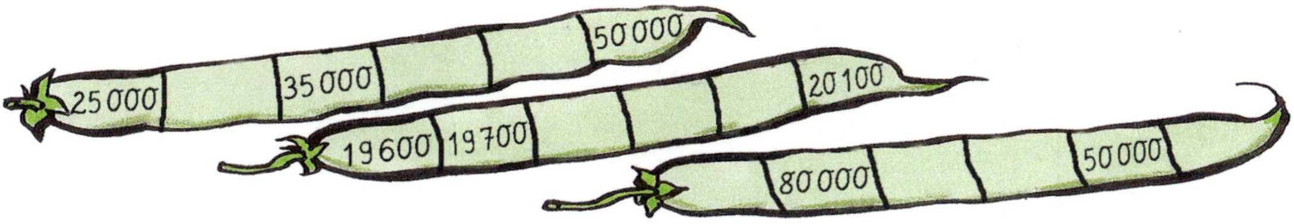

4 Kleiner, größer oder gleich? Setze ein: <, > oder =

a) 21000 ■ 13000
56000 ■ 60000
29000 ■ 32000
42000 ■ 24000

b) 12500 ■ 20300
43060 ■ 43060
38009 ■ 37500
64567 ■ 64900

c) 15303 ■ 7998
7000 ■ 70000
34789 ■ 34789
89405 ■ 8945

5 Ordne nach der Zahl der Zuschauerplätze. Beginne mit der kleinsten Zahl.

a) Bochum 32500
Bremen 42100
Rostock 29000
Karlsruhe 30000

b) Nürnberg 46800
Düsseldorf 51550
Hamburg 57000
Frankfurt 52000

c) Duisburg 31500
Dresden 32500
Wolfsburg 30900
Saarbrücken 35300

Runden

1 Vergleiche die Aussagen der Reporter.
Warum werden große Zahlen oft gerundet?

Zahlen müssen nicht immer genau angegeben werden. Man kann sie runden.

Runden auf Zehntausender:	**2**3143 ≈ 20000	**2**8943 ≈ 30000
Runden auf Tausender:	23**1**43 ≈ 23000	28**9**43 ≈ 29000
Abrunden bei 0, 1, 2, 3, 4		**Aufrunden bei 5, 6, 7, 8, 9**

2 Runde auf Zehntausender.

a) 29976, 22249, 21718, 27501
b) 38289, 43571, 29003, 12802
c) 24987, 35102, 86084, 73555
d) 20803, 9479, 15000, 40010

3 Runde die Zahl der Zuschauer auf Tausender.

a) 

b) 

c) 

4 a) Runde die Besucherzahlen auf Tausender.
b) Runde die Besucherzahlen auf Zehntausender.

	Berlin	Dortmund	München
1. Spieltag	58916	63289	61445
11. Spieltag	43117	59012	60793
19. Spieltag	45301	64980	59357

5 Welche Fehler wurden beim Runden auf Zehntausender gemacht? Berichtige.

a) 16371 ≈ 10000
19401 ≈ 20000
11999 ≈ 20000

b) 22695 ≈ 20000
23908 ≈ 30000
25111 ≈ 20000

c) 70987 ≈ 70000
69002 ≈ 60000
66606 ≈ 60000

1

a) 5000 + 3000
6000 + 2000
4000 + 6000
7000 + 5000

b) 20000 + 50000
40000 + 10000
30000 + 60000
10000 + 90000

c) 12000 + 20000
23000 + 50000
10000 + 47000
21000 + 6000

2

a) 8000 – 2000
7000 – 5000
14000 – 3000
19000 – 6000

b) 60000 – 30000
90000 – 20000
70000 – 10000
60000 – 40000

c) 45000 – 10000
79000 – 40000
38000 – 30000
56000 – 5000

3

a) 50000

40000	
	20000
47000	
	6000

b) 20000

	11000
7000	
16000	
	4000

c) 65000

20000	
	15000
5000	
	11000

4

a)	14000	+	5000	30000	500	870	19000	99	1200
b)	39000	–	7000	20000	19000	32000	100	8500	2

5 Jeweils zwei Zahlen ergeben zusammen 10000.

4000 + 6000 = 10000

4000, 7500, 8000, 20, 3500, 9999, 2800

6000, 6500, 7200, 1, 2000, 9980, 2500

6 Einige Ergebnisse sind falsch.
Du findest sie durch Überschlagen. Berichtige.

a) 4000 + 6000 = 10000
11000 + 9000 = 20000
15000 + 5000 = 65000

b) 9000 + 1000 = 91000
1000 + 59000 = 70000
5000 + 55000 = 60000

c) 8000 – 7500 = 500
20000 – 4000 = 16000
25000 – 5000 = 30000

7 Wie heißen die fehlenden Zahlen?

a)

b)

c)

Große Zahlen multiplizieren und dividieren

1 Ein Fußballer trainiert 5-mal in der Woche.
Zum Aufwärmen läuft er bei jedem Training 2000 m.

a) Wie viel Meter läuft der Fußballer in der Woche beim Aufwärmtraining?
b) Wie viel Kilometer sind das in der Woche?

2

a)	b)	c)	d)
2 · 400	3 · 300	200 · 2	2000 · 5
2 · 4000	3 · 3000	2000 · 2	200 · 5
2 · 40000	3 · 30000	20000 · 2	20000 · 5

3

a)	b)	c)	d)
4 · 200	20 · 30	20 · 7	3 · 400
40 · 200	200 · 30	200 · 70	3000 · 4
400 · 200	2000 · 30	20 · 700	300 · 40

4 Immer zwei Ergebnisse sind gleich.

a)	b)	c)	d)
6 · 3000	2 · 2000	300 · 50	40 · 400
300 · 60	200 · 200	50 · 30	400 · 4
30 · 60	20 · 200	500 · 30	40 · 40
600 · 3	2000 · 20	300 · 5	4 · 4000

5

a)	b)	c)	d)
6 · 500	4 · 2000	3000 · 9	20000 · 4
9 · 200	3 · 5000	7000 · 2	30000 · 3
8 · 800	5 · 8000	8000 · 6	50000 · 2
4 · 700	6 · 9000	4000 · 7	20000 · 3

6

a) · 4: 2000, 8000, 3000, 20000, 10000, 400

b) · 3: 4000, 200, 700, 9000, 500, 6000

c) · 10: 500, 20, 600, 700, 8000, 1000

d) · 20: 3000, 2000, 600, 70, 5000, 50

7

a)	b)	c)
5000 · ■ = 10000	■ · 3000 = 9000	■ · 4000 = 40000
2000 · ■ = 10000	■ · 200 = 6000	■ · 1000 = 40000
6000 · ■ = 30000	■ · 40 = 8000	■ · 800 = 40000
4000 · ■ = 20000	■ · 1000 = 6000	■ · 2000 = 40000

1 Welche Aufgabe passt?

2 · 60 000

60 000 : 2

2
a) 800 : 2
8 000 : 2
80 000 : 2

b) 600 : 3
6 000 : 3
60 000 : 3

c) 150 : 5
1 500 : 5
15 000 : 5

d) 36 000 : 4
360 : 4
3 600 : 4

3
a) 20 000 : 2
20 000 : 20
20 000 : 200

b) 90 000 : 3
90 000 : 300
90 000 : 30

c) 25 000 : 5
25 000 : 50
25 000 : 500

d) 16 000 : 400
16 000 : 4 000
16 000 : 4

4 Erfinde eine Rechengeschichte zur Aufgabe.

a) 60 000 : 3

b) 14 000 : 7

c) 40 000 : 20

5
a) 900 : 3
400 : 4
800 : 4
600 : 2

b) 4 000 : 2
8 000 : 4
6 000 : 2
9 000 : 9

c) 60 000 : 6
25 000 : 5
80 000 : 4
20 000 : 4

d) 12 000 : 3
27 000 : 9
63 000 : 7
42 000 : 6

6
a)
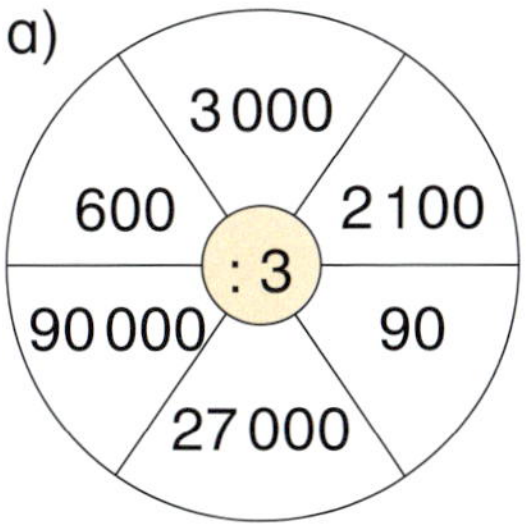

b)
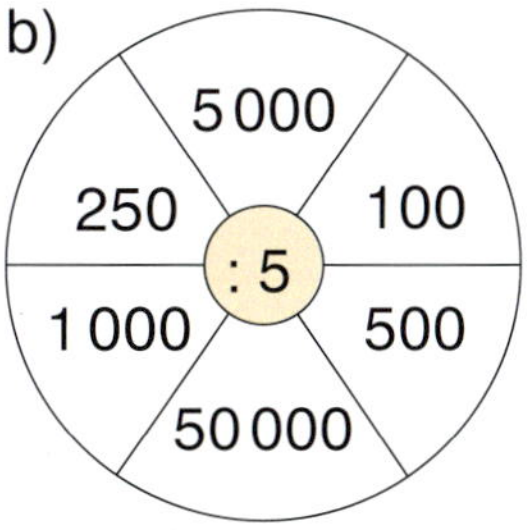

c)
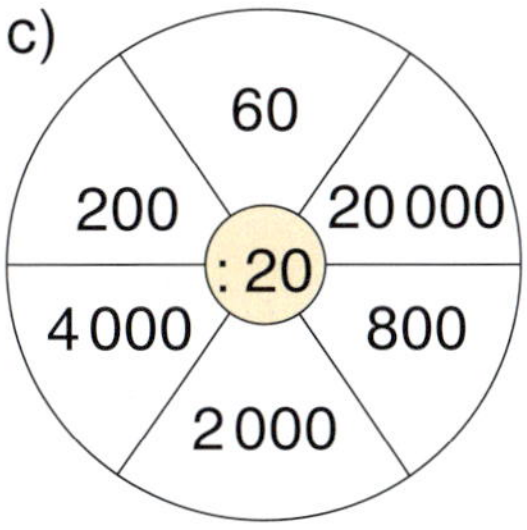

d)
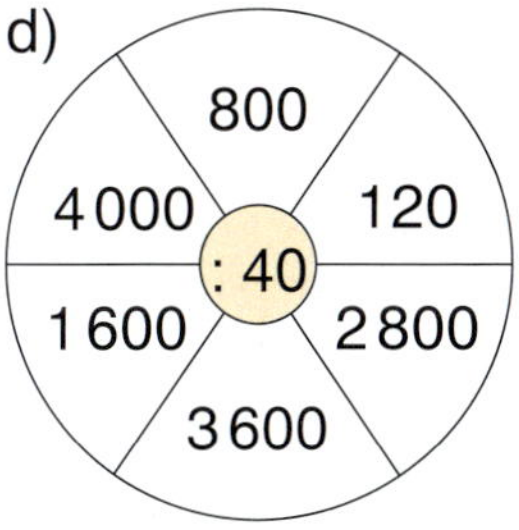

7
a) 20 000 : ■ = 10 000
40 000 : ■ = 20 000
80 000 : ■ = 10 000
60 000 : ■ = 20 000

b) 80 000 : ■ = 20 000
60 000 : ■ = 30 000
50 000 : ■ = 25 000
28 000 : ■ = 4 000

c) ■ : 5 = 10 000
■ : 2 = 40 000
■ : 7 = 3 000
■ : 6 = 5 000

Schriftliches Addieren

1 Zu den ersten Heimspielen einer Fußballmannschaft kommen:

1. Spieltag: 11 879 Besucher
3. Spieltag: 12 054 Besucher
5. Spieltag: 10 945 Besucher

Wie viele Besucher werden insgesamt gezählt?

2

a) 2056 + 3471
6367 + 2235
4458 + 2721
4507 + 4655

b) 15 280 + 3952
3579 + 5791
8647 + 16 056
26 666 + 17 777

c) 1305 + 2618 + 1573
476 + 3514 + 998
3960 + 897 + 6085
7041 + 2309 + 6470

3 Addiere mindestens 2 Zahlen.
Das Ergebnis soll kleiner als 10 000 sein.
Überschlage zuerst. Wie viele Aufgaben findest du?

a) 4567, 6819, 3514, 5312, 3316

b) 6619, 1234, 1079, 7528, 5601

c) 2605, 5610, 4030, 3515, 3109

d) 8139, 1948, 1271, 7938, 3427

4 Welche Fehler wurden gemacht? Berichtige.

a)

	7	2	1	5
+	1	8	7	9
	8	0	8	4

b)

	6	4	1	5
+	1	2	9	5
	7	6	1	0

c)

	1	3	7	6
+	2	4	2	8
3	7	9	1	4

d)

	5	6	7	8
+	7	2	4	1
1	3	8	1	9

5 Bei den Spielen der Hinrunde hat ein Verein 42 345 Eintrittskarten verkauft.
Zu den Spielen der Rückrunde kommen 37 167 Zuschauer.
Wie viele Zuschauer kommen insgesamt zu den Spielen?

6

a) +4097: 6915, 15 312, 12 345, 5387

b) +13 546: 5615, 36 123, 20 505, 2919

c) +15 390: 7589, 15 031, 29 600, 6005

Schriftliches Subtrahieren

1 Welche Frage passt? Rechne aus.

In einem Fußballstadion ist Platz für insgesamt 61 482 Zuschauer.
Es gibt 45 173 Sitzplätze.

Wie viele Stehplätze gibt es im Stadion?

Wie viele Zuschauer reisen mit dem Bus an?

Wie viele Sitzplätze sind Tribünenplätze?

2

a)	b)	c)
4 567 − 2 036	16 035 − 12 871	16 222 − 834
8 356 − 3 419	14 318 − 3 946	40 404 − 20 508
7 432 − 1 912	15 890 − 479	25 700 − 18 151
3 575 − 3 294	24 537 − 12 908	11 056 − 8 471

3

a)

b)

c)

4 Schreibe die vollständige Rechnung in dein Heft.

a)
```
   5 8 7 ■
 − 1 ■ 2 3
 ─────────
   ■ 3 ■ 3
```

b)
```
   4
   5̸ ■ 3 ■
 − 1 4 ■ 4
 ─────────
   3 7 2 3
```

c)
```
   1 5
   2̸ 6̸ 4 7 ■
 −   8 9 ■ 1
 ───────────
   1 ■ 5 3 2
```

d)
```
   3 6 4 7 0
 − ■ 8 2 5 5
 ───────────
   1 8 ■ ■ 5
```

5 Für ein Fußball-Länderspiel wurden 65 000 Eintrittskarten gedruckt.
Einen Tag vor Spielbeginn sind bereits 53 976 Karten verkauft.
Wie viele Eintrittskarten sind noch übrig?

6 Im Kopf oder schriftlich?

a)	b)	c)
75 000 − 63 058	50 000 − 2 000	60 000 − 13 005
70 000 − 30 010	60 000 − 11 000	40 000 − 24 148
80 000 − 77 777	50 000 − 15 055	40 000 − 5 672
72 500 − 12 500	60 000 − 48 726	50 000 − 35 000

Schriftliches Multiplizieren und Dividieren

1

a)	b)	c)	d)
4123 · 2	33142 · 2	12053 · 4	11792 · 6
2419 · 3	21518 · 3	15705 · 5	8057 · 8
1503 · 5	26946 · 2	13210 · 7	10087 · 9
3571 · 3	18342 · 4	20309 · 3	14169 · 7
2932 · 5	14131 · 5	18550 · 2	12080 · 8

2 Einige Aufgaben wurden falsch gelöst. Du findest diese Aufgaben mit einem Überschlag. Berichtige.

a)	b)	c)
3012 · 3 = 10036	4105 · 2 = 8210	12345 · 5 = 61725
795 · 5 = 3975	11110 · 6 = 66660	7766 · 9 = 30168
10222 · 4 = 40888	15390 · 3 = 80570	21004 · 3 = 63012
12500 · 5 = 70800	506 · 7 = 10108	11007 · 8 = 90086

3

a)	b)	c)	d)
639 : 3	9128 : 8	21706 : 2	51004 : 2
418 : 2	2065 : 5	92216 : 8	37908 : 9
816 : 6	2478 : 7	19420 : 4	60020 : 5
504 : 4	3512 : 4	61311 : 3	45668 : 7

4

a)

b)

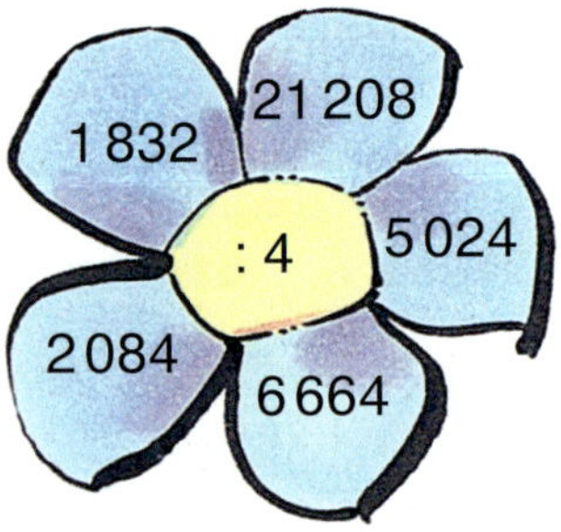

c)

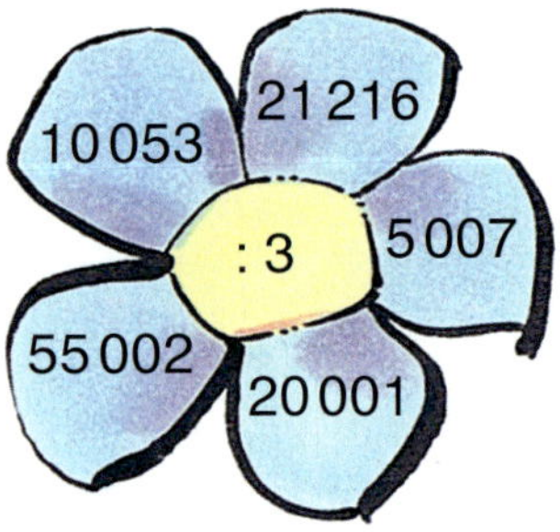

5 Zu den Heimspielen eines Fußballvereins können jedes Mal 18850 Karten verkauft werden. Die Hälfte davon sind Sitzplatz-Karten.

a) Wie viele Sitzplätze sind im Stadion?

b) Wie viele Karten können bei 4 Heimspielen verkauft werden?

6 Rechne jeweils mindestens 3 Divisionsaufgaben.
Das Ergebnis soll stets größer als 10000 sein.

a)

b)

c)

Bedrohte Tierwelt

Um das Jahr 1900 lebten schätzungsweise noch fast 100 000 Königstiger (Bengaltiger).
Im Jahr 1994 gab es nur noch 5 100 Tiger. Dank der Arbeit vieler Schutzverbände ist der Bestand wieder auf 7 000 Tiere angestiegen.

Heute leben noch 420 Sibirische Tiger in freier Wildbahn.
Fünfmal so viele Tiere leben in Tierparks.

1 a) Um wie viele Tiere hat der Bestand der Königstiger zwischen den Jahren 1900 und 1994 abgenommen?

b) Wie viele Königstiger leben jetzt mehr als 1994?

c) Hast du eine Erklärung für den Rückgang oder den Anstieg der Zahlen?

2 a) Wie viele Sibirische Tiger leben in Tierparks?

b) Wie viele Sibirische Tiger gibt es insgesamt?

Wanderfalken in Europa
1950: 70 000 Vögel
1975: 8 500 Vögel
2000: 14 800 Vögel
In den nächsten Jahrzehnten könnte sich die Zahl der Wanderfalken in Europa bei umfassenden Schutzmaßnahmen verdoppeln.

Wanderfalken in Asien
In Asien gab es vor 50 Jahren schätzungsweise 89 500 Wanderfalken. Heute gibt es dort nur noch halb so viele.

3 a) Wie viele Wanderfalken gab es in Europa 1975 weniger als 1950?

b) Um wie viele Vögel stieg der Bestand an Wanderfalken von 1975 bis 2000?

c) Wie viele Wanderfalken könnte es durch umfassende Schutzmaßnahmen in Europa in den nächsten Jahrzehnten geben?

4 Wie viele Wanderfalken gibt es heute in Asien?

Schriftliches Multiplizieren mit Zehnerzahlen

1 Wie viel Euro kostet die Unterkunft für alle 23 Personen zusammen?

3	1	2	·	2	3
		6	2	4	

Mit den Zehnern multiplizieren

3	1	2	·	2	3
		6	2	4	
			9	3	6

Mit den Einern multiplizieren

3	1	2	·	2	3
		6	2	4	
			9	3	6
		1			
		7	1	7	6

Addieren

2

a) 32 · 13
41 · 20
24 · 12
13 · 23

b) 14 · 41
27 · 32
26 · 30
37 · 25

c) 45 · 27
68 · 81
44 · 52
51 · 19

d) 73 · 50
64 · 46
39 · 63
57 · 80

3

a) 231 · 33
142 · 21
312 · 30
121 · 42

b) 345 · 12
334 · 23
888 · 11
152 · 52

c) 609 · 21
427 · 70
540 · 13
708 · 25

d) 423 · 40
592 · 63
378 · 76
687 · 97

4

a)

b)

c)

5 Ein Sportverein kauft 15 Trainingsbälle. Jeder Ball kostet 39 €.
Wie viel Euro muss der Sportverein bezahlen?

6 Ein Schuhmarkt verlost eine Mannschaftsreise im Wert von 275 € pro Person.
Zur Mannschaft gehören 15 Spieler. Wie viel Euro werden insgesamt bezahlt?

1 An einem Trainingsaufenthalt nehmen 26 Personen teil.

a) Wie viel Euro erhält die Sportschule insgesamt für die Unterkunft?

b) Wie viel Euro werden insgesamt für Eintritt und Ausflüge eingesammelt?

c) Wie viel Euro kostet der Trainingsaufenthalt für alle Teilnehmer zusammen?

Kosten pro Person	
Unterkunft	76 €
Fahrt	38 €
Eintritt, Ausflüge	14 €
Insgesamt	128 €

2

a)	b)	c)	d)
4314 · 12	3527 · 15	5134 · 17	2073 · 24
2313 · 31	652 · 25	4268 · 19	304 · 60
2432 · 22	5126 · 13	4554 · 18	2170 · 29
1203 · 23	3072 · 30	3456 · 19	1003 · 82

3 Bei welcher Frage musst du rechnen?

Wie teuer ist ein Trainingsanzug?

Wie viel Euro kosten 16 Trainingsanzüge?

Wie viele Trainingsanzüge werden gekauft?

4 Bilde jeweils mindestens 3 Multiplikationsaufgaben.
Das Ergebnis soll kleiner als 50 000 sein.

a)

b)

c)

d)

5

a)

347	·	5	20	31
519	·	4	30	25

b)

1970	·	5	20	38
2405	·	7	40	29

6 Berechne die Kosten für die Anschaffungen.

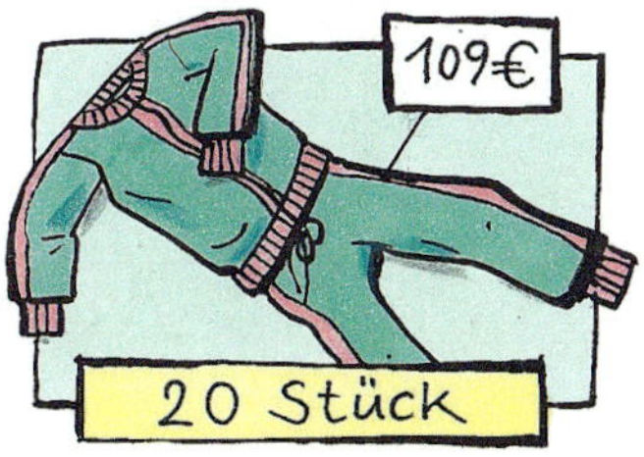

Wiederholen und Üben

1 Lies die Zahlen und trage sie in eine Stellenwerttafel ein.

a)	b)	c)	d)	e)
14125	18600	5117	20406	14041
21453	25709	601	9701	70300
19711	34920	19055	54008	9412

2 Vervollständige die Zahlenreihe.

a)	15000	16000							24000
b)	51000	52000							60000
c)	100000	90000							10000

3 Ordne nach der Größe. Beginne mit der kleinsten Zahl.

a)	b)	c)	d)	e)
12079	34600	11000	26589	42317
11989	35711	10010	26550	43271
12101	35512	10100	26499	47213
11807	35125	10001	26494	43721

4 a) Runde auf Zehntausender: 29879 18048 41955 33590 15678

b) Runde auf Tausender: 4985 6059 21650 18511 22468

5

a)	b)	c)
12429 + 13397	14521 + 11354 + 2123	36957 − 28047
20805 + 20751	11709 + 25052 + 5910	30864 − 20915
18705 + 5515	23086 + 4258 + 601	58000 − 34222
9988 + 23232	4657 + 15798 + 175	45701 − 4571

6 In einem Fußballstadion gibt es 17850 Sitzplätze und 8790 Stehplätze. Wie viele Zuschauer fasst das Stadion?

7

a)

60000		
10	·	
6	·	
20	·	
	·	30000

b)

50000		
5	·	
	·	500
10	·	
	·	1000

c)

20000		
	·	200
10	·	
	·	4000
4	·	

d)

36000		
60	·	
	·	6000
10	·	
	·	360

8

a)	b)	c)	d)
12915 · 4	391 · 90	555 : 3	60305 : 5
24302 · 3	1279 · 31	712 : 4	35772 : 2
13523 · 5	1510 · 50	2304 : 3	43245 : 9
19094 · 3	3806 · 19	2709 : 7	35120 : 4

Winkel und Dreiecke

Senkrechte und parallele Linien

1 Welche Geraden sind zueinander senkrecht? Prüfe mit einem Faltwinkel.

a)

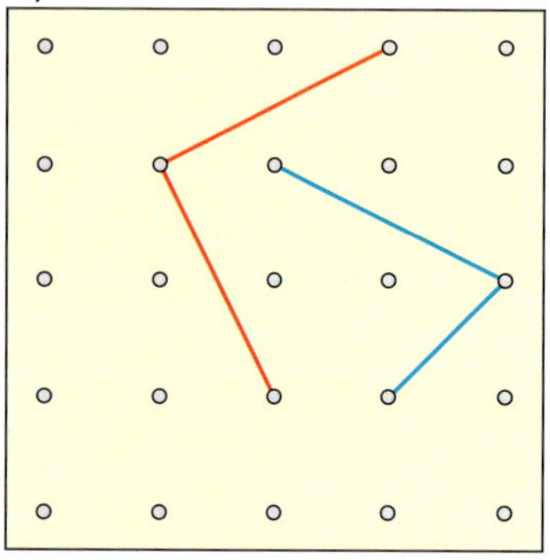

b)

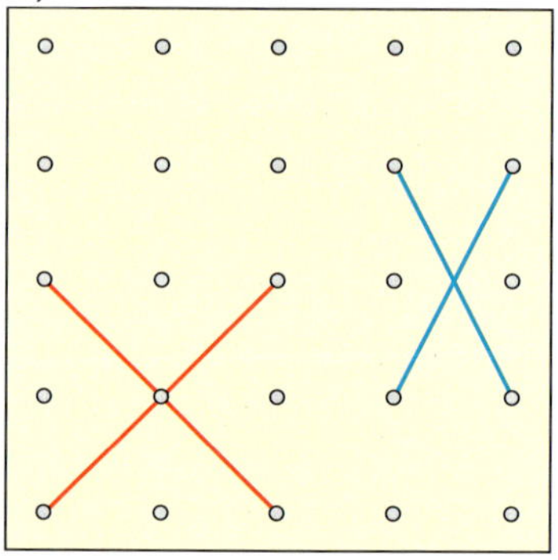

c)

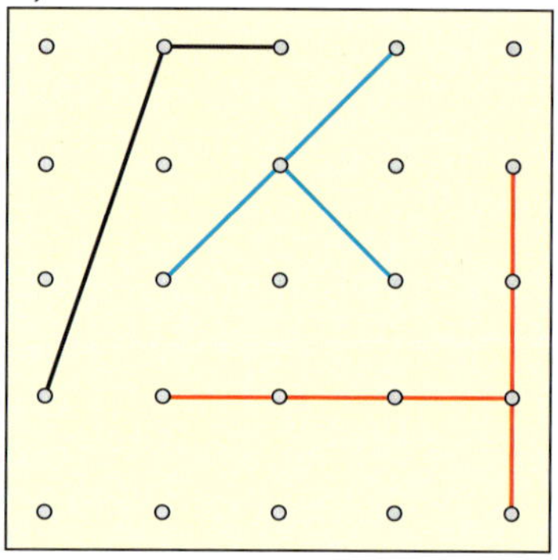

2 Spanne eine Gerade. Dein Partner spannt dazu die Senkrechte.

3 Welche Geraden sind zueinander parallel?

a)

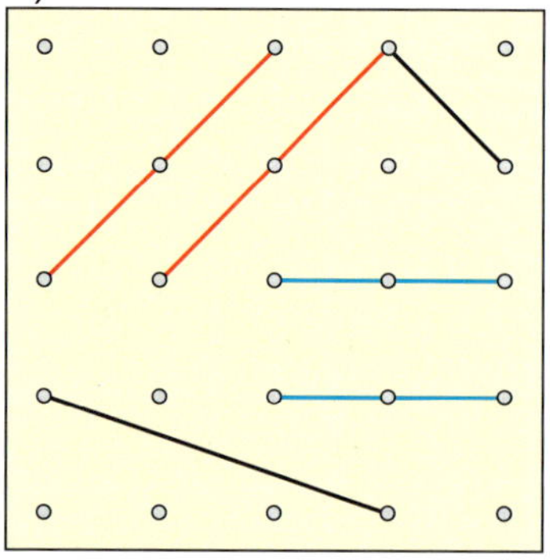

b)

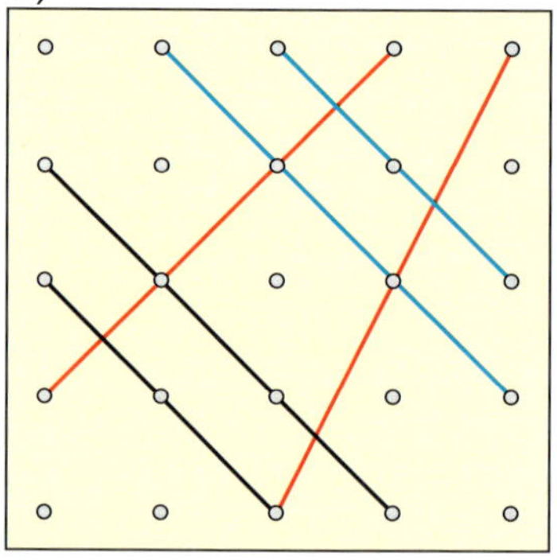

c)

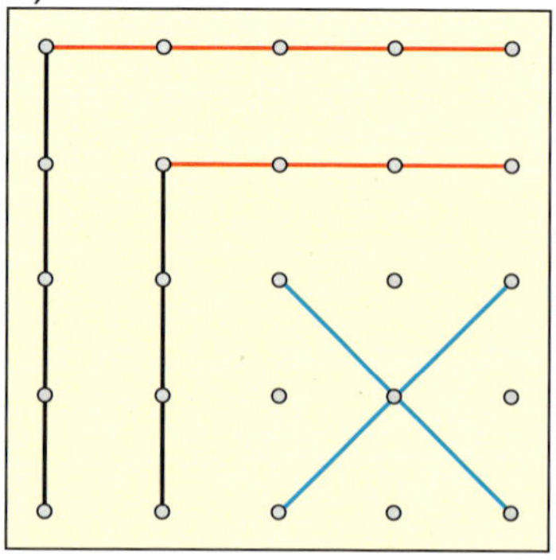

4 a) Spanne eine Gerade. Dein Partner spannt dazu Parallelen.

b) Spannt Muster mit Parallelen und Senkrechten.

So zeichnest du die Senkrechte zu einer Geraden durch den Punkt P.

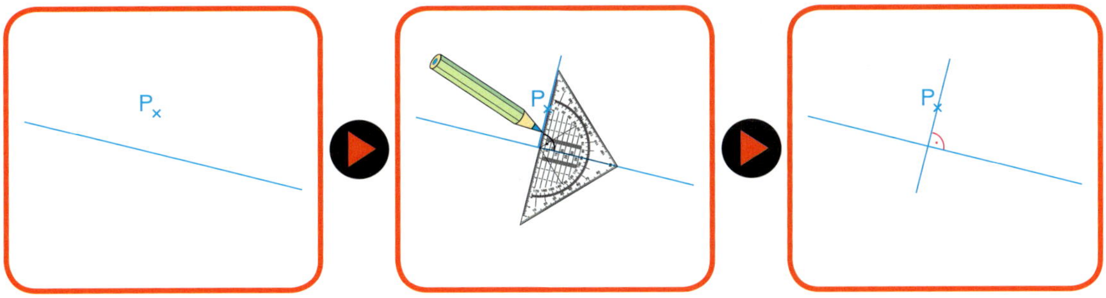

1 Zeichne die Senkrechte zu einer Geraden durch den Punkt P.

a) Der Punkt liegt über der Geraden.

b) Der Punkt liegt unter der Geraden.

c) Der Punkt liegt auf der Geraden.

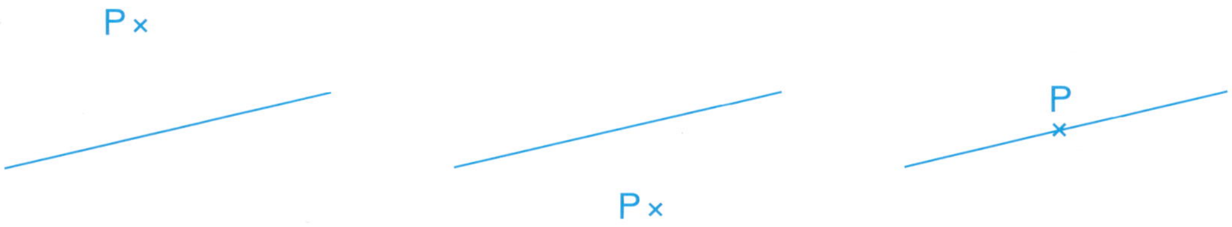

So zeichnest du die Parallele zu einer Geraden durch den Punkt P.

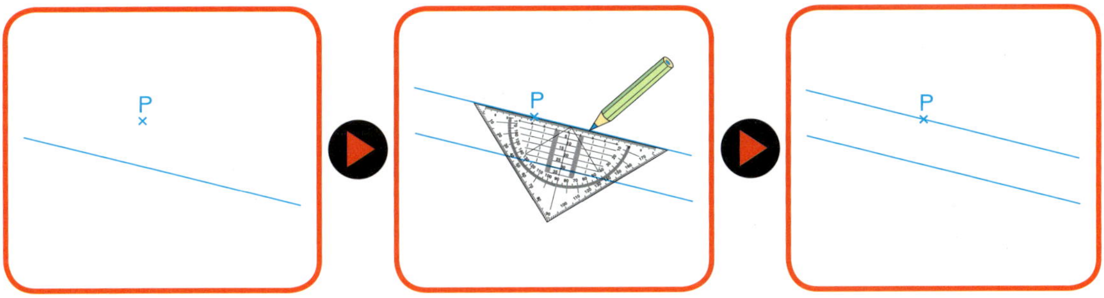

2 Prüfe mit dem Geodreieck.

a) Welche Geraden sind parallel?
Schreibe : $a \parallel c$

b) Welche Geraden sind zueinander senkrecht?
Schreibe : $a \perp h$

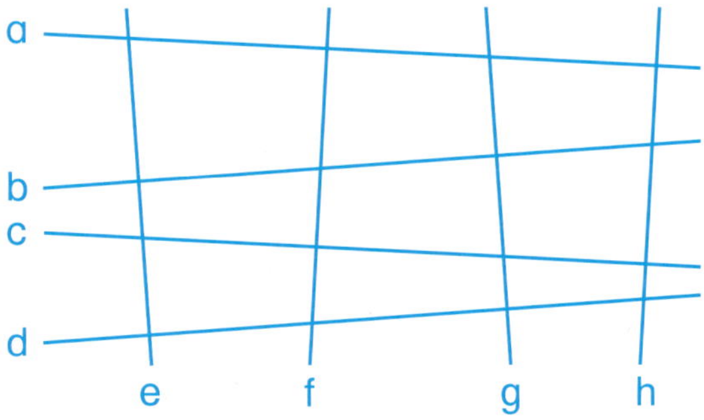

3 Zeichne zwei Parallelen im Abstand von

a) 1 cm b) 2 cm c) 2,5 cm d) 3 cm e) 4,5 cm f) 5 cm

4 Zeichne eine Gerade a und zwei Senkrechten zur Geraden a. Was stellst du fest?

Winkel in der Umwelt

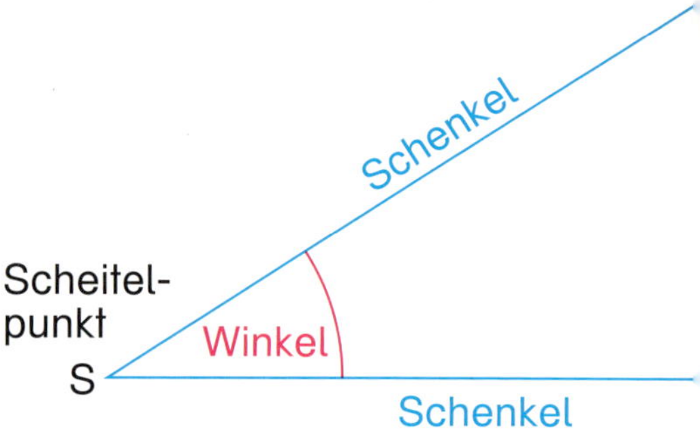

1 Zeige jeweils den Scheitelpunkt und die Schenkel.

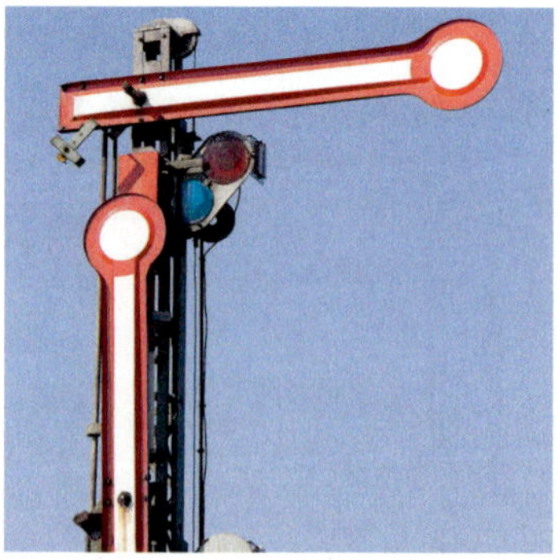

2 Suche im Klassenzimmer Gegenstände, an denen du Winkel zeigen kannst.
Zeige jeweils den Scheitelpunkt und die Schenkel.

Spitzer Winkel – rechter Winkel – stumpfer Winkel

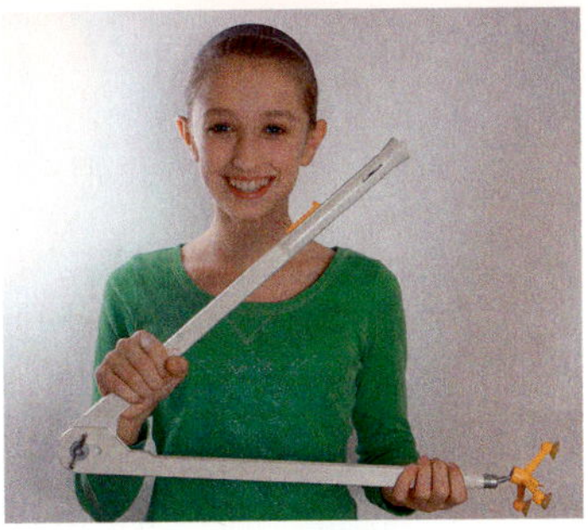
spitzer Winkel

rechter Winkel

stumpfer Winkel

1 a) Kannst du die Namen der Winkel erklären?
b) Bilde mit dem Zirkel verschiedene Winkel.

2 Bilden die Zeiger einen spitzen, einen stumpfen oder einen rechten Winkel?

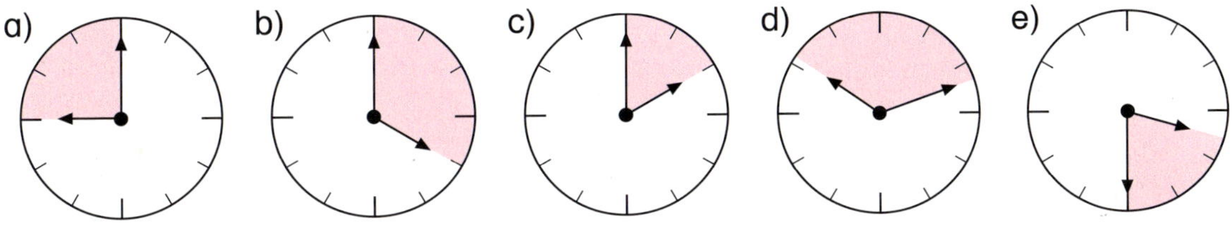

3 Welcher Winkel ist ein spitzer Winkel, welcher ist ein stumpfer, welcher ein rechter Winkel?

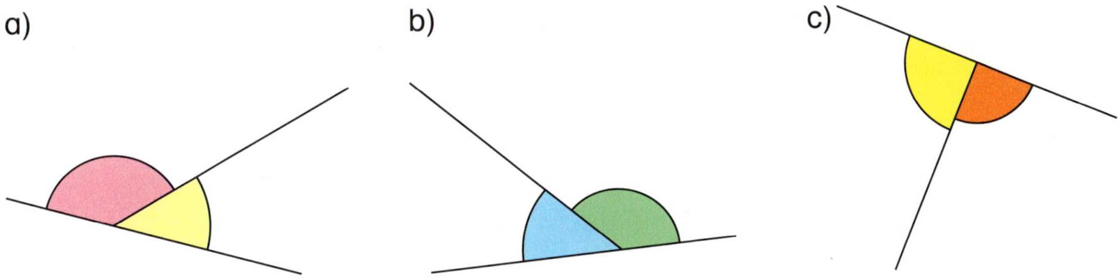

4 Welcher Winkel ist ein spitzer, welcher ein stumpfer, welcher ein rechter Winkel?
Überprüfe.

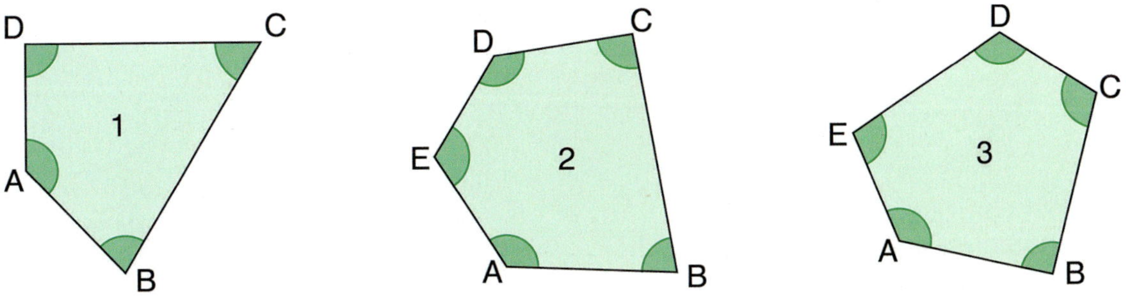

Winkelscheibe

Mit der Winkelscheibe kannst du alle möglichen Winkel darstellen.

So stellst du eine Winkelscheibe her.

1 a) Zeige mit deiner Winkelscheibe verschiedene Winkel.
b) Zeige mit deiner Winkelscheibe spitze Winkel und stumpfe Winkel.
c) Stelle mit deiner Winkelscheibe einen rechten Winkel ein.
Prüfe mit dem Geodreieck oder mit einem Faltwinkel, wie gut du das kannst.

2 Ist der Winkel ein spitzer, ein stumpfer oder ein rechter Winkel?

a)
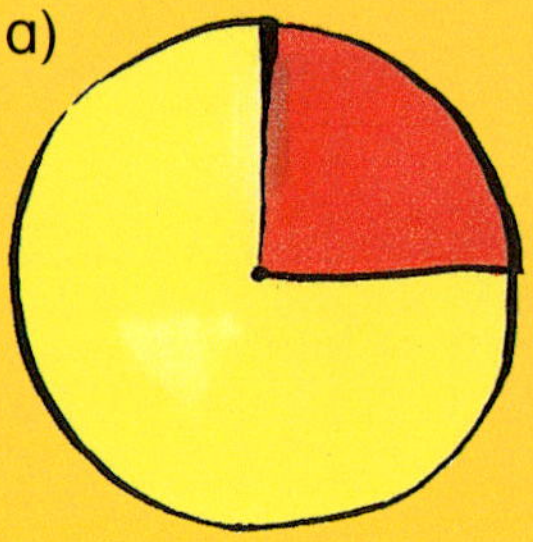
b)
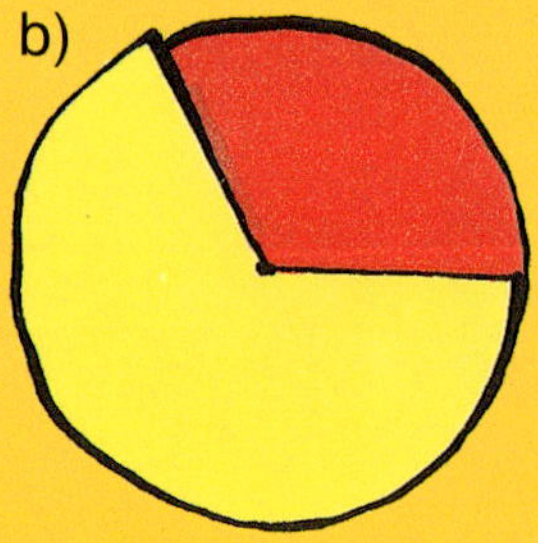
c)
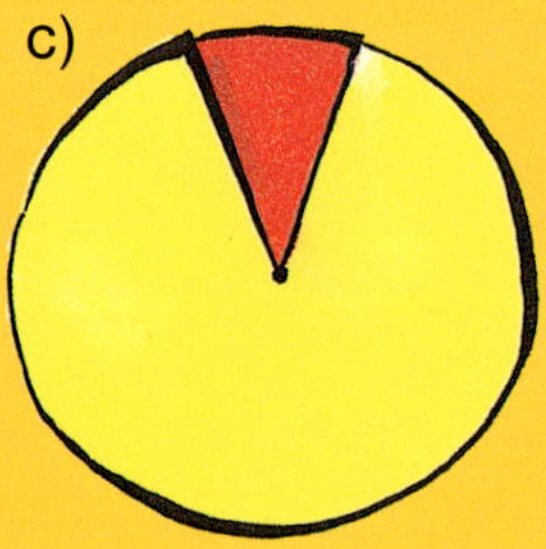
d)
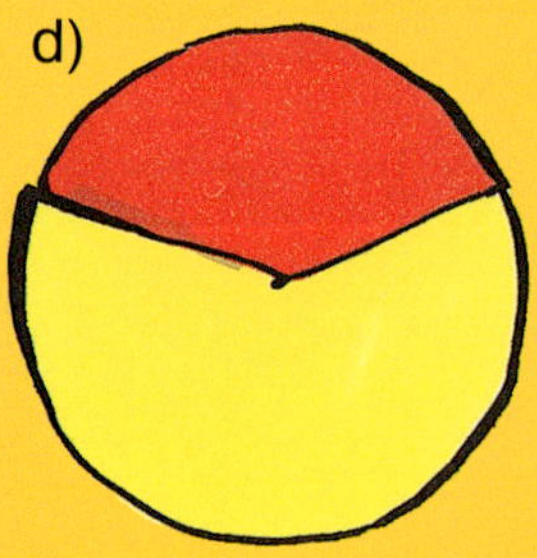
e)
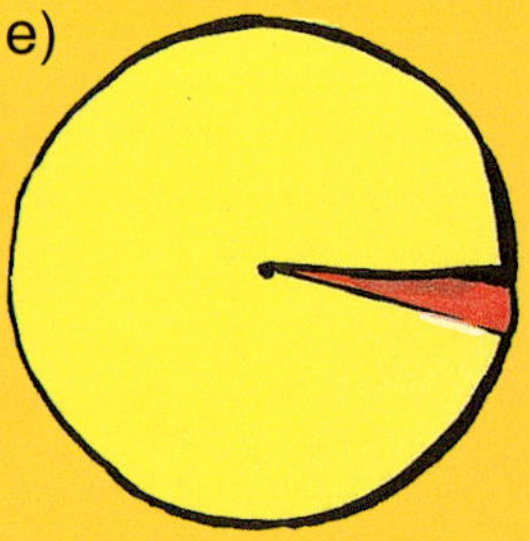
f)
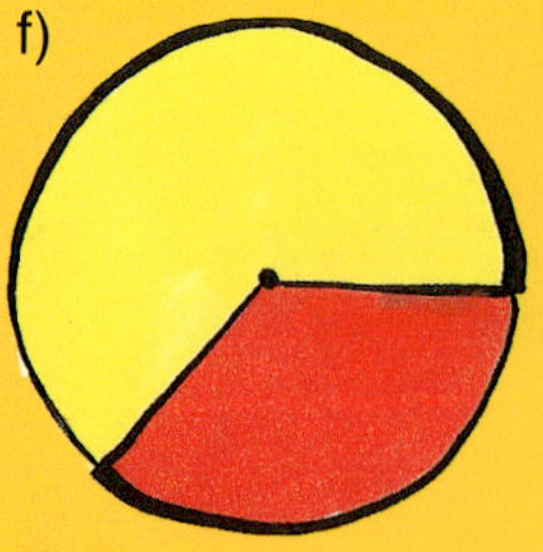
g)

h)
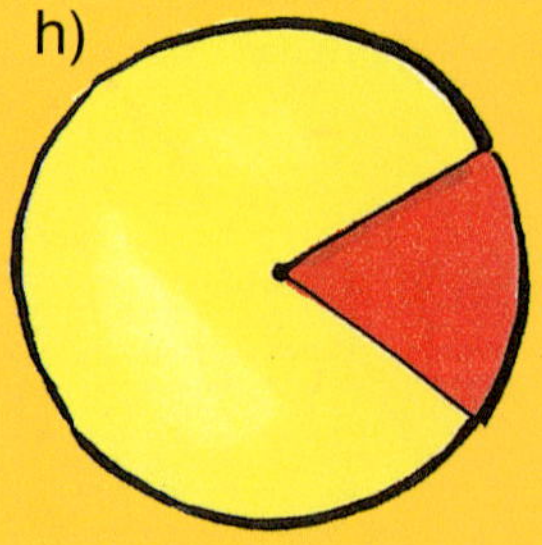

3 Stelle mit deiner Winkelscheibe einen Winkel ein. Dein Nachbar sagt, ob es ein spitzer, ein stumpfer oder ein rechter Winkel ist.

Winkel werden mit den griechischen Buchstaben α (alfa), β (beta), γ (gamma), δ (delta) bezeichnet und in Grad gemessen. 1° = 1 Grad

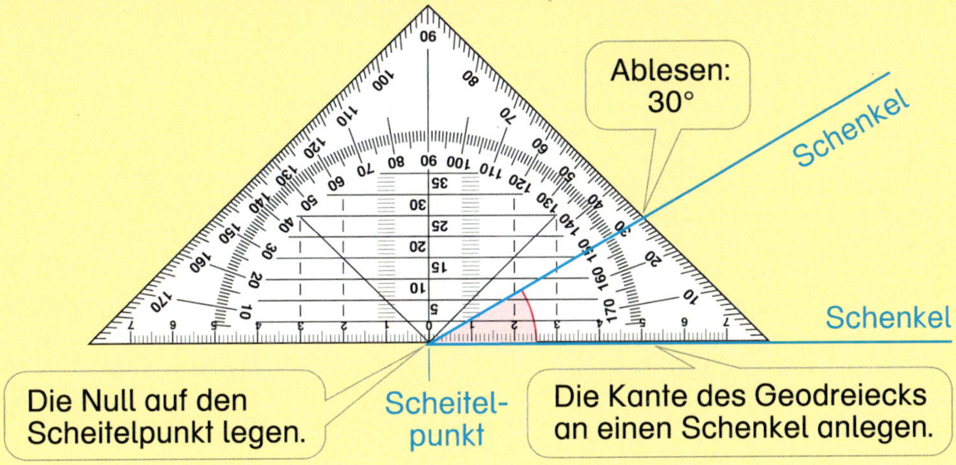

1 Miss mit dem Geodreieck die Größe des Winkels.

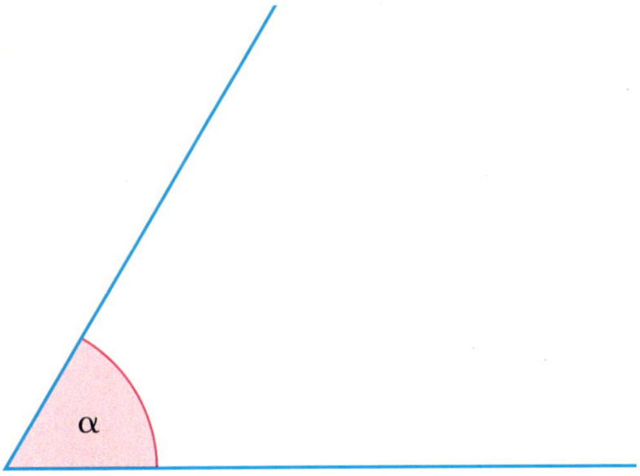

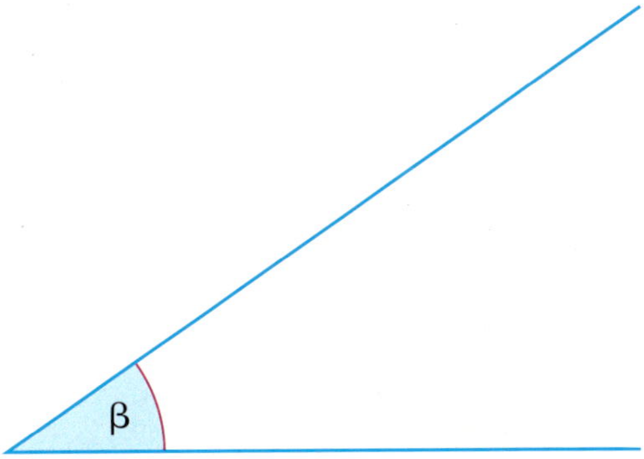

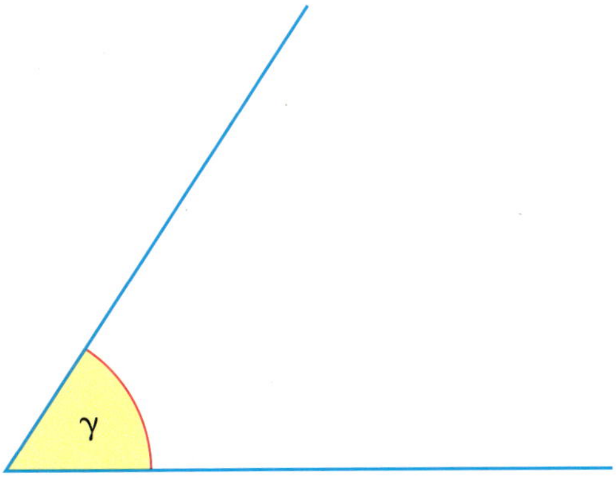

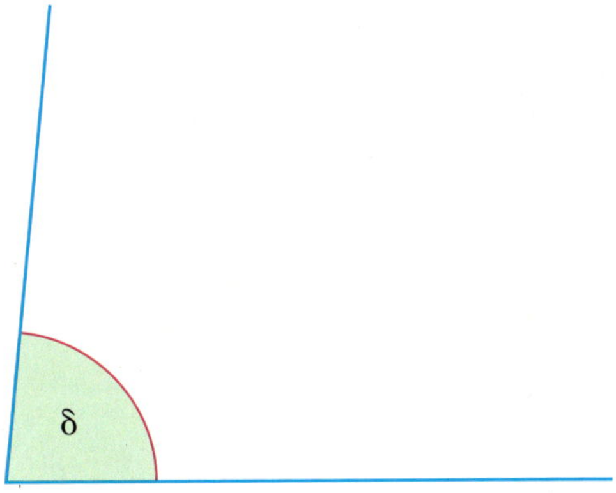

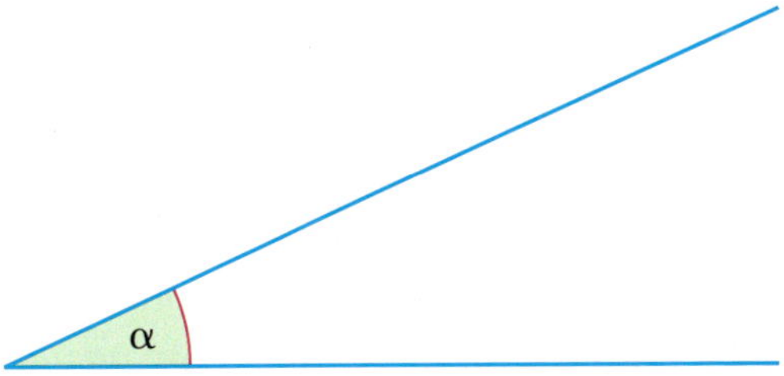

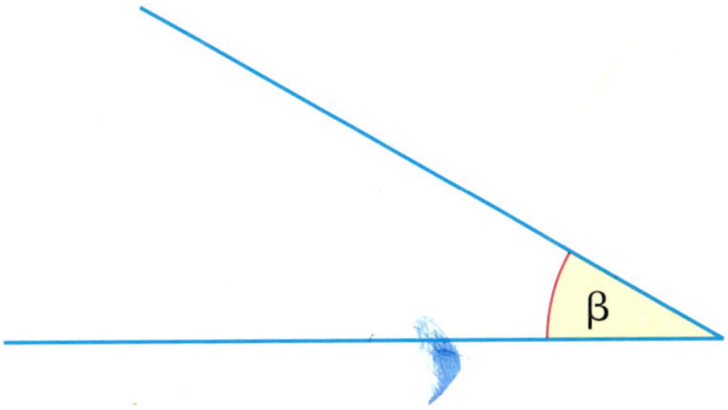

Winkel messen

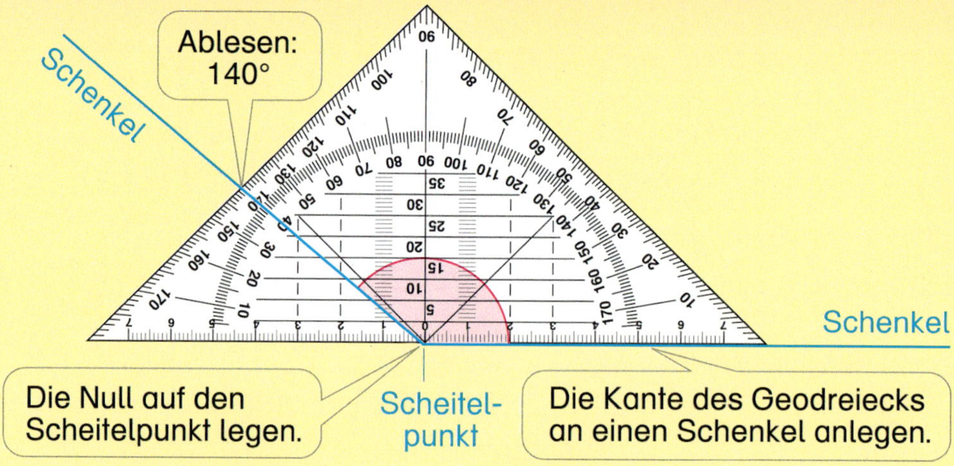

1 Miss mit dem Geodreieck die Größe des Winkels.

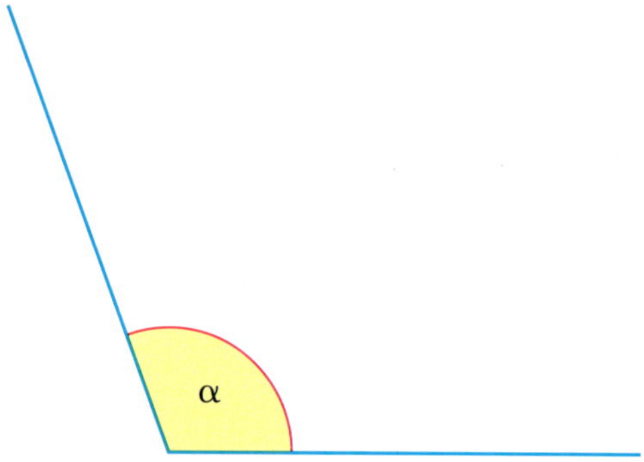

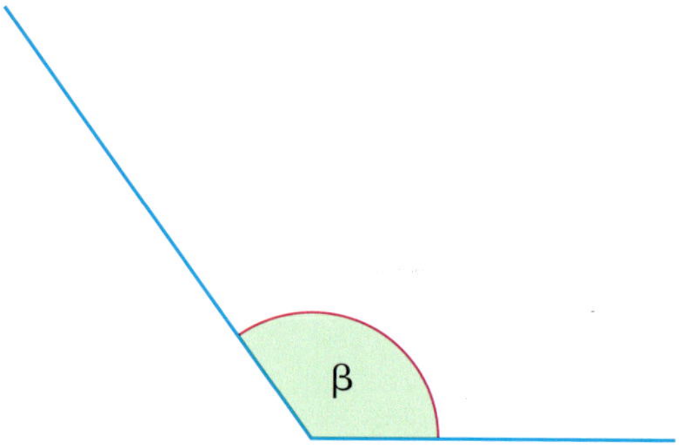

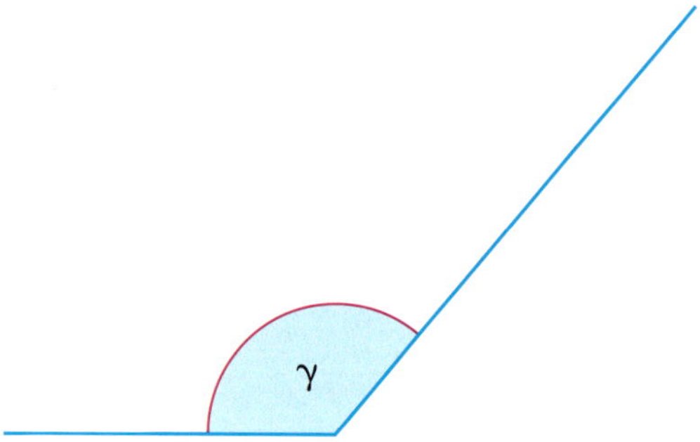

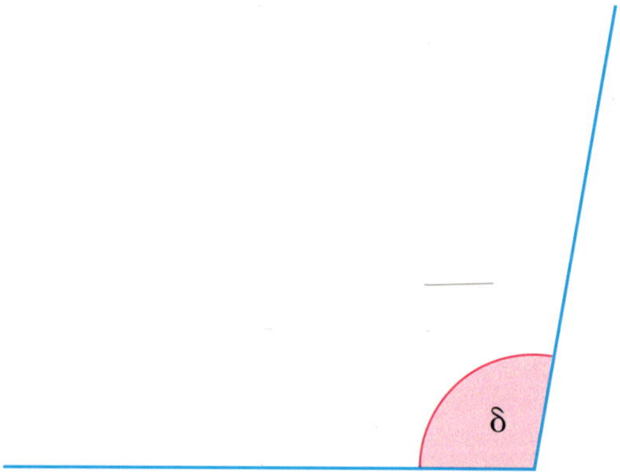

2 Stelle auf deiner Winkelscheibe einen Winkel ein. Dein Partner schätzt die Größe des Winkels.
Messt mit dem Geodreieck nach.

3 Falte ein Blatt Papier zweimal. Zeichne die Faltlinien nach. Miss die vier Winkel.

Winkel messen und zeichnen

So zeichnest du mit dem Geodreieck einen Winkel von 50°.

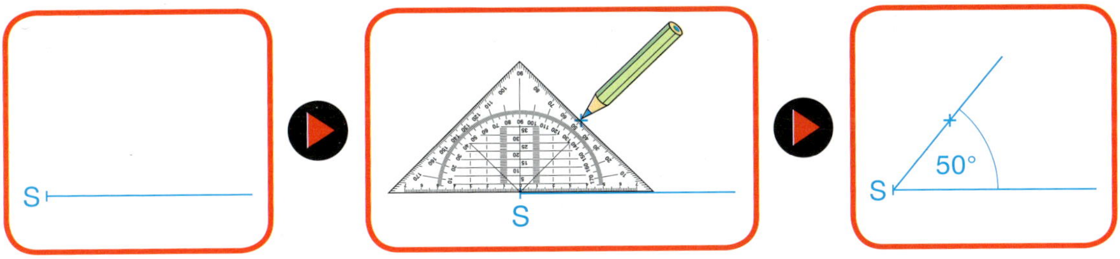

1 a) Zeichne die Winkel:
20° 60° 90° 110° 45° 165° 48° 123° 16° 69° 175°
b) Markiere spitze Winkel rot, stumpfe Winkel blau und rechte Winkel grün.

2 a) Schätze die Größe des Winkels. Überprüfe durch Messen.
b) Zeichne den Winkel in dein Heft.

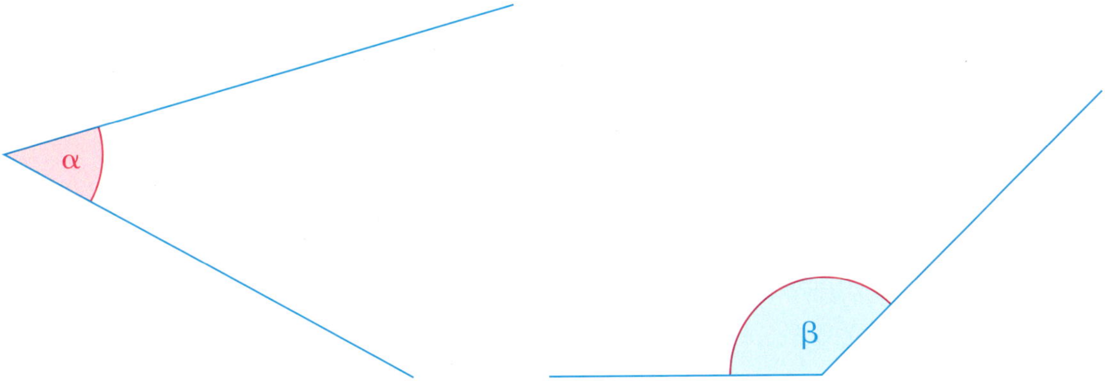

3 a) Miss die Größe der Lichtkegel.
b) Zeichne die Winkel in dein Heft.

4 Zeichne nach Augenmaß einen Winkel von 45°. Miss nach mit dem Geodreieck.

Bezeichnungen am Dreieck

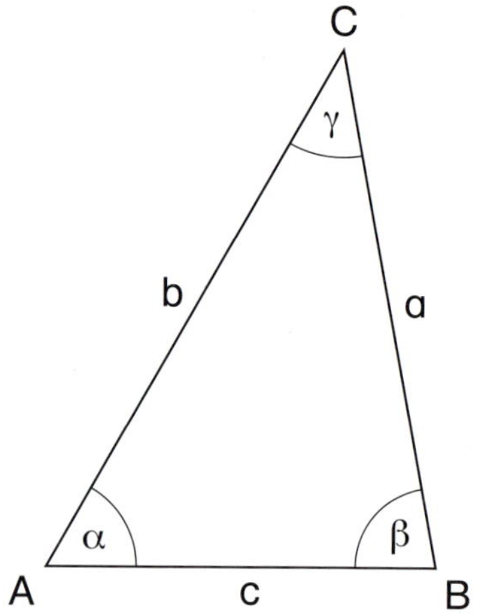

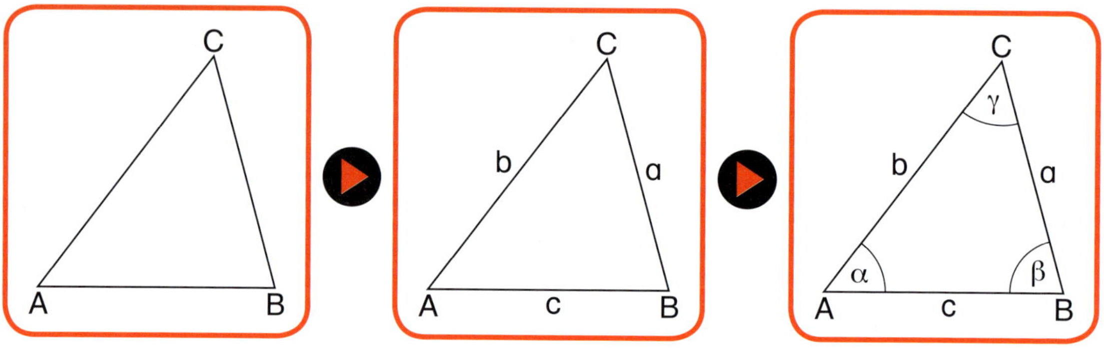

Die Ecken werden mit den großen Buchstaben A, B und C bezeichnet.

Die Seiten werden mit den kleinen Buchstaben a, b und c bezeichnet.

Die Winkel in den Ecken heißen:
α bei A, β bei B, γ bei C.

1 Übertrage das Dreieck in dein Heft und ergänze die fehlenden Bezeichnungen.

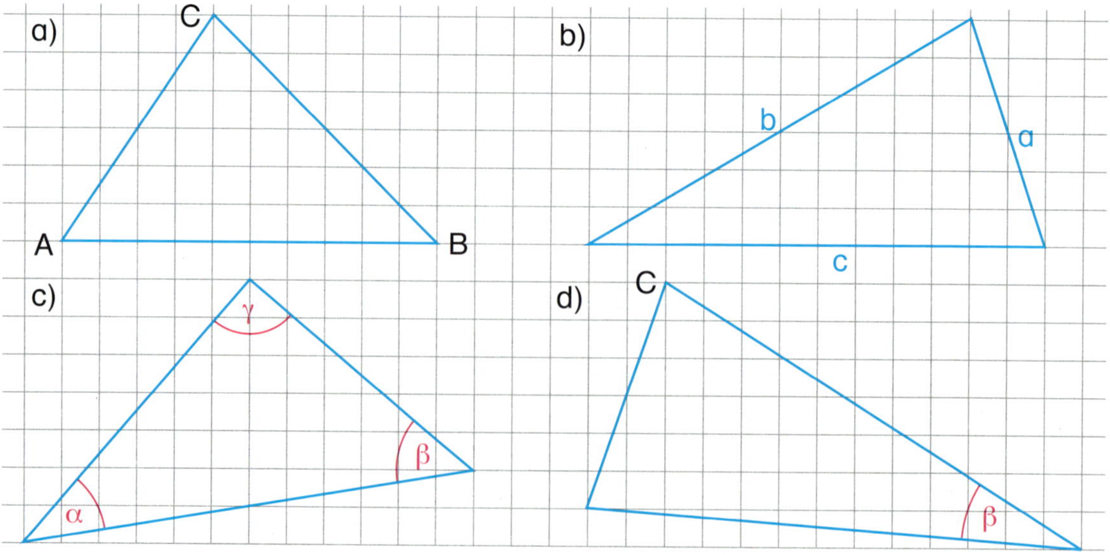

2 Zeichne ein Dreieck. Dein Partner bezeichnet die Ecken, Seiten und Winkel.

So zeichnest du ein Dreieck, wenn eine Seite und zwei Winkel gegeben sind.

c = 3 cm, α = 40°, β = 70°

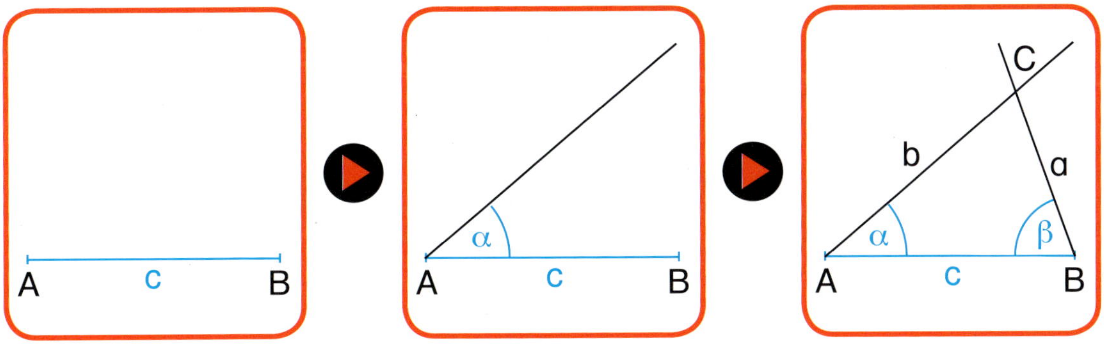

1 Zeichne das Dreieck. Beginne mit der Seite c.

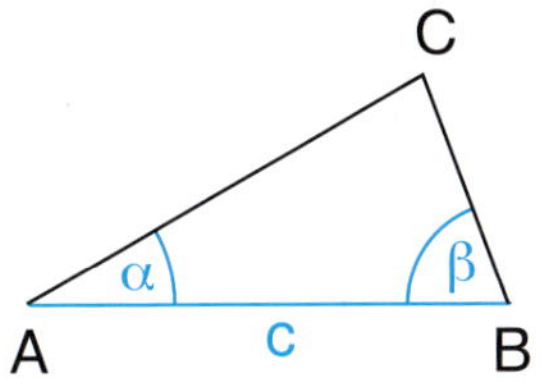

a) c = 4 cm, α = 60°, β = 75°
b) c = 5 cm, α = 80°, β = 45°
c) c = 4,5 cm, α = 50°, β = 85°
d) c = 6 cm, α = 110°, β = 45°

2 Zeichne das Dreieck. Beginne mit der Seite a.

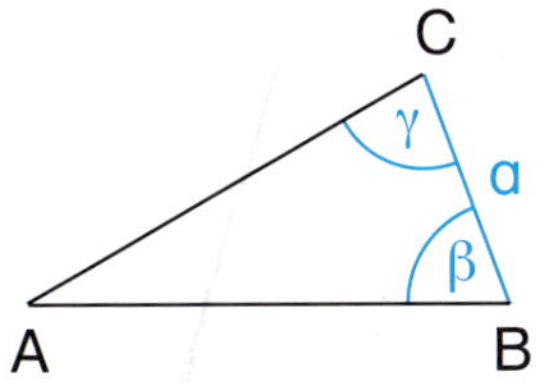

a) a = 6 cm, β = 20°, γ = 100°
b) a = 5,5 cm, β = 105°, γ = 35°
c) a = 7,5 cm, β = 20°, γ = 125°
d) a = 3,5 cm, β = 80°, γ = 65°

3 Zeichne das Dreieck. Beginne mit der Seite b.

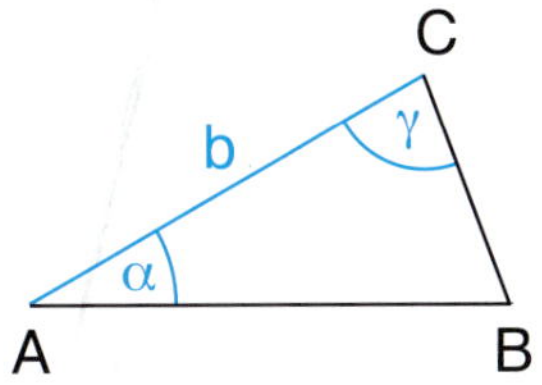

a) b = 4 cm, α = 35°, γ = 60°
b) b = 6,5 cm, α = 85°, γ = 45°
c) b = 4,5 cm, α = 43°, γ = 92°
d) b = 7,5 cm, α = 56°, γ = 62°

4 a) Bestimme die Höhe des Baumes. Für 10 m zeichne 1 cm in dein Heft.

b) Bestimme die Entfernungen Hannover – Berlin und Berlin – Erfurt. Für 30 km zeichne 1 cm in dein Heft.

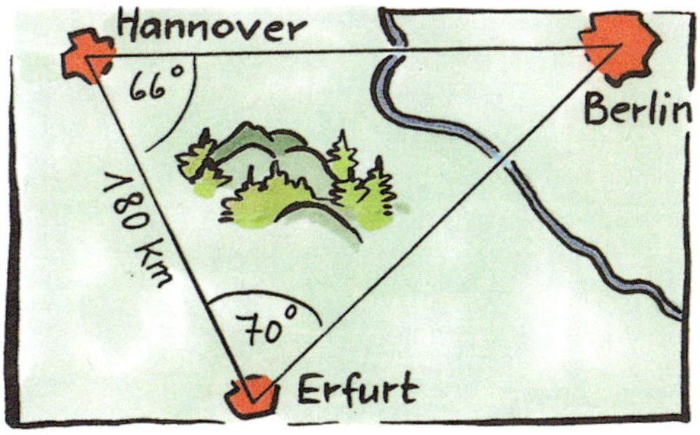

Dreiecke zeichnen (SWS)

So zeichnest du ein Dreieck, wenn zwei Seiten und der eingeschlossene Winkel gegeben sind.

b = 5 cm, c = 6,3 cm, α = 30°

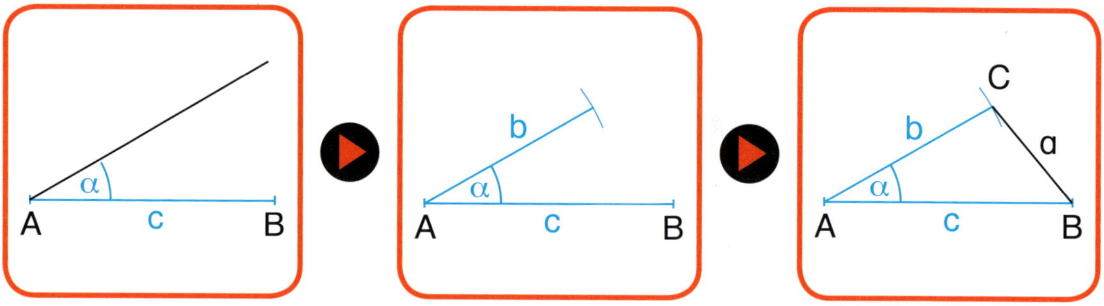

1 Zeichne das Dreieck. Beginne mit der Seite c.

a) b = 5 cm, c = 6 cm, α = 65°
b) b = 5 cm, c = 5,5 cm, α = 90°
c) b = 8 cm, c = 6,5 cm, α = 50°
d) b = 4 cm, c = 6 cm, α = 60°

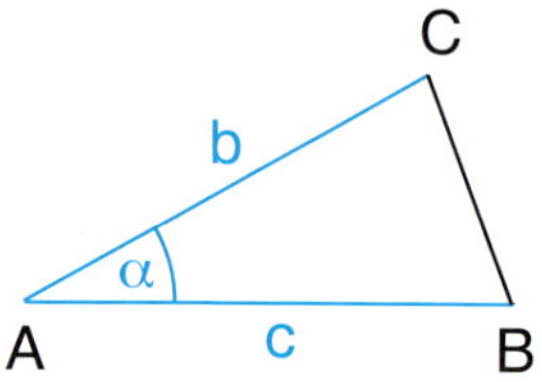

2 Zeichne das Dreieck. Beginne mit der Seite c.

a) a = 5 cm, c = 5,8 cm, β = 25°
b) a = 6,2 cm, c = 8 cm, β = 15°
c) a = 7 cm, c = 6 cm, β = 32°
d) a = 5,7 cm, c = 7,5 cm, β = 43°

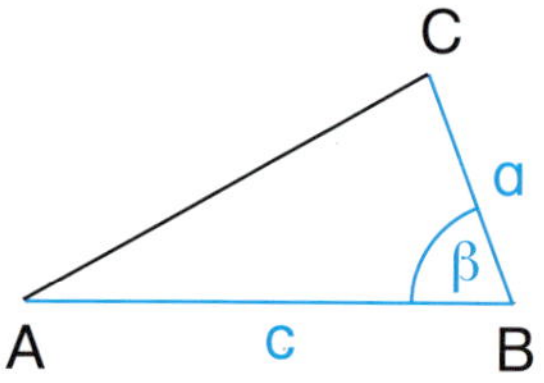

3 Zeichne das Dreieck.

a) a = 5 cm, b = 6 cm, γ = 30°
b) a = 6,5 cm, b = 8 cm, γ = 24°
c) a = 4,5 cm, b = 7 cm, γ = 57°
d) a = 3 cm, b = 5,5 cm, γ = 90°

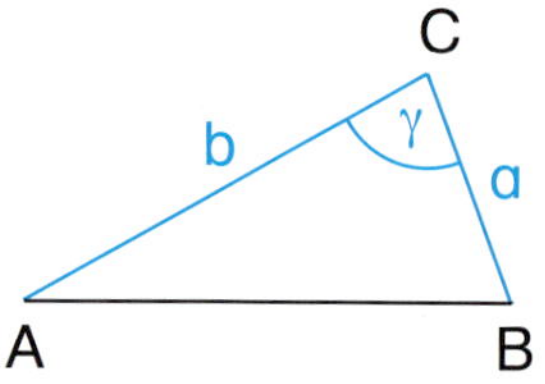

4 Bestimme mit einer Zeichnung:

a) Länge der Verbindungsstraße

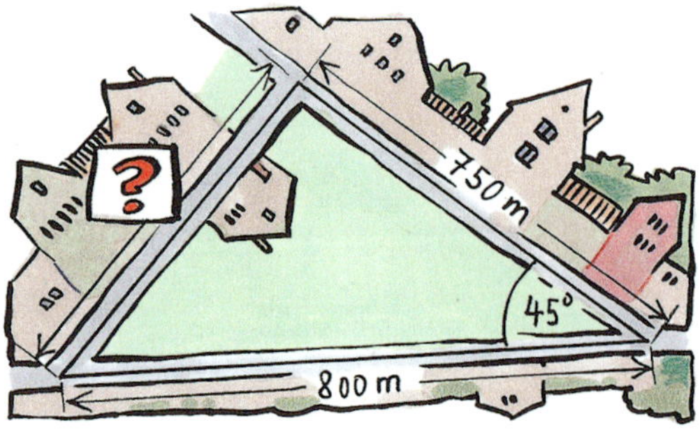

b) Länge des Sees

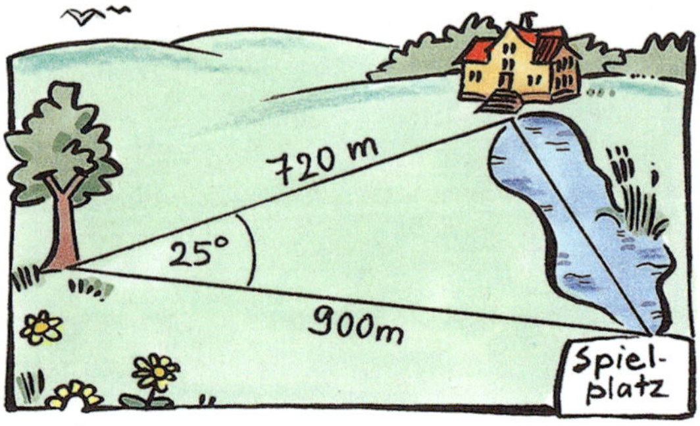

Für 100 m in der Wirklichkeit zeichne 1 cm in dein Heft.

Dreiecke zeichnen (SSS)

So zeichnest du ein Dreieck, wenn die drei Seiten gegeben sind.

a = 4 cm, b = 7 cm, c = 6 cm

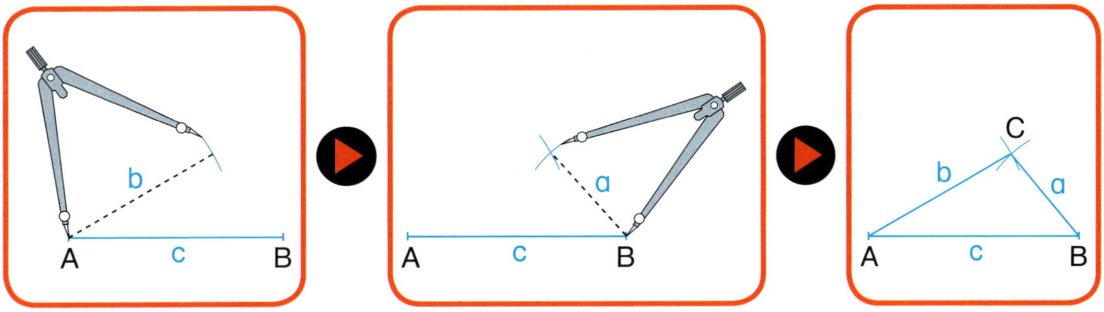

1 Zeichne das Dreieck. Beginne mit der Seite c.

a) a = 6 cm, b = 5 cm, c = 7 cm
b) a = 3 cm, b = 4 cm, c = 6 cm
c) a = 4 cm, b = 6 cm, c = 5 cm
d) a = 6 cm, b = 3 cm, c = 4 cm
e) a = 7 cm, b = 6 cm, c = 9 cm
f) a = 4,5 cm, b = 6 cm, c = 8 cm
g) a = 3,5 cm, b = 5 cm, c = 7,5 cm
h) a = 5,5 cm, b = 6,5 cm, c = 9 cm
i) a = 6 cm, b = 6 cm, c = 8,5 cm
j) a = 6,5 cm, b = 6,5 cm, c = 6,5 cm

2 a)

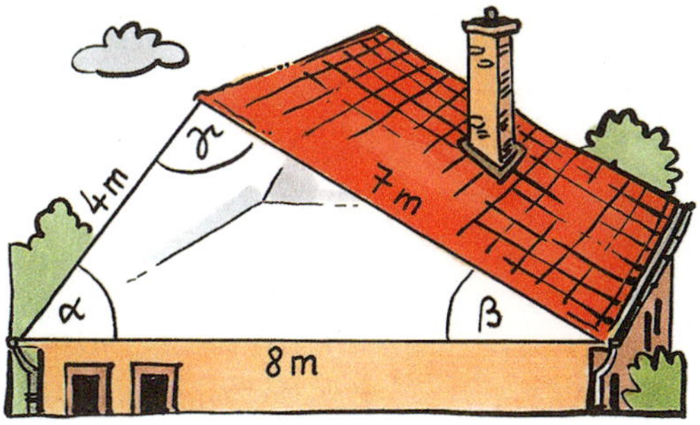

Zeichne den Giebel der Halle.
Für 1 m in Wirklichkeit zeichne 1 cm in dein Heft.
Miss die Winkel α, β und γ.

b)

Zeichne den Kurs des Schiffes.
Für 1 km in Wirklichkeit zeichne 1 cm in dein Heft.
Miss die Winkel.

3 Zeichne den Rahmen des Fahrrades.
Für 10 cm in Wirklichkeit zeichne 1 cm in dein Heft.
Miss die Winkel.

Besondere Dreiecke

1 Welche Merkmale gelten für das Dreieck?

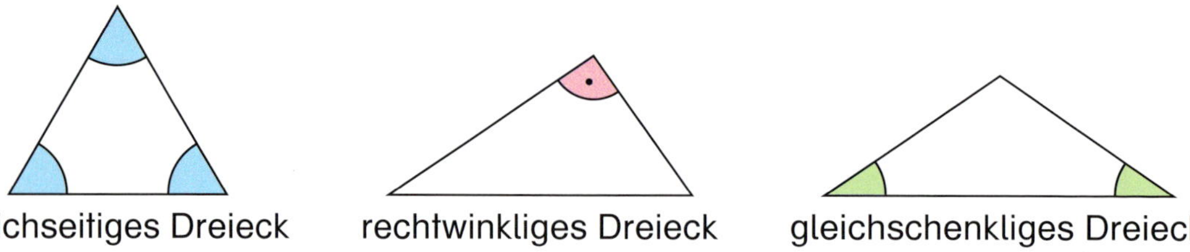

Ein Winkel ist 90° groß.

Alle Seiten sind gleich lang.

Zwei Seiten sind gleich lang.

Alle Winkel sind gleich groß.

Zwei Winkel sind gleich groß.

2 Welche besonderen Eigenschaften haben die Dreiecke?

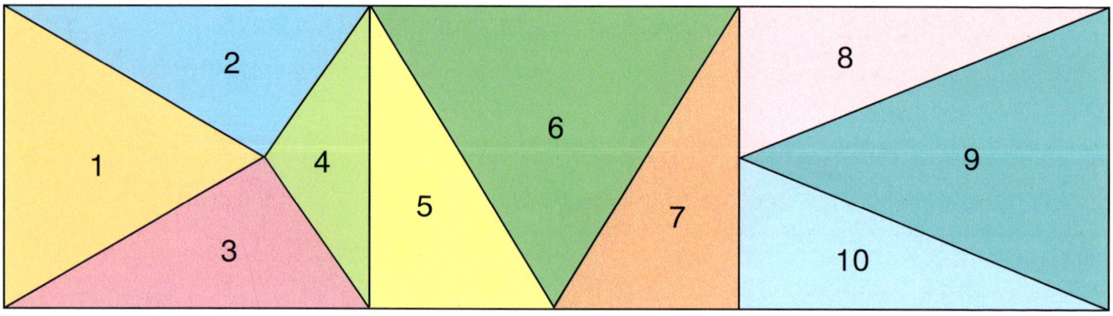

3 Zeichne das Dreieck.
Ist es gleichschenklig, gleichseitig oder rechtwinklig?
Schreibe den besonderen Namen des Dreiecks an deine Zeichnung.

a) c = 5 cm, α = 60°, β = 60°
b) a = 6 cm, c = 6 cm, β = 60°
c) c = 7 cm, α = 30°, β = 30°
d) c = 5 cm, α = 30°, β = 60°
e) a = 6 cm, b = 6 cm, c = 2 cm

4 Wie viele Dreiecke siehst du?

a) 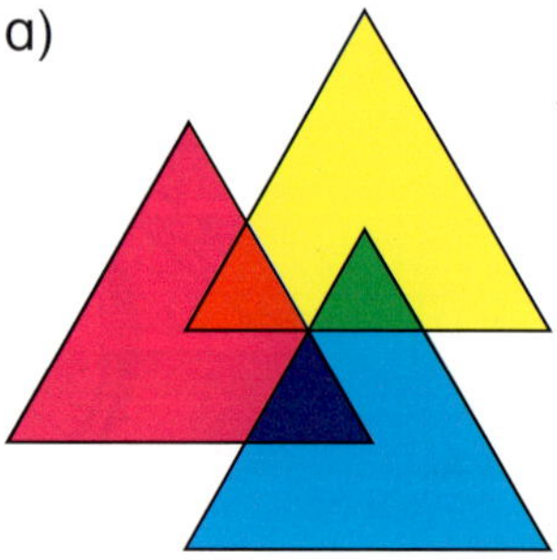

b) 

c) 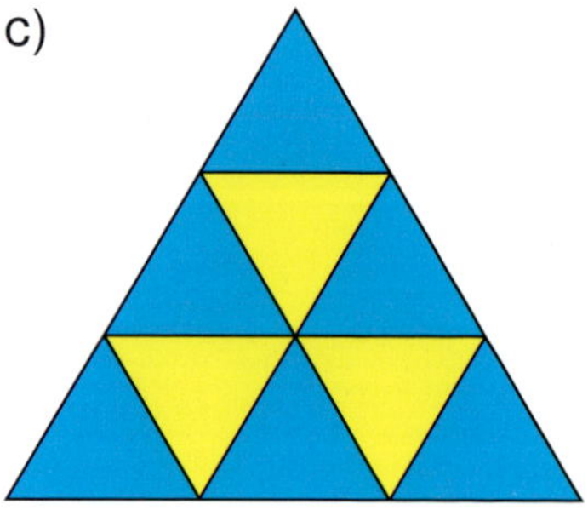

Winkelsumme im Dreieck

1 Fabio und Hannah haben ein großes Dreieck auf Papier gezeichnet. Wie haben sie die Winkelsumme bestimmt?

In jedem Dreieck beträgt die Winkelsumme 180°. $\alpha + \beta + \gamma = 180°$

2 a) Zeichne ein Dreieck auf Papier. Miss die Winkel. Berechne die Summe der Winkel.

b) Schneide das Dreieck aus. Zeige wie Hannah durch Aneinanderlegen der Winkel, dass die Winkelsumme 180° beträgt.

3 Berechne den fehlenden Winkel. Dann prüfe mit deinem Geodreieck.

a)

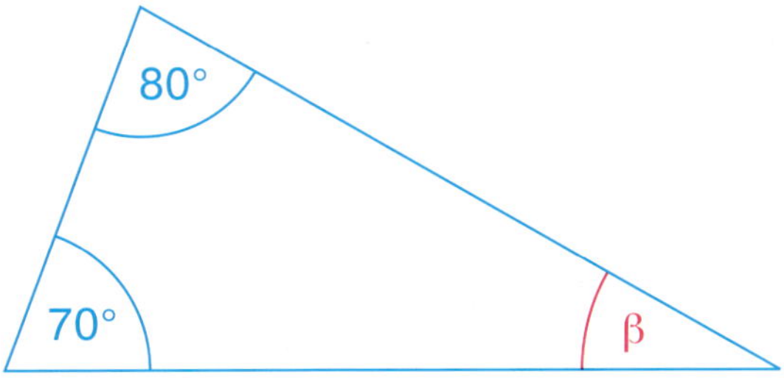

b)

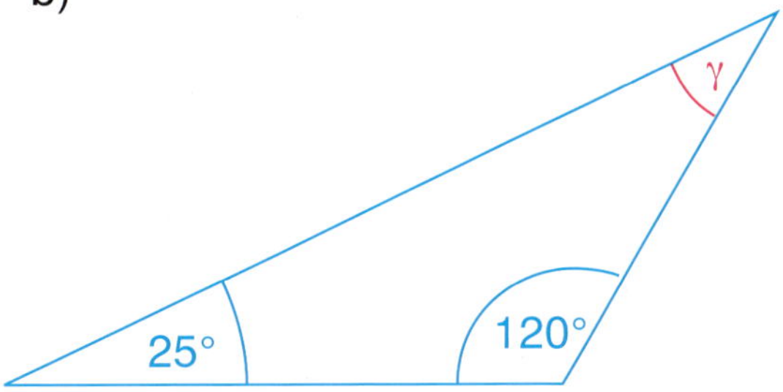

4 Berechne den fehlenden Winkel.

	a)	b)	c)	d)	e)	f)	g)	h)
α	40°		60°	35°	55°		82°	42°
β	60°	70°		65°		110°	40°	
γ		50°	45°		65°	67°		58°

Wiederholen und Üben

1 Ist der Winkel ein spitzer Winkel, ein stumpfer Winkel oder ein rechter Winkel?

a) 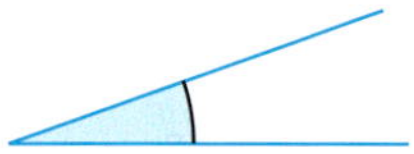

b) 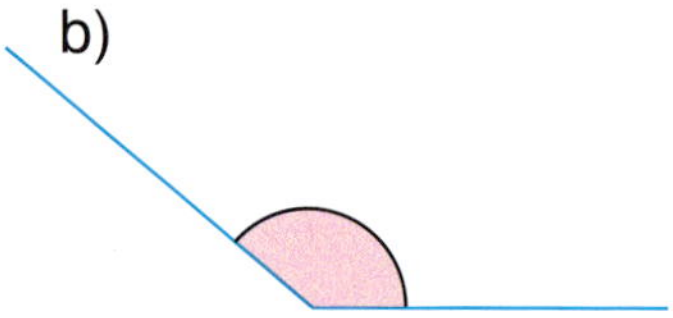

c) 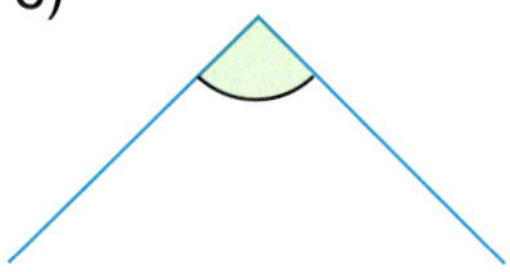

d) 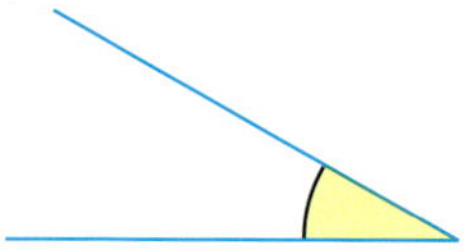

2 Miss die Größe des Winkels. Zeichne den Winkel in dein Heft.

a) 

b) 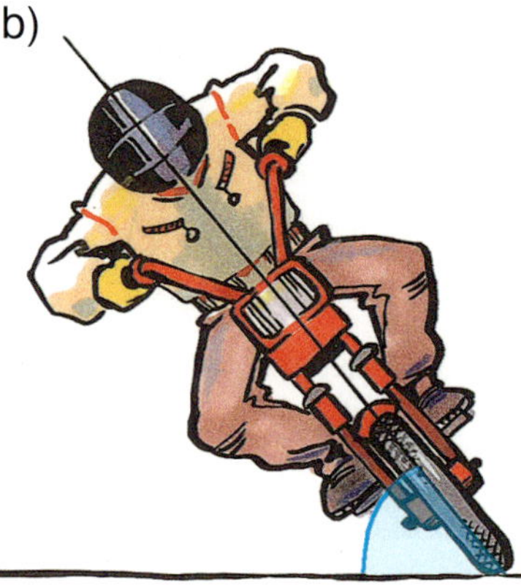

c) 

3 a) Zeichne die Winkel: 10° 30° 90° 120° 150° 7° 85° 103° 37°

b) Markiere spitze Winkel rot, stumpfe Winkel blau und rechte Winkel grün.

4 Zeichne das Dreieck.

a) c = 6 cm, α = 30°, β = 75°

b) a = 5 cm, β = 60°, γ = 45°

c) a = 4,5 cm, c = 6,5 cm, β = 50°

d) b = 4 cm, c = 5 cm, α = 85°

e) a = 5 cm, b = 6 cm, c = 8 cm

5 a)

Bestimme die Höhe des Turmes.
Für 10 m in Wirklichkeit zeichne 1 cm in deinem Heft.

b)

Bestimme den Winkel α des Daches.
Für 1 m in Wirklichkeit zeichne 1 cm in deinem Heft.

6 Bei einem Dreieck sind zwei Winkel bekannt.
Berechne den dritten Winkel.

α	115°	80°			18°
β	20°	35°	100°	60°	
γ			40°	57°	112°

ALLES PALETTI

1 Addiere. Gib das Ergebnis auch in km an.

a) 458 m + 834 m + 309 m
605 m + 770 m + 432 m
972 m + 185 m + 268 m
723 m + 305 m + 444 m

b) 537 m + 89 m + 633 m
49 m + 569 m + 405 m
88 m + 93 m + 284 m
214 m + 77 m + 96 m

2 Wandle um in Minuten.

1 h   3 h   10 h   2 h 10 min   1 h 45 min   4 h 2 min

3 Übertrage die Tabelle in dein Heft und vervollständige sie.

1 kg 725 g	6 kg 750 g			1 kg 59 g	
1,725 kg		3,405 kg			
1 725 g			8 750 g		250 g

4 Welche Zahlen gehören zu den roten Strichen?

a : 9 000

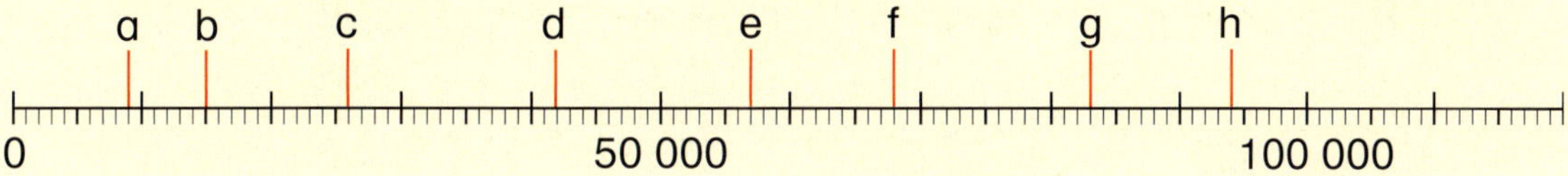

5 Kleiner, größer oder gleich? Setze ein: <, > oder =

a) 42 000 ■ 39 000
51 000 ■ 15 000
36 000 ■ 63 000
42 000 ■ 24 000

b) 11 409 ■ 9 432
5 045 ■ 5 405
8 529 ■ 8 592
10 101 ■ 10 101

c) 71 500 ■ 70 510
23 095 ■ 23 509
49 631 ■ 49 613
50 505 ■ 50 550

6 Gib Vorgänger und Nachfolger an.

37 236   14 037   15 860   63 400   46 999   50 000

7 8 928   26 356   5 801   19 710   33 209   84 297

a) Runde die Zahlen auf Tausender.

b) Runde die Zahlen auf Zehntausender.

8 Wie heißen die fehlenden Zahlen?

a)

b)

c)

Alles Paletti

1 Ergänze zum folgenden Zehntausender.

15 000 28 000 71 000 49 500 18 500 22 500

2
a) 7 · 4000
6 · 8000
9 · 7000

b) 5000 · 5
9000 · 3
6000 · 4

c) 60 000 : 3
80 000 : 4
40 000 : 5

d) 25 000 : 5
18 000 : 3
64 000 : 8

3
a) 29 127 + 11 484
23 585 + 18 713
6806 + 47 755

b) 31 486 + 1050 + 37 453
18 007 + 40 888 + 9406
82 370 + 864 + 3157

c) 35 213 – 10 972
28 006 – 21 107
70 439 – 8798

4
a) 4213 · 4
9607 · 3
2609 · 7

b) 2067 · 20
987 · 65
4309 · 18

c) 8615 : 5
2232 : 3
7637 : 7

d) 53 264 : 4
11 018 : 2
90 585 : 9

5 Zwei Winkel des Dreiecks sind bekannt. Berechne den dritten Winkel.

α	50°	100°	71°		78°		102°	39°	
β	40°		32°	60°		64°		87°	43°
γ		25°		33°	41°	57°	36°		98°

6 Zeichne das Dreieck.

a) c = 5 cm
α = 60°
β = 40°

b) b = 6 cm
α = 55°
γ = 65°

c) b = 3 cm
c = 4,5 cm
α = 80°

d) a = 5,5 cm
c = 7 cm
β = 45°

e) a = 4 cm
b = 6 cm
c = 5 cm

7 Eine Klassenfahrt kostet 139 € pro Person.
Wie viel Euro müssen für 14 Teilnehmer bezahlt werden?

8 Welche Aufgabe passt zum Text? Schreibe auf und rechne aus.

An einem Ausflug nehmen 11 Schüler teil. Jeder Schüler bezahlt 33 €.
Wie viel Euro werden insgesamt bezahlt?

33 : 11 33 + 11 33 · 11 33 – 11

9 Berechne die Kosten für die Anschaffungen. Gib das Ergebnis in Euro an.

Dezimalzahlen

Olympische Spiele Peking 2008			
Männer		**Frauen**	
1. Steve Hooker (Australien)	5,96 m	1. Jelena Isinbajewa (Russland)	5,05 m
2. Jewgenij Lukanenko (Russland)	5,85 m	2. Jennifer Stuczynski (USA)	4,80 m
3. Denys Jurtschenko (Ukraine)	5,70 m	3. Swetlana Feofanowa (Russland)	4,75 m

Zehntel, Hundertstel (Stellenwerttafel)

1 Frau Thies wechselt ihren Kindern Geld.

a) Stefan möchte für 1 € nur 10-Cent-Münzen.
Wie viele Münzen bekommt er?

b) Maria möchte für 1 € nur 1-Cent-Münzen.
Wie viele Münzen bekommt Maria?

 10 Cent = $\frac{1}{10}$ € = 0,10 €

$\mathbf{\frac{1}{10} = 0{,}1}$

 1 Cent = $\frac{1}{100}$ € = 0,01 €

$\mathbf{\frac{1}{100} = 0{,}01}$

! Kommazahlen sind eine andere Schreibweise für Brüche.
An der ersten Stelle nach dem Komma stehen die **Zehntel.**
An der zweiten Stelle nach dem Komma stehen die **Hundertstel.**

2 Vergleiche die Darstellung der Geldbeträge in der Stellenwerttafel und als Kommazahl. Wodurch werden jeweils Euro und Cent getrennt?

Z	E	Zehntel (z)	Hundertstel (h)	Kommazahl

1	2	5	3	12,53 €
	0	7	8	0,78 €
	0	0	2	0,02 €

3 Übertrage die Stellenwerttafel in dein Heft. Ergänze die fehlenden Zahlen.

a)

Z	E	z	h	Komma-zahl

	0	2	8	
	1	5	0	
5	7	4	6	
1	5	0	9	

b)

Z	E	z	h	Komma-zahl

				13,77 €
				0,17 €
				0,01 €
				1,20 €

4 Trage die Geldbeträge in eine Stellenwerttafel ein.

a) 3 € 25 Cent
14 € 90 Cent
8 € 76 Cent

b) 2 € 5 Cent
10 € 1 Cent
70 Cent

c) 125 Cent
1 204 Cent
550 Cent

Z	E	z	h
	3	2	5

1 Lege 10 Plättchen in die Stellenwerttafel. Dein Partner schreibt die Zahl auf und liest sie vor.

Z	E	z	h
●	●●●	●●●●	●●

2 Mit nur einem Plättchen kannst du in der Stellenwerttafel vier verschiedene Zahlen legen. Schreibe sie auf.

3 Bilde jeweils die größte und die kleinste Zahl mit 2 Stellen nach dem Komma.
Trage die Zahlen in eine Stellenwerttafel ein.

Zahl	Z	E	z	h
53,21	5	3	2	1
12,35	1	2	3	5

a) 

b) 

c) 

d) 

4 Du kannst die Stellenwerttafel um eine Spalte erweitern.
Dort stehen die Tausendstel.
Übertrage die Stellenwerttafel in dein Heft. Ergänze die fehlenden Zahlen.

a)

Z	E	z	h	t	Zahl
1	3	7	0	5	13,705
2	4	5	7	9	
6	8	0	0	7	
7	9	0	4	3	
	8	2	2	2	
5	0	6	0	6	
	3	4	1	5	

b)

Z	E	z	h	t	Zahl
					45,678
					37,389
					10,101
					5,236
					0,971
					14,750
					20,009

5 Lies deinem Partner eine Kommazahl vor. Er schreibt die Zahl auf.

41,205	0,561	22,81	67,3	410,205
13,47	67,003	220,84	3,417	5,61

Zahlenstrahl

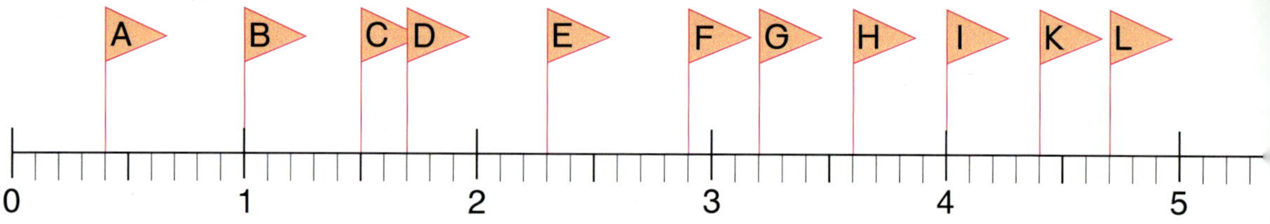

1 Wie heißen die Zahlen bei den Fahnen?

A: 0,4

2 Zeige am Zahlenstrahl.

a) 0,8 1,9 4,5 9,2

b) 3,4 5,8 7,7 8,1

3 Wie heißen die Zahlen bei den Fahnen?

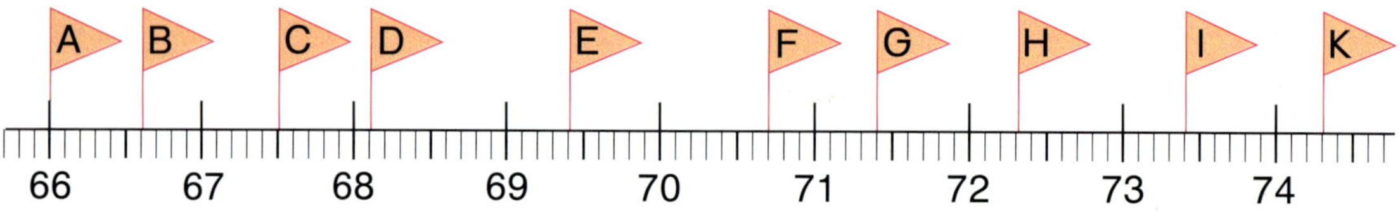

4 Schreibe zu jeder Zahl die Nachbareiner wie im Beispiel auf.

2 | 2,7 | 3

a) 2,7 3,9 1,4 5,6 12,8 16,0 19,2

b) 35,1 99,9 25,8 34,6 123,4 339,9 466,7

5 Ordne nach der Größe. Beginne mit der kleinsten Zahl.

a) 4,3 7,6 2,4 3,8

b) 8,9 9,2 1,4 5,7

6 Wie heißt die Zahl in der Mitte?

a)

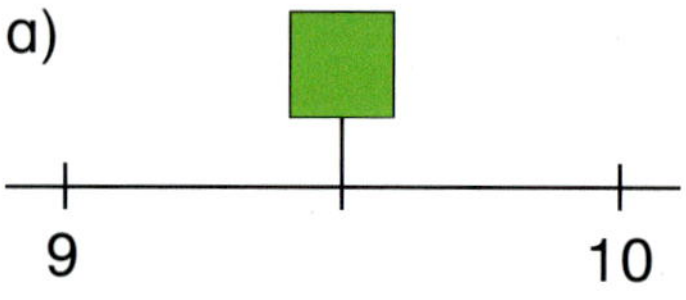

b)

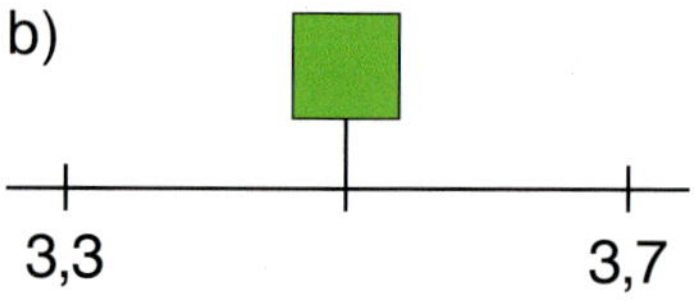

c)

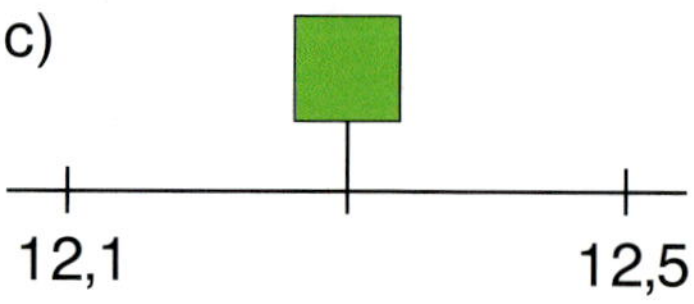

7 Auf dem Zahlenstrahl liegen zwischen den Zehnteln die Hundertstel.
Wie heißen die Zahlen bei den Fahnen?

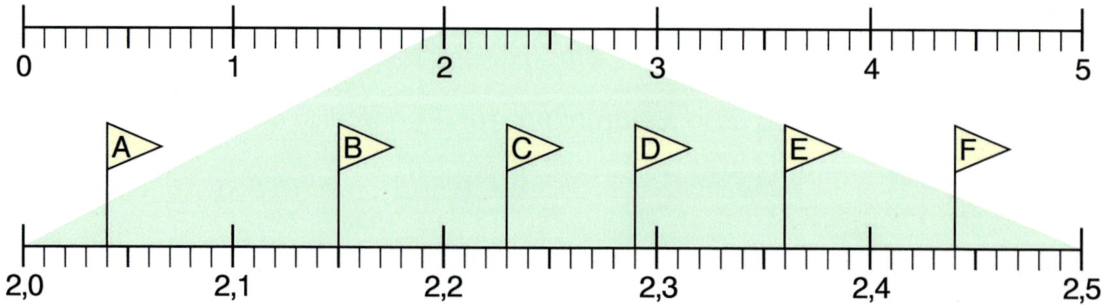

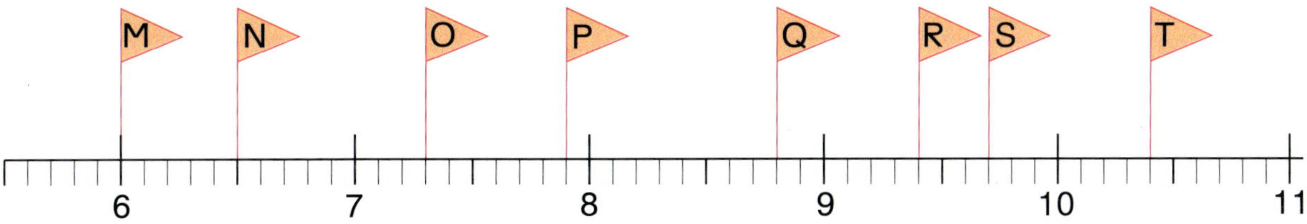

1 Setze die Zahlenreihen fort.

a)	7,0	7,2	7,4						8,8
b)	4,5	5,0	5,5						9,0
c)	0,2	0,6	1,0						3,8
d)	5,68	5,69	5,70						5,77
e)	3,86	3,88	3,90						4,04

2 Kleiner, größer oder gleich? Setze ein: <, >, oder =

a) 3,2 ■ 3,3	b) 0,8 ■ 0,1	c) 3,88 ■ 3,78	d) 0,70 ■ 0,87
1,0 ■ 1	9,2 ■ 2,9	4,72 ■ 4,27	9,99 ■ 9,09
2,7 ■ 2,9	7,9 ■ 8	5,34 ■ 5,40	7,1 ■ 7,10

3 Auch Kommazahlen kann man runden.

Runden auf Einer:	12,**4**9 ≈ 12	8,**7**1 ≈ 9
Runden auf Zehntel:	4,8**2** ≈ 4,8	3,2**6** ≈ 3,3
Abrunden bei 0, 1, 2, 3, 4		**Aufrunden bei 5, 6, 7, 8, 9**

4 Runde auf Einer:

a) 3,7 5,5 0,3 10,2 b) 8,0 14,9 37,1 19,9

5 Runde auf Zehntel:

a) 8,62 4,51 9,09 0,83 b) 0,05 25,90 6,95 12,02

Addieren und Subtrahieren

1 a) Runde alle Preise auf Euro.
b) Welche Sportartikel kosten ungefähr 20 €?

2 Welche Sportartikel kosten zusammen weniger als 50 €?
Gib mindestens drei Beispiele an.

3 Reicht das Geld? Überschlage zuerst, dann rechne genau.

4 Welche Aufgabe passt zum Text? Schreibe auf und rechne aus.

Simon kauft Schwimmflossen für 23,80 €. Er bezahlt mit einem 50-€-Schein.
Wie viel Euro bekommt er zurück?

23,80 € + 50 €	50 € – 23,80 €	50 € + 23,80 €

5 Runde das Ergebnis auf Euro.

a)	b)	c)
1,20 € + 1,40 €	15,20 € + 4,10 €	22,90 € + 13,20 €
2,50 € + 0,30 €	22,00 € + 1,50 €	34,80 € + 15,80 €
6,30 € – 3,20 €	17,80 € – 5,20 €	99,30 € – 6,40 €
7,60 € – 2,10 €	30,40 € – 0,30 €	48,10 € – 7,70 €

1 Tom vergleicht die Angebote.
Prüfe seine Rechnungen.

a) Wie viel kg Schnappi bekommt er für 12 €?

b) Wie viel kg bekommt er für 12 € von Bello-Mix mehr als von Schnappi?

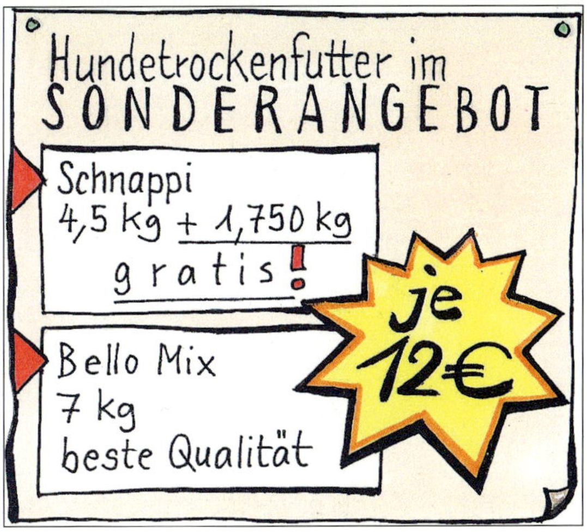

Rechnung a):

	4,	5	0	0
+	1,	7	5	0
	1			
	6,	2	5	0

Rechnung b):

	6	9		
	7,	0	0	0
-	6,	2	5	0
	0,	7	5	0

Schreibe Komma unter Komma.
Fehlende Stellen hinter dem Komma kannst du mit Nullen auffüllen.

2

a) 2,74 + 1,23

b) 5,25 + 3,64

c) 2,84 + 0,39

d) 4,77 + 1,96

e) 0,56 + 7,98

3

a) 4,57 − 1,23

b) 7,86 − 6,42

c) 8,85 − 0,29

d) 3,34 − 1,5

e) 1,24 − 0,87

4 Schreibe untereinander. Füge Nullen hinzu, wenn nötig.

a)	b)	c)	d)
2,79 + 3,16	28,25 + 67,19	8,23 − 7,55	16,35 − 2,13
4,82 + 1,9	89,3 + 11,45	9,99 − 5,47	71,18 − 32,4
3,77 + 6,38	13,74 + 6,28	4,86 − 2,3	43,2 − 29,78
14,5 + 3,8	29,349 + 12,2	6,43 − 2,85	16,77 − 9,88

5 Welche Fehler wurden gemacht? Berichtige.

a)

	2	3,	5	1	
+			4,	4	
	2	3,	9	5	

b)

	4,	7	6	3
+	0,	2	4	7
	4,	0	0	0

c)

	8,	7	2	5
-	2,	3	6	1
	6,	4	4	4

d)

		3		
	3,	4	5	5
-		2,	7	0
	3,	1	8	5

6 Im Kopf oder schriftlich?

a)	b)	c)	d)
5 + 3,75	6,801 + 5,1	5 − 3,742	14,55 − 2,0
8 + 7,47	24,54 + 6	8 − 1,5	37,441 − 8,9
12 + 2,8	7,75 + 2,221	7 − 4,855	21,9 − 1,9
47 + 9,91	15,5 + 3	13 − 2,5	42,3 + 6

7 Isat kauft Hundefutter für 21,95 € und bezahlt mit einem 50-€-Schein.

Multiplizieren mit 10, 100, 1 000

1 Was fällt dir auf?

Wird eine Kommazahl mit 10, 100, 1 000 multipliziert, verschiebt sich das Komma nach rechts. Wenn nötig, füge Nullen hinzu.

3,950 · 10 = 39,50 **3,9500 · 100 = 395,00** **3,95000 · 1 000 = 3950,00**

2

a) 3,97 · 10	b) 2,412 · 100	c) 7,125 · 1 000	d) 25,876 · 10
4,80 · 10	0,123 · 100	6,333 · 1 000	33,888 · 100
9,111 · 10	8,560 · 100	5,967 · 1 000	1,534 · 1 000

3 Ein Baumarkt erhält 100 Dosen Vorstreichfarbe. Eine Dose kostet 2,19 €. Wie viel Euro kostet die Lieferung?

4 Zwei Ergebnisse sind gleich.

a) 126,6 · 10	b) 0,045 · 100	c) 44,08 · 10	d) 5,557 · 100
0,1266 · 1 000	4,50 · 10	0,448 · 100	0,5557 · 1 000
1,266 · 100	0,450 · 10	0,0448 · 1 000	55,57 · 100

5 Manchmal musst du Nullen hinzufügen, damit du das Komma verschieben kannst.

1,2 · 100 = 1,200 · 100
1,2 · 100 = 120,0

a) 1,2 · 10	b) 10,99 · 100	c) 44,8 · 10	d) 0,3 · 1 000
3,6 · 1 000	35,7 · 100	87,123 · 100	77,07 · 100
7,25 · 100	3,456 · 1 000	2,66 · 1 000	0,55 · 10

6 Welche Fehler wurden gemacht? Berichtige.

a) 23,04 · 10 = 234,0	b) 0,32 · 100 = 3,2	c) 345,78 · 10 = 347,8
d) 4,6 · 1 000 = 46 000,0	e) 41,023 · 100 = 412,3	f) 0,063 · 10 = 6,3

Setze erst im Ergebnis das Komma.

1	3,	9	8	·	1	2	
		1	3	9	8		
			2	7	9	6	
			1	1			
		1	6	7,	7	6	

1

a) 1,23 · 3
2,97 · 5
0,77 · 6
0,89 · 8
1,04 · 7

b) 4,229 · 2
6,938 · 4
5,256 · 9
0,673 · 7
1,027 · 8

c) 5,73 · 12
6,89 · 47
7,46 · 99
0,89 · 58
1,05 · 63

d) 1,795 · 14
5,261 · 23
8,937 · 76
9,172 · 95
2,509 · 84

2 Frau Geiger kauft für ihre Hotelgäste 65 Brezeln. Eine Brezel kostet 0,52 €. Wie viel Euro muss sie bezahlen?

3 Welche Last darf der Lastwagen laden?

20 Kisten

6 Fässer

4 Betonklötze

88 Holzlatten

4

a) Ein Fass mit Schmieröl wiegt 0,230 t. Dürfen 59 Fässer auf einem Waggon transportiert werden?

b) Wie viel t Ware können 25 Waggons transportieren?

Dividieren durch 10, 100, 1 000

1 Was fällt dir auf?

! **Wird eine Kommazahl durch 10, 100, 1 000 dividiert, verschiebt sich das Komma nach links.**
Wenn nötig, setze Nullen vor die Zahl.

550,00 : 10 = 55,00   **550,00 : 100 = 5,50**   **0550,00 : 1 000 = 0,55**

2

a) 34,8 : 10
17,95 : 10
734,26 : 10

b) 102,7 : 100
4 300,5 : 100
678,10 : 100

c) 2 318,0 : 1 000
6 118,0 : 1 000
9 650,0 : 1 000

d) 20,99 : 10
718,4 : 100
8 126,00 : 1 000

3 Zwei Ergebnisse sind gleich.

a) 134,7 : 10
1 340,7 : 100
1 347,0 : 100

b) 423,98 : 100
4 239,8 : 1 000
42,38 : 10

c) 1 450,5 : 1 000
145,50 : 100
145,05 : 100

d) 99,09 : 10
990,09 : 100
990,9 : 100

4 Füge Nullen hinzu, damit du das Komma verschieben kannst.

34,9 : 100 = 034,9 : 100
34,9 : 100 = 0,349

a) 34,9 : 100
5,8 : 100
122,7 : 100

b) 9,3 : 100
4,60 : 1 000
881,0 : 1 000

c) 3,8 : 100
0,2 : 100
45,0 : 1 000

d) 6,0 : 1 000
0,3 : 100
0,32 : 10

5 Welche Fehler wurden gemacht? Berichtige.

a) 700,3 : 10 = 70,3
b) 5,51 : 100 = 0,551
c) 2,05 : 10 = 0,25
d) 575,2 : 1 000 = 0,575
e) 70,3 : 100 = 0,73
f) 809,7 : 1 000 = 0,9087

Beim Überschreiten des Kommas wird im Ergebnis das Komma gesetzt.

```
19,68 : 4 = 4,92
16
 36
 36
  08
   8
   0
```

1 a) 7,36 : 2
8,94 : 3
7,63 : 7

b) 5,68 : 4
2,76 : 6
9,84 : 8

c) 16,38 : 3
19,92 : 4
66,54 : 6

d) 22,72 : 8
13,65 : 5
11,97 : 9

e) 457,8 : 3
723,2 : 4
987,5 : 5

f) 2,755 : 5
1,136 : 8
6,558 : 3

```
7,36 : 2 = 3,68
6
13
12          Probe:
 16
 16         3,68 · 2
  0            7,36
```

2 Eine Packung Schokoriegel kostet 0,96 €.
Wie teuer ist ein Schokoriegel?
Setze die Rechnung im Heft fort.
Mache die Probe.

3 Eine Packung Müsliriegel enthält 8 Riegel und kostet 2,96 €.

4 Mache auch die Probe.

a) 0,575 : 5
0,456 : 3
0,847 : 7
0,834 : 6

b) 2,72 : 4
1,25 : 5
3,57 : 7
8,46 : 9

c) 1,134 : 2
4,005 : 5
3,726 : 6
6,447 : 7

d) 0,162 : 9
2,776 : 8
0,888 : 3
0,558 : 6

Schriftliches Dividieren

Nullen anhängen, wenn nötig.

```
1,8 : 4 = 0,45
0
 18
 16
  20
  20
   0

Probe
0,45 · 4
  1,80
```

1 Füge Nullen hinzu, wenn nötig.

a) 1,1 : 5
3,8 : 4
5,9 : 2
6,9 : 6

b) 14,6 : 4
12,5 : 2
11,6 : 8
17,2 : 5

c) 2,9 : 4
2,6 : 8
7,3 : 4
4,6 : 8

d) 2,66 : 5
0,28 : 8
10,08 : 8
14,76 : 6

e) 2,61 : 3
15,14 : 5
4,14 : 6
10,04 : 8

2 a) Wie viel Euro bekommt jedes Kind? Führe die Rechnung zu Ende.

b) Mache die Probe.

```
15 : 4 = 3,7
12
 30
 28
  20
```

3

a) 16 : 5
30 : 4
26 : 6

b) 19 : 2
18 : 4
22 : 3

c) 33 : 6
13 : 4
47 : 5

d) 42 : 8
57 : 6
30 : 9

e) 69 : 6
78 : 8
37 : 7

4 Bei diesen Aufgaben hat das Ergebnis mehr als 2 Stellen nach dem Komma. Berechne 2 Stellen nach dem Komma, dann runde auf Zehntel.

```
4,31 : 3 = 1,43 ≈ 1,4
3
13
12
 11
  9
  2
```

a) 4,31 : 3
7,43 : 6
0,79 : 4
2,75 : 9

b) 35,48 : 3
18,56 : 7
70,53 : 5
90,92 : 7

c) 100,5 : 8
745,6 : 6
123,7 : 9
347,3 : 7

5 Berechne 3 Stellen nach dem Komma, dann runde das Ergebnis auf Hundertstel.

a) 4,3 : 3
9,7 : 8
8,3 : 6

b) 8,99 : 7
5,89 : 4
5,66 : 7

c) 25,87 : 3
90,73 : 6
65,71 : 8

d) 844,67 : 3
555,77 : 4
345,91 : 7

e) 20 : 7
10 : 3
40 : 6

1 Du kannst jeden Bruch in eine Kommazahl umwandeln, indem du dividierst. Hat Sandra Recht?

$\frac{1}{4} = 1 : 4$

```
1 : 4 = 0,25
0
10
 8
 20
 20
  0
```

Probe:

```
0,25 · 4
  1,00
```

$\frac{3}{5} = 3 : 5$ **Der Bruchstrich steht für das Divisionszeichen.**

2 Schreibe mit Kommazahl.

a) $\frac{1}{2}$ l	b) $\frac{1}{4}$ m	c) $\frac{1}{2}$ cm	d) $\frac{1}{4}$ kg	e) $\frac{1}{4}$ km
$\frac{1}{8}$ l	$\frac{3}{4}$ m	$\frac{1}{5}$ cm	$\frac{3}{4}$ kg	$\frac{3}{4}$ km
$\frac{3}{8}$ l	$\frac{1}{5}$ m	$\frac{3}{5}$ cm	$\frac{3}{8}$ kg	$\frac{1}{8}$ km

3 Timo sägt von einer Leiste $\frac{1}{4}$ m ab. Wie viel Zentimeter lang ist das Stück?

4 Schreibe als Kommazahl.

a) $\frac{1}{4}$	b) $\frac{4}{5}$	c) $\frac{1}{5}$	d) $\frac{1}{8}$	e) $\frac{7}{8}$
$\frac{3}{4}$	$\frac{2}{5}$	$\frac{3}{5}$	$\frac{3}{8}$	$\frac{5}{8}$

5 Schreibe als Kommazahl.

a) $\frac{3}{10}$	b) $\frac{1}{10}$	c) $\frac{2}{10}$	d) $\frac{1}{100}$	e) $\frac{11}{100}$
$\frac{7}{10}$	$\frac{9}{10}$	$\frac{5}{10}$	$\frac{7}{100}$	$\frac{57}{100}$

6 Berechne 3 Stellen nach dem Komma, dann runde auf Hundertstel.

a) $\frac{1}{3}$	b) $\frac{2}{3}$	c) $\frac{5}{6}$	d) $\frac{5}{7}$	e) $\frac{2}{9}$
$\frac{1}{6}$	$\frac{3}{7}$	$\frac{4}{9}$	$\frac{1}{9}$	$\frac{4}{7}$
$\frac{1}{7}$	$\frac{5}{9}$	$\frac{6}{7}$	$\frac{2}{7}$	$\frac{7}{9}$

7 Welche Fehler wurden gemacht? Berichtige.

a) $\frac{1}{4} = 0{,}4$ b) $\frac{1}{10} = 0{,}01$ c) $\frac{1}{2} = 0{,}2$ d) $\frac{1}{100} = 0{,}100$

Brüche und Dezimalzahlen – In der Küche

1 In der Küche hat man es oft mit Brüchen zu tun.
Übertrage die Tabelle in dein Heft und ergänze die fehlenden Werte.

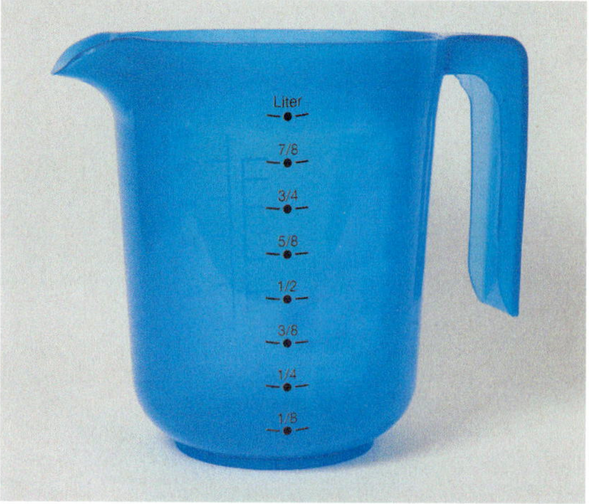

1000 ml	1 l	1,0 l
	$\frac{3}{4}$ l	
500 ml	$\frac{1}{2}$ l	0,5 l
	$\frac{3}{8}$ l	
250 ml		
125 ml		

2 Auch Gewichte können mit Brüchen angegeben werden.
Übertrage die Tabelle in dein Heft und ergänze die fehlenden Werte.

1000 g	1 kg	1,0 kg
750 g		
		0,5 kg
250 g	$\frac{1}{4}$ kg	
125 g		
	$\frac{1}{10}$ kg	

3 Die Klasse 7b hat die Rezepte für ihre Lieblingsnachspeisen gesammelt.

a) Wandle die Brüche in Kommazahlen um.

b) Schreibe jedes Rezept für die doppelte Personenzahl auf.

Merkspiel

Das braucht ihr:
Die abgebildeten Spielkarten

Dazu schneidet ihr 4 cm x 4 cm große Karten aus und beschriftet diese wie die Vorlagen. Die Zeichnungen könnt ihr auch aufkleben.

$\frac{1}{2}$	0,5		$\frac{1}{4}$	0,25	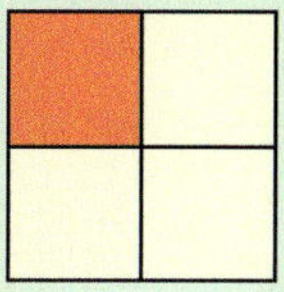
$\frac{1}{5}$	0,2	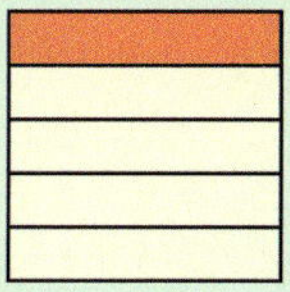	$\frac{1}{10}$	0,1	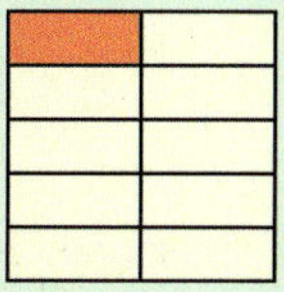
$\frac{1}{100}$	0,01	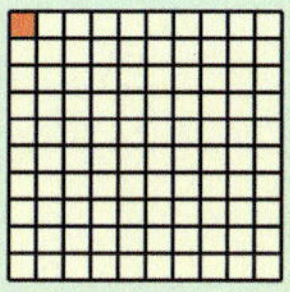	$\frac{3}{8}$	0,375	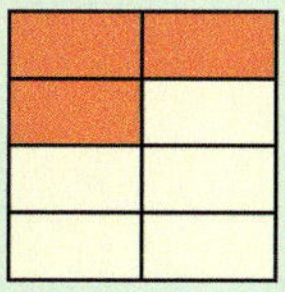
$\frac{3}{4}$	0,75	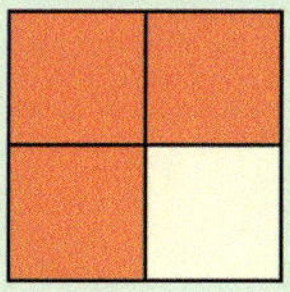	$\frac{1}{8}$	0,125	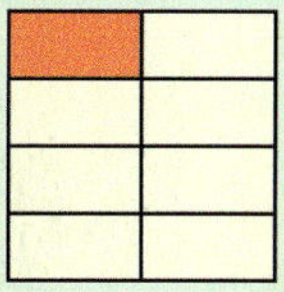

Spielregel für 2 Spieler:

- *Variante 1:*
  Nehmt jeweils nur 2 Karten (z. B. Kommazahl und Bruch) und spielt das Merkspiel mit den Paaren.
- *Variante 2:*
  Spielt das Merkspiel mit allen Karten. Es müssen immer die drei zusammengehörigen Karten gefunden werden.
- *Variante 3:*
  Legt die Bruchdarstellungen als Hilfe auf den Tisch.
  Verteilt die Brüche und die Kommazahlen gleichmäßig.
  Es werden immer 2 Zahlen aufgedeckt.
  Wer die größere Zahl aufdeckt, bekommt beide Karten.

Gewonnen hat, wer am Ende die meisten oder alle Karten hat.

Wiederholen und Üben

1 Setze die Zahlenreihen fort.

a)	0,8	1,0	1,2							2,6
b)	7,96	7,98	8,00							8,14
c)	9,8	9,4	9,0							6,2

2 Kleiner, größer oder gleich? Setze ein: <, > oder =

a) 8,4 ■ 4,8
7,5 ■ 7,7
9,0 ■ 9

b) 0,3 ■ 0,5
2 ■ 1,9
8,0 ■ 7,6

c) 1,59 ■ 1,60
5,38 ■ 5,48
8,23 ■ 8,32

d) 7,00 ■ 7
9,08 ■ 9,80
0,99 ■ 0,90

3 Ordne nach der Größe. Beginne mit der kleinsten Zahl.

a) 1,3 4,7 0,9 7,4

b) 6,02 0,88 8,66 2,22

4 a)

b)

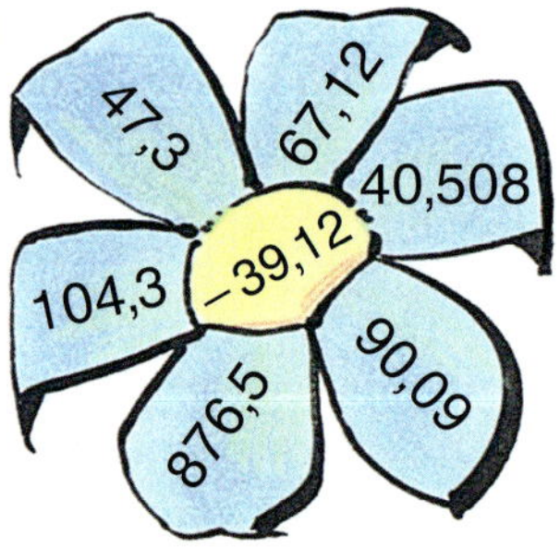

c)

5 a)

12,77	2,4	0,09	· 10
0,987	71,18	1,3	· 100
5,432	3,79	20,4	· 1 000

b)

50,44	5,01	0,8	: 10
722,8	60,7	0,5	: 100
400,5	33,3	4	: 1 000

6 Überschlage zuerst. Berechne dann das genaue Ergebnis.

a) 2,75 · 5
15,66 · 7
0,62 · 4

b) 5,667 · 2
0,789 · 8
13,204 · 9

c) 91,82 · 12
0,78 · 34
192,37 · 57

d) 0,834 · 16
7,983 · 27
0,567 · 43

7 Runde auf Hundertstel, wenn das Ergebnis mehr als 2 Stellen nach dem Komma hat.

a) 42,5 : 5
92,46 : 6
5,588 : 3

b) 43,8 : 4
24,56 : 8
14 : 8

c) 7,893 : 6
127,43 : 4
98,2 : 7

d) 0,9 : 8
453,8 : 9
18 : 7

8 Wandle den Bruch in eine Kommazahl um.

a) $\frac{1}{5}$ b) $\frac{1}{4}$ c) $\frac{1}{2}$ d) $\frac{3}{4}$ e) $\frac{4}{5}$ f) $\frac{3}{8}$ g) $\frac{3}{5}$ h) $\frac{7}{8}$

Zuordnungen

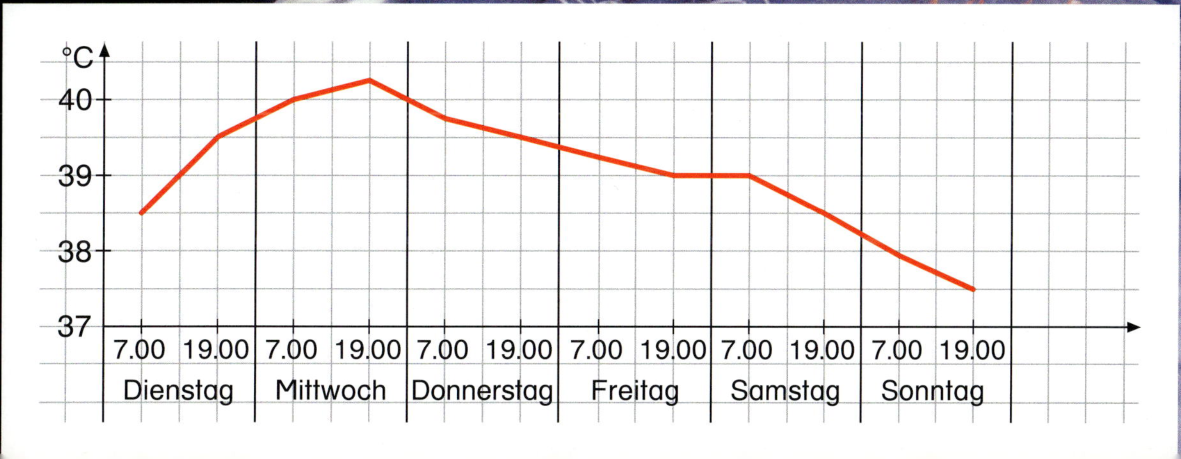

Die Stadt Dresden mit mehr als 500 000 Einwohnern liegt an der Elbe. Im August 2002 stieg der Wasserstand der Elbe so stark an, dass man von einem Jahrhunderthochwasser spricht. Weite Teile des Stadtgebiets waren wochenlang überflutet.

1 Der Wasserstand der Elbe bei Dresden wird täglich gemessen. Zu den Wasserständen im August 2002 wurde das Schaubild erstellt.

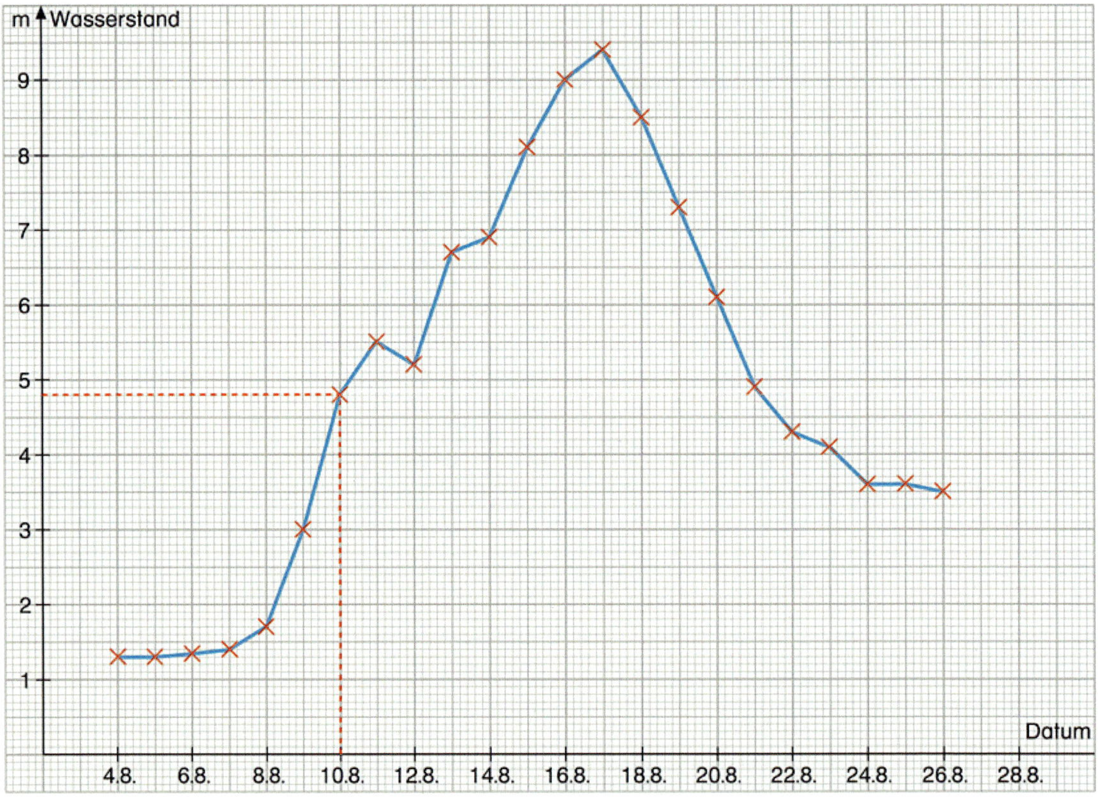

a) Welches ist der erste Tag, für den der Wasserstand im Schaubild abgelesen werden kann? Lies den Wasserstand für diesen Tag ab.

b) Wann wurde der höchste Wasserstand erreicht? Wie hoch war er?

2 Übertrage die Tabelle in dein Heft und vervollständige sie.

Datum	4. 8.	6. 8.	8. 8.	10. 8.	12. 8.	14. 8.
Wasserstand						

Datum	16. 8.	18. 8.	20. 8.	22. 8.	24. 8.	26. 8.
Wasserstand						

1 In Neustift im Stubaital wird alle zwei Stunden die Temperatur gemessen.
Die Messwerte werden in einem Schaubild festgehalten.
Das Fremdenverkehrsamt hängt es für Touristen aus.
An einem Junitag sah das Schaubild so aus:

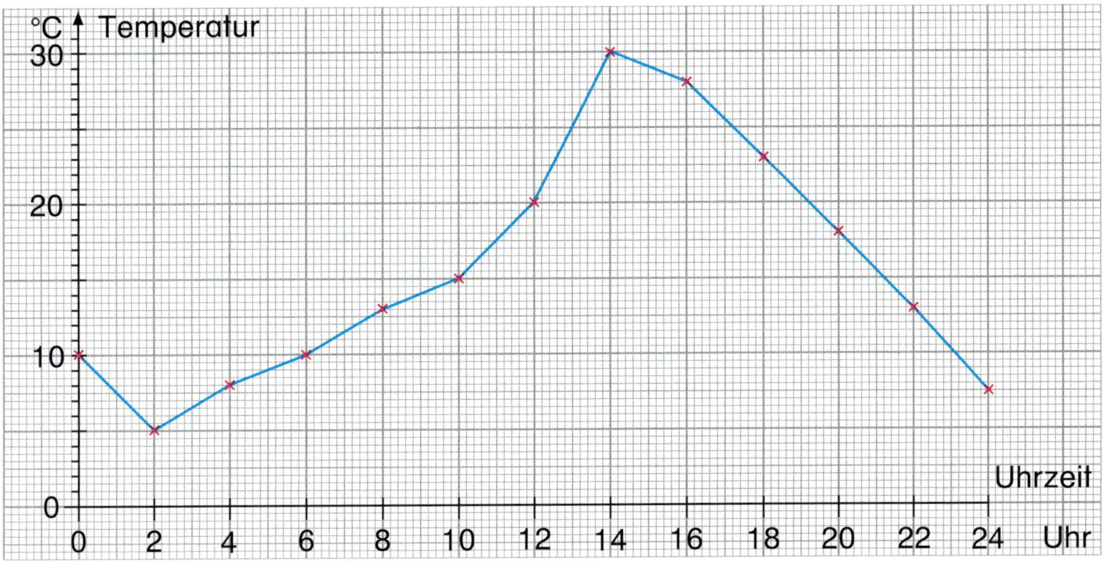

a) Übertrage die Tabelle in dein Heft und vervollständige sie.

Uhrzeit	0 Uhr	2 Uhr	4 Uhr	6 Uhr	8 Uhr	10 Uhr
Temperatur						

Uhrzeit	12 Uhr	14 Uhr	16 Uhr	18 Uhr	20 Uhr	22 Uhr
Temperatur						

b) Wann wurde die höchste Temperatur gemessen?

c) Wann wurde die niedrigste Temperatur gemessen?

2 Auch das Fremdenverkehrsamt in Freiburg hat an einem Junitag alle zwei Stunden die Temperatur gemessen.

Uhrzeit	0 Uhr	2 Uhr	4 Uhr	6 Uhr	8 Uhr	10 Uhr
Temperatur	15° C	15° C	16° C	18° C	20° C	24° C

Uhrzeit	12 Uhr	14 Uhr	16 Uhr	18 Uhr	20 Uhr	22 Uhr
Temperatur	27° C	30° C	28° C	25° C	23° C	19° C

a) Zeichne ein Schaubild wie in Aufgabe 1.

b) Lies im Schaubild die Temperatur ab für: 1 Uhr 7 Uhr 15 Uhr 19 Uhr

c) Lies im Schaubild ab, wann es ungefähr 21° C warm war.

d) Vergleiche dein Schaubild mit dem Schaubild aus Aufgabe 1.
War die Temperatur während des ganzen Tages in Neustift niedriger als in Freiburg?

Fahrradausflug

1 Felix und Martin sind mit dem Fahrrad zur Jugendherberge Talmühle gefahren.
Übertrage die Tabelle in dein Heft.
Lies jeweils im Schaubild ab, wie viel km sie schon gefahren sind.
Trage Uhrzeit und Weglänge in deine Tabelle ein.

	Uhrzeit	Weglänge
Abfahrt	8.00 Uhr	0 km
Beginn der 1. Pause		
Vorbeifahrt am Teufelsfelsen		
Beginn der Mittagspause		
Reifenpanne		
Ankunft in der Jugendherberge		

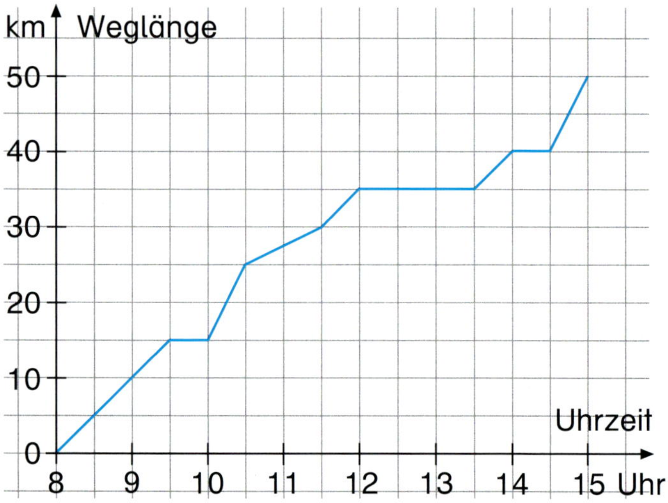

2 Erstellt einen Zeitplan für einen Fahrradausflug.
Zeichnet dazu ein Schaubild.

Wachstumskurve einer Bohne

In den ersten zwei Tagen wächst die Wurzel der Stangenbohne. Erst am 4. Tag durchbricht der Stängel mit den Laubblättern die Erde.

1 Luisa hat den Samen einer Stangenbohne in einen mit Erde gefüllten Topf gebracht.
Luisa hat die Höhe des Stängels regelmäßig gemessen und in einer Tabelle festgehalten.

Zeit in Tagen	4	6	8	10	12	14	16	18	20	22
Höhe in cm	0,5	2	5	7,5	10	12,5	15	20	24	30

a) Wie hoch war die Bohne nach 14 Tagen?

b) Wie viel Zentimeter wuchs die Bohne vom 6. bis zum 8. Tag?

2 a) Das Schaubild zeigt das Wachstum der Bohne. Übertrage das Schaubild in dein Heft.
Ergänze das Schaubild für die Werte der Tabelle in Aufgabe 1.

b) Aus dem Schaubild kannst du ablesen, dass der Stängel nach 9 Tagen ungefähr 6 cm hoch war.
Lies die ungefähre Höhe des Stängels in deinem Schaubild ab.
Trage sie in eine Tabelle ein für:
5 Tage 7 Tage 15 Tage 21 Tage

Ware-Preis-Zuordnungen

1 a) Im Schaubild sind die Preise für Müsliriegel dargestellt.
Die Punkte liegen auf einer Geraden. Prüfe nach.

b) Lies im Schaubild die Preise ab für: 2 Riegel 3 Riegel 4 Riegel 9 Riegel
Vergleiche mit den Werten in der Tabelle.

Schaubild

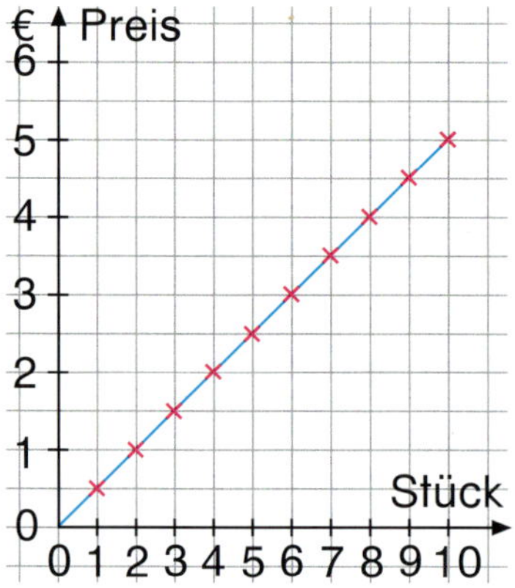

Preistabelle

Stück	Preis in €
1	0,50
2	1,00
3	1,50
4	2,00
5	2,50
6	3,00
7	3,50
8	4,00
9	4,50
10	5,00

2 Lies im Schaubild die Preise für Ananas ab.
Übertrage die Tabelle in dein Heft.
Ergänze die fehlenden Preise.

Stück	Preis in €
1	2
2	
3	
4	
5	
6	
7	
8	
9	
10	

3 Trage die Preise in eine Tabelle ein.

a)

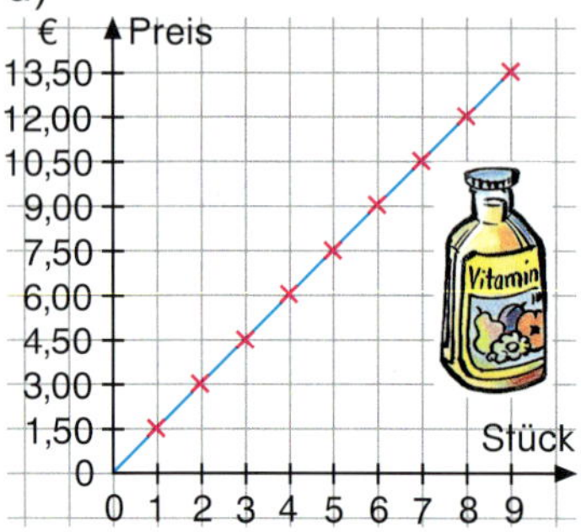

b)

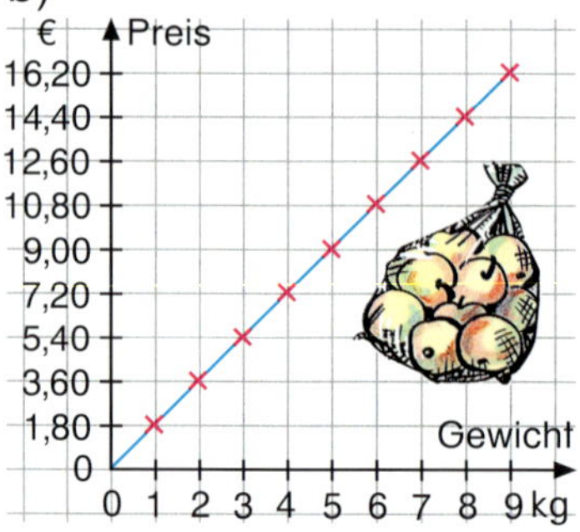

c)

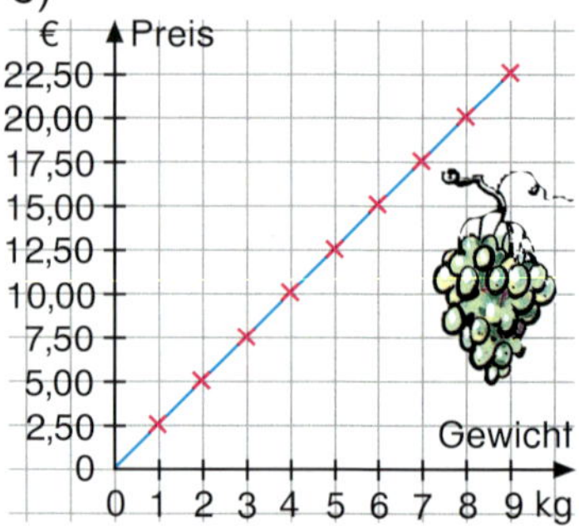

1

a) Erkläre, wie die Preise für ein Ruderboot berechnet werden.

b) Übertrage die Tabellen in dein Heft. Ergänze die fehlenden Werte.

Tretboot

h	€
1	5
2	
3	
4	

Kuchen

Stück	€
1	1,50
2	
5	
7	

Apfelsaft

Becher	€
1	0,90
2	
6	
8	

Ruderboot

h	€
1	3
2	6
3	9
4	12

(Pfeile: ·2, ·3, ·4 auf beiden Seiten)

2

Der Preis für 6 Ballons ist bekannt. Übertrage die Tabelle in dein Heft. Ergänze die fehlenden Preise. Erkläre, wie du rechnest.

Ballons

Stück	€
6	1,20
3	
2	
1	

(Pfeile: : 2, : 3, : 6 auf beiden Seiten)

3

Übertrage die Tabelle in dein Heft. Ergänze die fehlenden Werte.

a) **Stieleis**

Stück	€
12	12,00
6	
3	
1	

b) **Kaffee**

Becher	€
10	20,00
5	
2	
1	

c) **Limo**

Becher	€
10	8,00
5	
2	
1	

d) **Brezeln**

Stück	€
8	6,40
4	
2	
1	

Übungen zu proportionalen Zuordnungen

1 Erkläre, wie der Preis für 4 kg Kartoffeln berechnet wird.

Kartoffeln

	kg	€	
· 4 ↓	1	0,85	↓ · 4
	4	3,40	

0,85 · 4
3,40

2 Übertrage die Tabelle in dein Heft und vervollständige sie.

a) **Äpfel**

	kg	€	
· 3 ↓	1		↓ · 3
	3		

b) **Bananen**

	kg	€	
· 5 ↓	1		↓ · 5
	5		

c) **Birnen**

	kg	€	
· 4 ↓	1		↓ · 4
	4		

d) **Himbeeren**

	g	€	
· 2 ↓	100		↓ · 2
	200		

e) **Heidelbeeren**

	g	€	
· 4 ↓	100		↓ · 4
	400		

f) **Johannisbeeren**

	g	€	
· 5 ↓	100		↓ · 5
	500		

3 Wie teuer ist eine Frucht?
Übertrage die Tabelle in dein Heft.
Trage die Preise ein.

a) **Apfelsinen**

	Stück	€	
: 5 ↓	5		↓ : 5
	1		

b) **Kiwis**

	Stück	€	
: 6 ↓	6		↓ : 6
	1		

4 Berechne den fehlenden Preis.

a) **Äpfel**

kg	€
1	1,40
4	

b) **Stachelbeeren**

g	€
100	1,35
300	

c) **Kirschsaft**

l	€
1	1,27
6	

d) **Birnen**

kg	€
3	6,69
1	

e) **Aprikosen**

kg	€
4	12,80
1	

f) **Pfirsiche**

Stück	€
5	2,50
1	

1

Flaschen	Preis in €
1	0,75
2	1,50
3	
4	
19	
20	

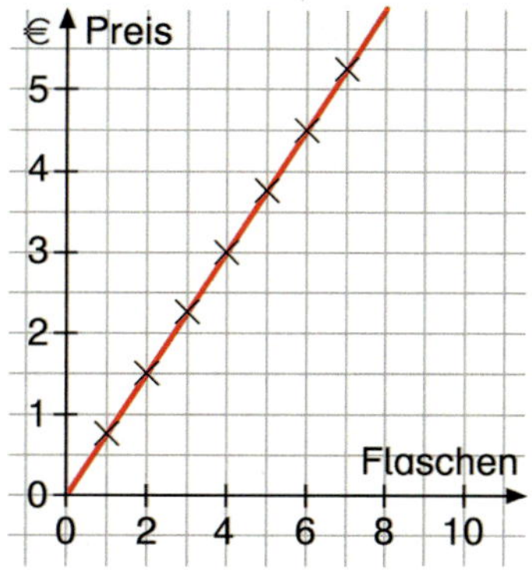

a) In der Tabelle stehen Preise für Apfelsaft. Übertrage die Tabelle in dein Heft und vervollständige sie.

b) Lies im Schaubild den Preis für 5 Flaschen ab. Vergleiche mit dem Wert in deiner Tabelle.

c) Übertrage das Schaubild in dein Heft und vervollständige es mit den Werten deiner Tabelle.

2

Ein Trinkpäckchen mit Vitaminsaft kostet 0,50 €.

a) Erstelle eine Tabelle für die Preise bis 10 Trinkpäckchen.

b) Zeichne ein Schaubild für die Preise wie in Aufgabe 1.

3

a) Herr Ewald kauft 2 Schalen Himbeeren. Wie viel Euro bezahlt er?

b) Frau Lembke kauft 3 Schalen Himbeeren für einen Kuchen. Wie teuer sind die Beeren?

c) Elif und Lisa teilen sich eine Schale Himbeeren.
Wie viel Gramm Himbeeren bekommt jedes der beiden Mädchen?
Wie viel Euro bezahlt jedes Mädchen?

4

Wie teuer ist der Einkauf?

a)

b)

c)

7

Sonderangebot
8er-Pack CD-Rohlinge
2,80 € + 2 CDs gratis

Top-Sparpreis
20 CDs für 5,40 €

1 Laura braucht 15 Grußkarten. Wie viel Euro muss sie dafür bezahlen?

2 Übertrage die Tabelle in dein Heft. Trage die Preise ein.

a) **Druckerpatronen**

	Stück	€	
· 3 ↓	2		↓ · 3
	6		

b) **Druckerpapier**

	Pakete	€	
· 2 ↓	3		↓ · 2
	6		

c) **DVD-Rohlinge**

	Stück	€	
· 5 ↓	10		↓ · 5
	50		

3 Frau Morach möchte 30 Grußkarten an Geschäftspartner verschicken.

a) Wie viele Schachteln mit Grußkarten kauft Frau Morach?

b) Wie viel Euro muss Frau Morach für die 30 Grußkarten bezahlen?

4 Sandra kauft eine Viererpackung Fasermaler. Zwei davon gibt sie ihrer Freundin Maria.
Wie viel Euro zahlt Maria dafür?

	Stück	€	
: 2 ↓	4	2,60	↓ : 2
	2		

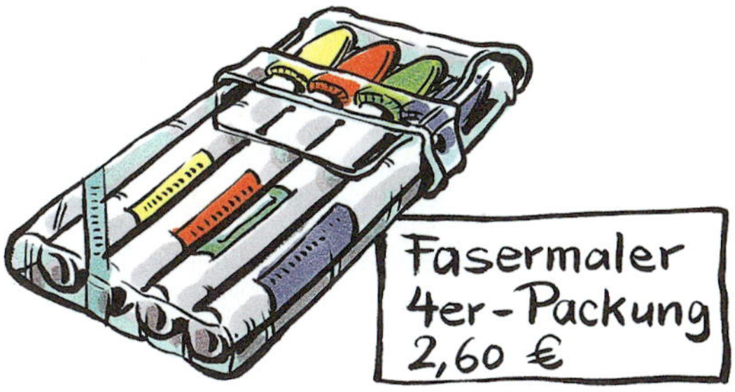

5 Übertrage die Tabelle in dein Heft. Berechne den fehlenden Preis.

a) **Hefte**

Stück	€
12	3,60
4	

b) **Ordner**

Stück	€
6	8,40
3	

c) **Bleistifte**

Stück	€
8	4,80
2	

Wiederholen und Üben

1 Das Schaubild zeigt die Preise für Brezeln.
Lies die Preise ab für 1 Brezel, …, 10 Brezeln.
Trage die Preise in eine Tabelle ein.

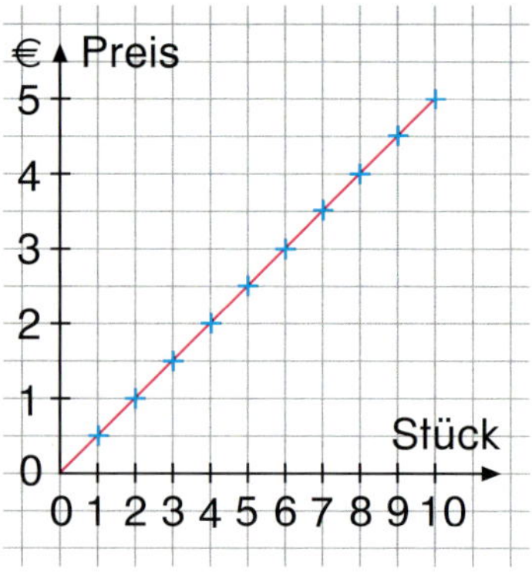

2 a) Eine kleine Pizza kostet 2,50 €.
Erstelle eine Tabelle für die Preise bis 10 Stück.

b) Zeichne ein Schaubild zu den Preisen deiner Tabelle.

3 Berechne den fehlenden Preis.

a) **Birnen**

kg	€
1	1,40
2	

b) **Orangensaft**

l	€
1	0,70
3	

c) **Stoff**

m	€
1	4,60
5	

d) **Pfirsiche**

Stück	€
1	0,60
6	

e) **Vitaminsaft**

l	€
4	2,80
1	

f) **Bananen**

kg	€
3	4,50
1	

g) **Kiwis**

Stück	€
6	1,20
1	

h) **Holzleiste**

m	€
5	10,50
1	

4 Berechne den Preis für 1 l.

a) 

b) 

c) 

d) 

5 Ein Fachhändler bekommt 12 Flachbildschirme geliefert.
Jeder Bildschirm kostet 263 €.
Wie teuer sind alle Geräte zusammen?

6 Der Fachhändler verkauft 7 Computer zum Gesamtpreis von 6083 €.
Wie teuer ist ein Computer?

7 Berechne die fehlenden Werte.

a) **Kirschsaft**

l	€
2	3,60
4	
10	

b) **Aprikosen**

kg	€
3	4,50
9	
15	

c) **Stoff**

m	€
5	6,20
10	
25	

d) **Arbeitslohn**

h	€
6	72
12	
30	

Umfang und Flächeninhalt

Umfang und Flächeninhalt am Geobrett

1

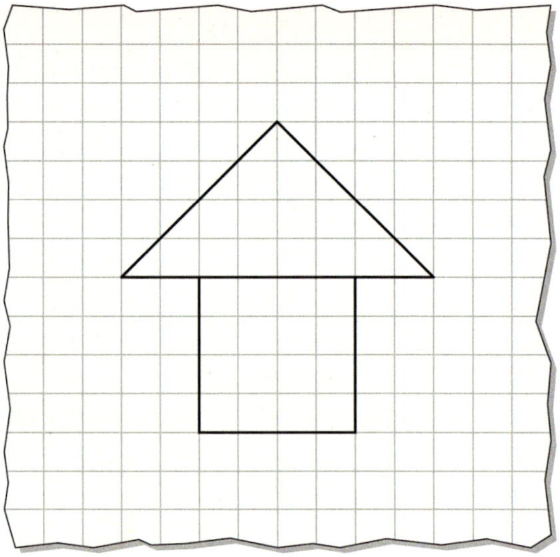

Spanne verschiedene Rechtecke und Dreiecke.
Zeichne die Figuren in dein Heft.

2 Spanne die Figuren. Welche Figur hat den größten Umfang?

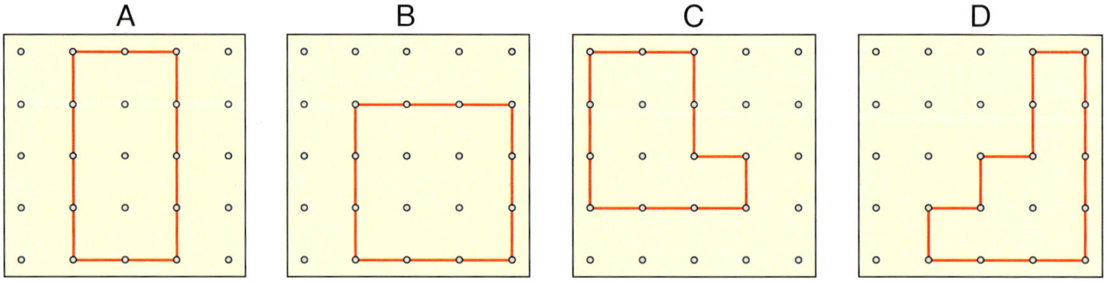

3 Spanne die Figuren. Welche Figur hat den größten Flächeninhalt?

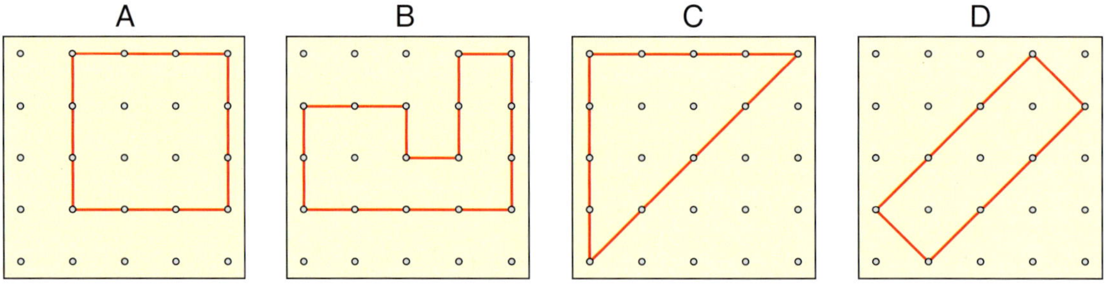

4 Spanne ein Quadrat. Im Inneren soll nur ein Nagel sein. Zeichne zwei verschiedene Möglichkeiten in dein Heft.
Haben die Quadrate den gleichen Flächeninhalt?

5 Auf dem Geobrett kannst du verschiedene Rechtecke spannen, bei denen genau 2 Nägel im Inneren sind. Zeichne zwei verschiedene Möglichkeiten in dein Heft. Haben die Rechtecke den gleichen Flächeninhalt?

1 Wer hat Recht? Begründe.

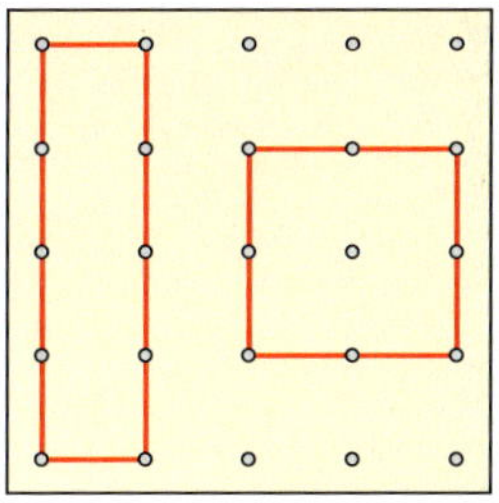

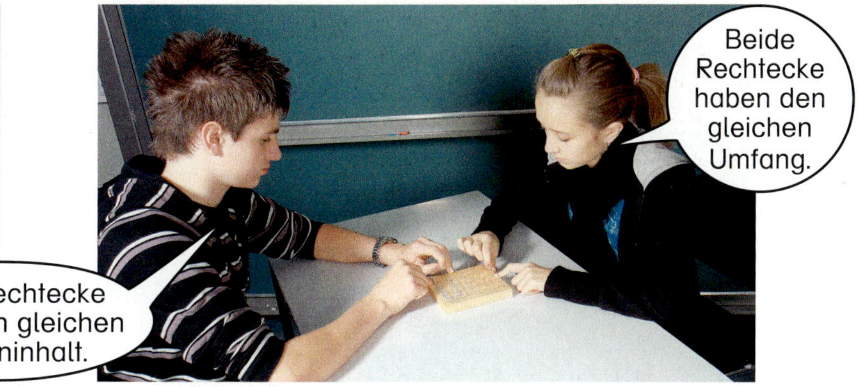

2 Spanne zu jeder Figur ein Rechteck mit dem gleichen Umfang.
Zeichne die Lösung in dein Heft.

A
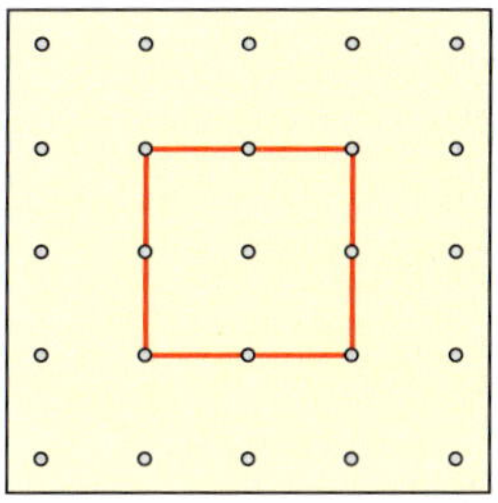

B
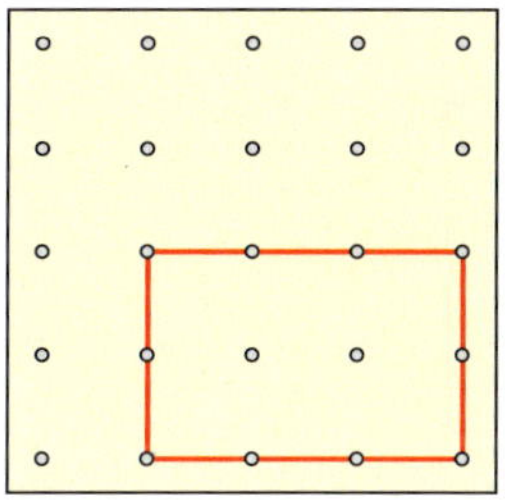

C
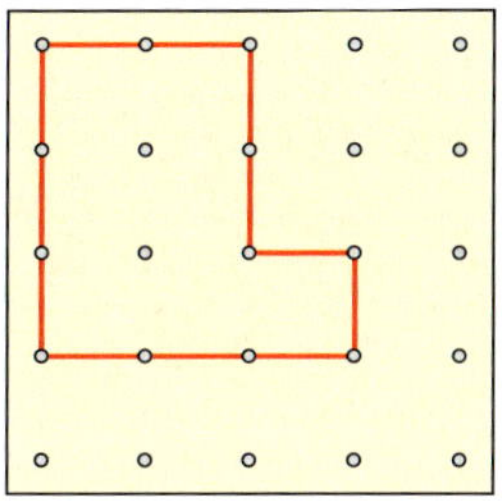

D
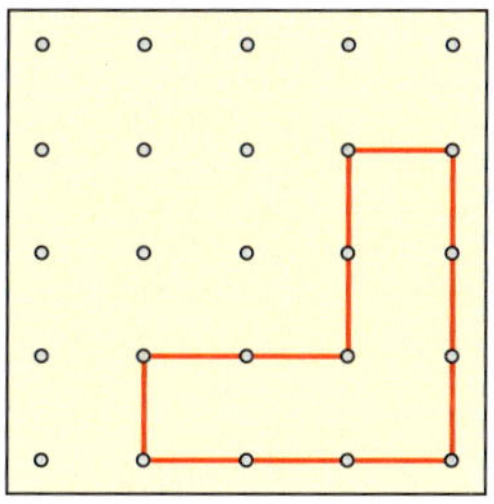

3 Spanne zu jeder Figur ein Rechteck mit dem gleichen Flächeninhalt.
Zeichne die Lösung in dein Heft.

A
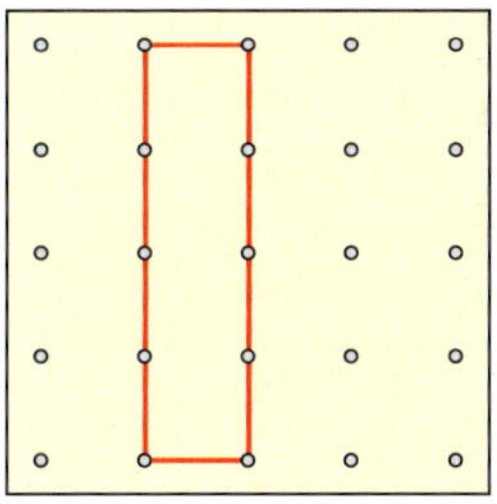

B
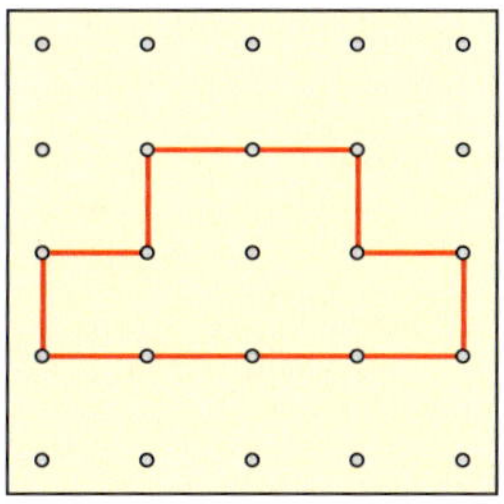

C
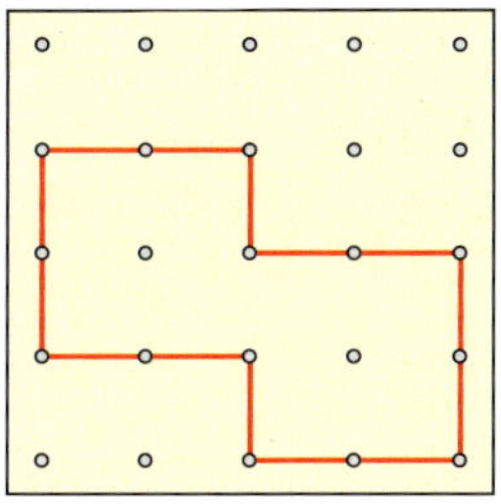

D
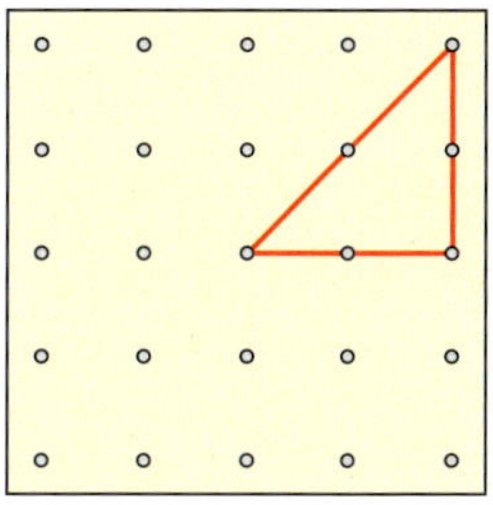

4 Spanne zu jeder Figur eine Figur mit dem halben Flächeninhalt.
Findest du mehrere Möglichkeiten? Zeichne in dein Heft.

A
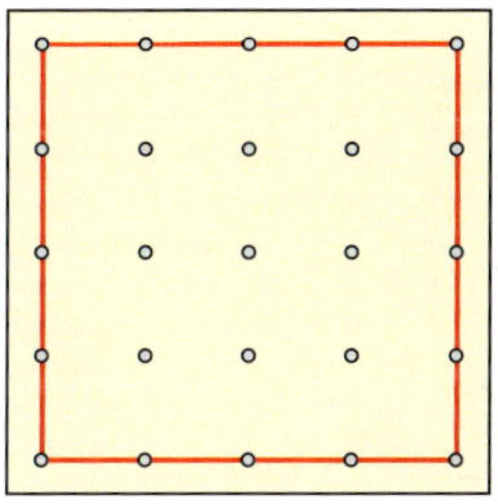

B
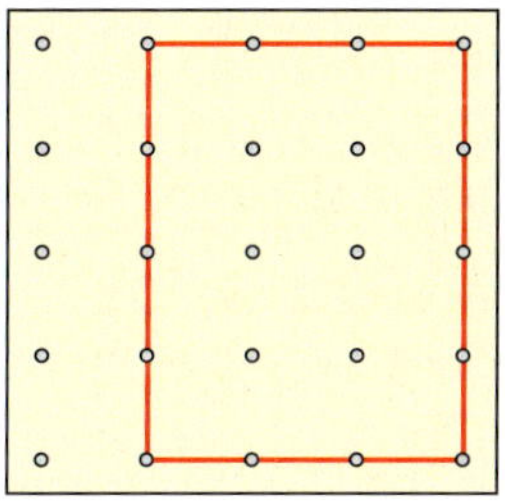

C
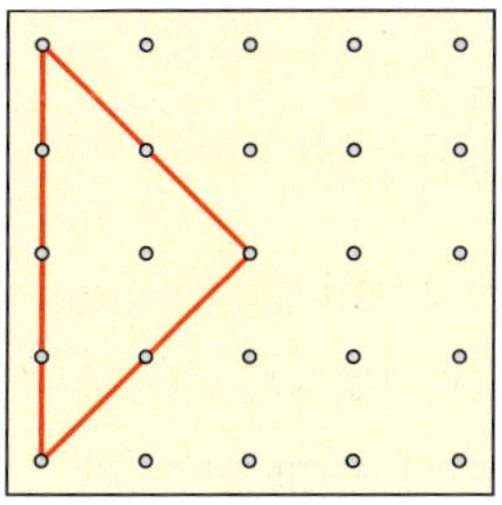

D
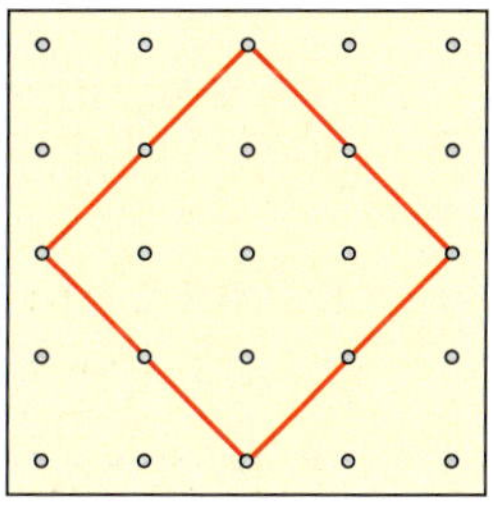

Umfang von Rechtecken

1 Reichen 100 m Maschendraht zum Umzäunen der Wiese aus?

Der Umfang eines Rechtecks ist die Summe seiner Seiten.

a = 6 cm, b = 3 cm

u = a + b + a + b
u = 2 · a + 2 · b
u = 2 · 6 + 2 · 3
u = 18 cm

a = 5 cm

u = a + a + a + a
u = 4 · a
u = 4 · 5
u = 20 cm

2 Zeichne die Rechtecke mit den angegebenen Maßen.
Schätze zuerst, dann prüfe nach:
Welches Rechteck hat den größten Umfang?

a) a = 7 cm, b = 4 cm

b) a = 4 cm

c) a = 6 cm, b = 4 cm

d) a = 6,3 cm, b = 5 cm

3 Zeichne das Rechteck. Berechne seinen Umfang.

a) a = 7 cm, b = 5 cm
b) a = 12 cm, b = 8 cm
c) a = 10,5 cm, b = 3 cm
d) a = 5,5 cm, b = 4,5 cm
e) a = 10,5 cm, b = 8 cm

4 Ein rechteckiges Grundstück ist 28 m lang und 18 m breit. Im Baumarkt gibt es Maschendraht in Rollen zu je 25 m.
Reichen 4 Rollen zum Umzäunen des Grundstücks?

1 Wähle rechteckige Gegenstände aus der Schultasche und dem Klassenzimmer. Miss die Länge und die Breite. Berechne dann den Umfang.

2 Fußball

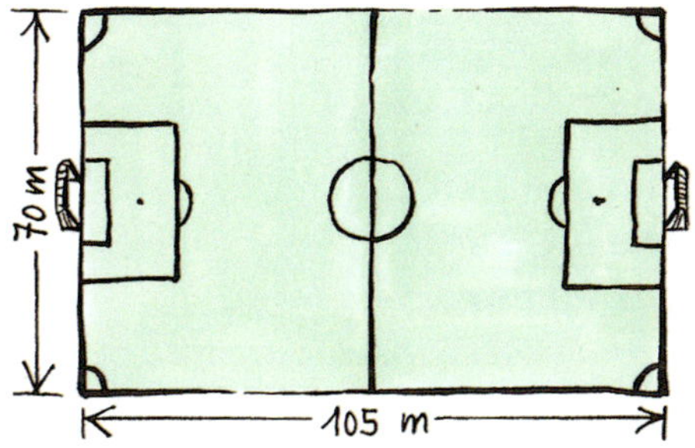

Volleyball

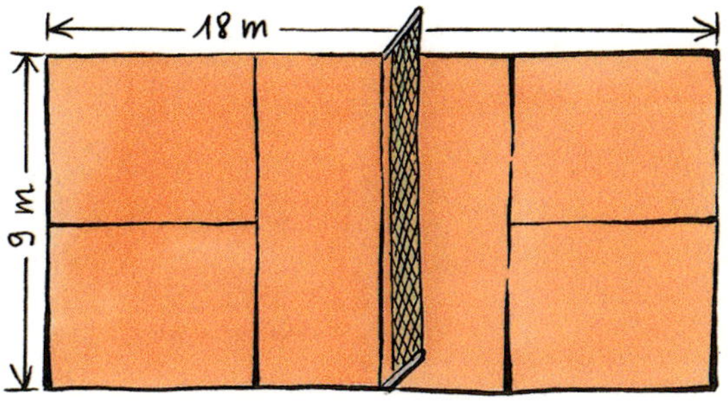

a) Welchen Umfang hat jedes Sportfeld?

b) Im Training laufen die Fußballer 7 Runden um ihr Feld. Wie viel km sind es?

c) Die Volleyballer wollen mindestens 1 km laufen. Wie viele Runden sind es?

3 Im Werkunterricht sollen aus 24 cm langem Eisendraht Rechtecke gebogen werden.

a) Zeichne verschiedene Lösungen.

b) Dein Nachbar misst nach und prüft, ob der Umfang 24 cm beträgt.

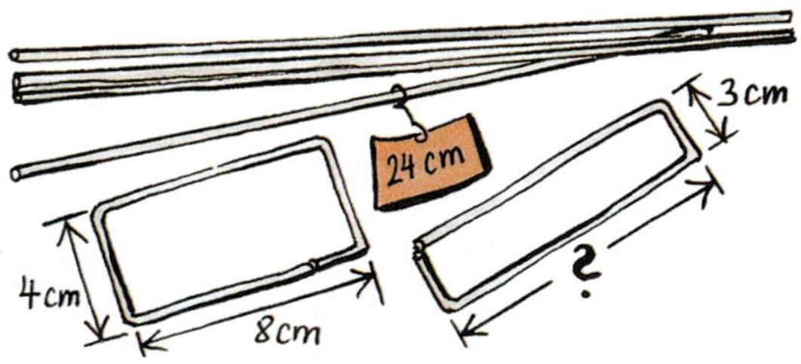

4 Übertrage die Tabelle in dein Heft und berechne die fehlenden Werte.

	a)	b)	c)	d)	e)	f)
Seite a	23 mm	13 cm	4 cm	5 cm		7 cm
Seite b	8 mm	25 cm	3,5 cm		6 cm	
Umfang				20 cm	32 cm	140 cm

Umfang von Dreiecken

1 Die Schülerinnen und Schüler haben Broschen in Tiffanytechnik entworfen.
Wie viel cm Kupferband werden zum Umwickeln eines bunten Glases benötigt?

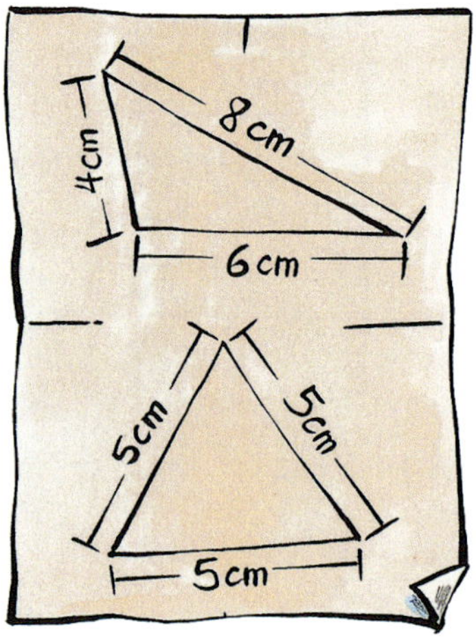

Der Umfang eines Dreiecks ist die Summe seiner Seiten.

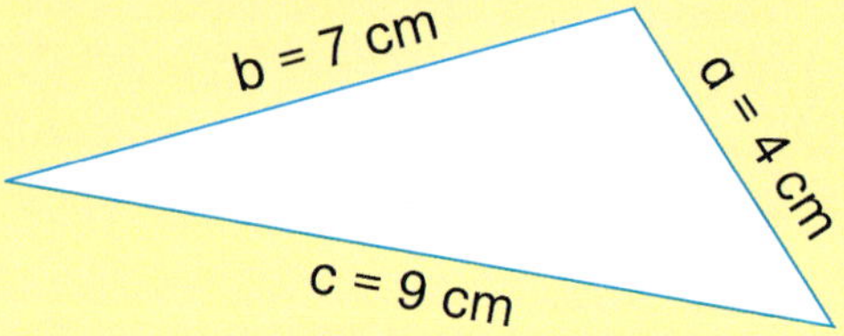

u = a + b + c
u = 4 + 7 + 9
u = 20 cm

2 Wie viel Silberdraht wird für das Schmuckstück benötigt?
Gib die Länge in mm und in cm an.

a)

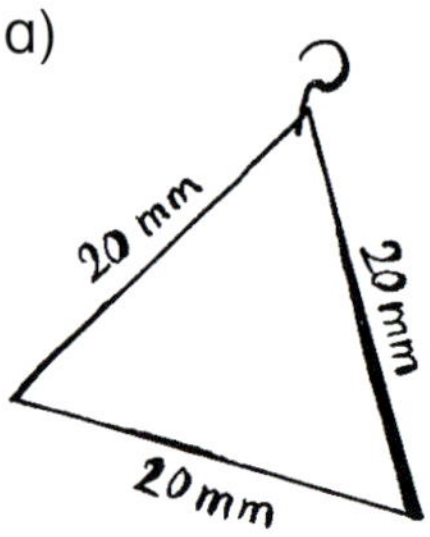

b)

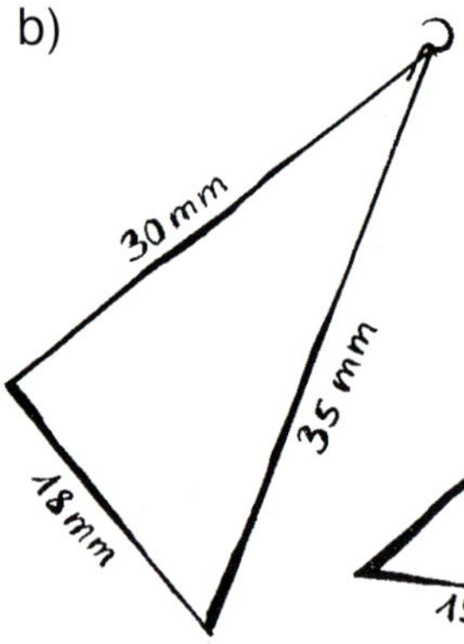

c)

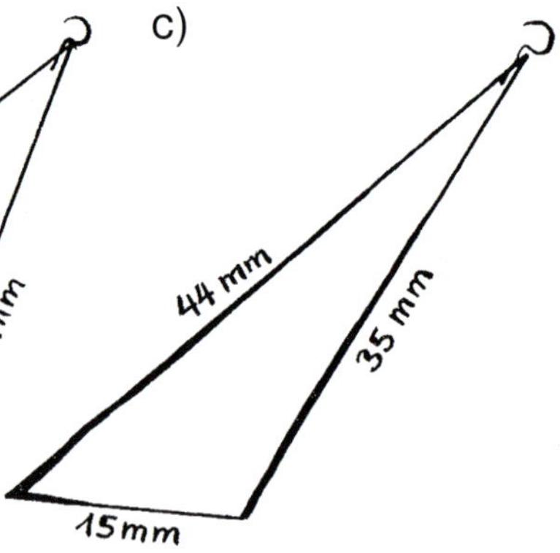

d)

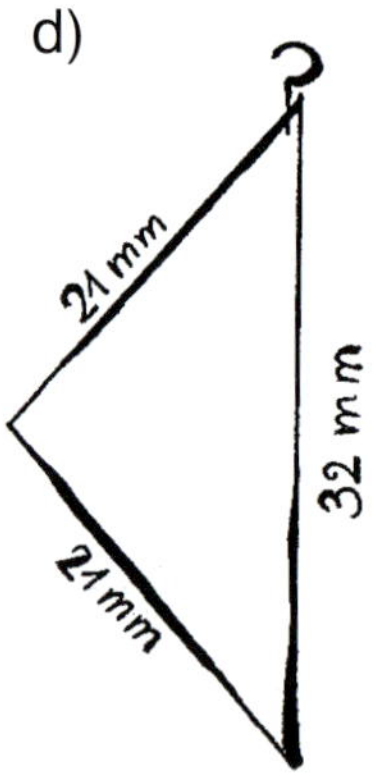

3 Zeichne das Dreieck. Berechne den Umfang.

a)	b)	c)	d)	e)
a = 6 cm	a = 12 cm	a = 3,5 cm	a = 3,4 cm	a = 7,2 cm
b = 4 cm	b = 5 cm	b = 5 cm	b = 5,4 cm	b = 3,4 cm
c = 4 cm	c = 8 cm	c = 3 cm	c = 7 cm	c = 5,6 cm

4 Fatima hat 10,5 cm Silberdraht.
Kann sie daraus ein Dreieck mit den Seitenlängen 23 mm, 33 mm, 43 mm biegen?

1 Bei einer Segelregatta muss jedes Boot 3 Bojen umsegeln.
Sieger ist, wer als erster 4-mal die Regattabahn gesegelt ist.

a) Wie lang ist die Regattabahn?

b) Wie viel km hat jedes Boot bis zum Ende des Rennens zurückgelegt?

c) Im Training hat jeder Segler für 1 km ungefähr 12 min benötigt.
Wie lang wird das Rennen ungefähr dauern?

2 Berechne die fehlende Strecke.

a) Gesamtlänge: 35 km

b) Gesamtlänge: 42 km

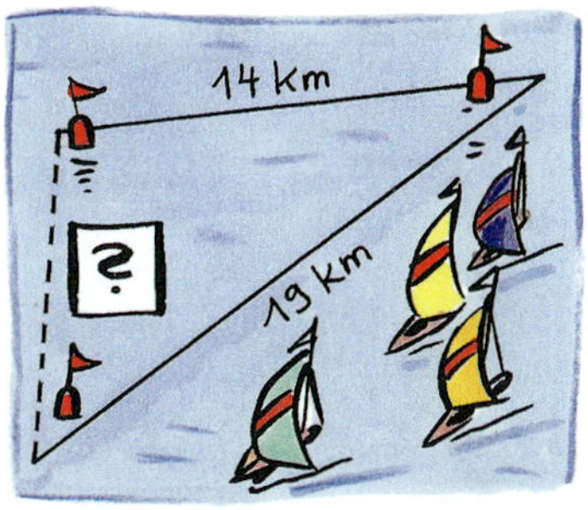

c) Gesamtlänge: 7 500 m

3 Übertrage die Tabelle in dein Heft und berechne die fehlenden Werte.

	a)	b)	c)	d)	e)	f)
Seite a	23 mm	9 cm	4,5 cm		15 cm	15 cm
Seite b	30 mm	5 cm	5,6 cm	9 cm		34 cm
Seite c	20 mm	15 cm	6,6 cm	9 cm	20 cm	
Umfang				30 cm	60 cm	83 cm

4 Nico biegt die Figuren rechts aus 36 cm langen Drahtstücken. Die Dreiecke sind gleichseitig.
Wie lang werden die Seiten der Dreiecke?

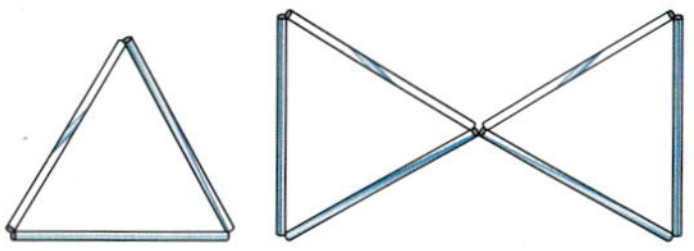

Flächeninhalt von Rechtecken

1 Die Rechtecke sind in cm² eingeteilt, aber teilweise verdeckt.
Wie viel cm² beträgt der Flächeninhalt jedes Rechtecks?

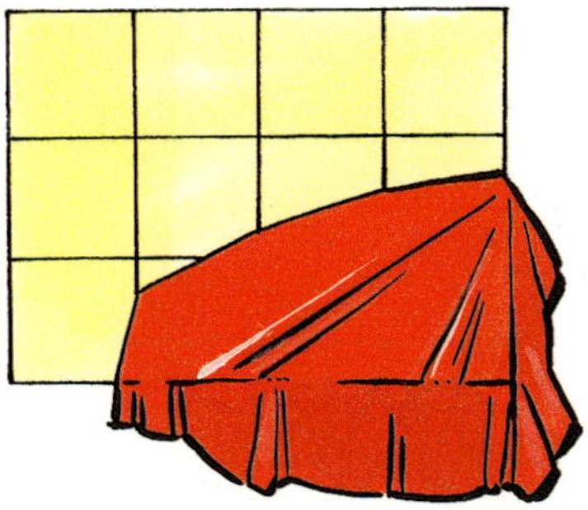

2 Wie viel cm² ist jede Briefmarke groß?

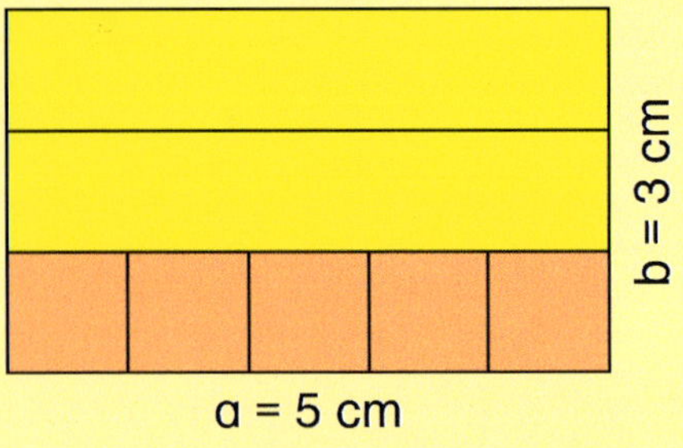

Flächeninhalt des Rechtecks:
A = Flächeninhalt eines Streifens mal Anzahl der Streifen

A = a · b
A = 5 · 3
A = 15 cm²

3 Zeichne das Rechteck in dein Heft und teile es in cm² ein.
Berechne den Flächeninhalt.

a) a = 6 cm
b = 4 cm

b) a = 8 cm
b = 12 cm

c) a = 6 cm
b = 6 cm

d) a = 12 cm
b = 2 cm

e) a = 14 cm
b = 5 cm

4 Ein Rechteck mit dem Flächeninhalt 20 cm² ist in 4 gleiche Streifen eingeteilt.
Wie groß ist der Flächeninhalt eines Streifens?

1 Große Flächen misst man in m² (Quadratmeter).
Berechne die Fläche der Gehege.

2 Zeichne das Rechteck. Berechne Flächeninhalt und Umfang.

a) a = 5 cm, b = 4 cm   b) a = 12 cm, b = 5 cm   c) a = 4,5 cm, b = 3 cm   d) a = 6 cm, b = 4,5 cm   e) a = 10,5 cm, b = 4 cm

3 Das Wohnzimmer und das Kinderzimmer werden mit Teppichboden ausgelegt.

a) Wie viel m² Teppichboden werden für jedes Zimmer benötigt?

b) Wie teuer ist der Teppichboden für jedes Zimmer?

4 a) Wie lang ist die Seite b des Rechtecks?

b) Zeichne ein anderes Rechteck mit dem Flächeninhalt 24 cm².

A = 24 cm²   a = 6 cm   b = ■ cm

5 Übertrage die Tabelle in dein Heft und berechne die fehlenden Werte.

	a)	b)	c)	d)	e)	f)
Seite a	6 m	4 cm	4,5 m	6,8 cm	8 cm	6 cm
Seite b	4 m	4 cm	6 m	9 cm		
Flächeninhalt					40 cm²	36 cm²

Übungen zu Umfang und Flächeninhalt

1

Bauer Harms muss die Zäune um die Wiesen erneuern.

a) Wie viel Meter Maschendraht muss er für jede Wiese kaufen?

b) Welche Wiese ist am größten? Schätze zuerst, berechne dann jeden Flächeninhalt.

c) Vergleiche Flächeninhalt und Umfang der Wiesen. Was fällt dir auf?

2 Das Dach der Scheune muss neu mit Ziegeln eingedeckt werden.

a) Berechne die Größe der gesamten Dachfläche.

b) Wie viel Euro kosten die Ziegel für die gesamte Dachfläche?

3 a) Zeichne ein Rechteck (a = 4 cm, b = 3 cm). Berechne Flächeninhalt und Umfang.

b) Zeichne nun ein Rechteck, bei dem alle Seiten doppelt so lang sind. Berechne Flächeninhalt und Umfang dieses Rechtecks. Sind Flächeninhalt und Umfang doppelt so groß wie bei dem Rechteck in Aufgabe a)?

Schulgarten

Auf dem Gelände der Schule soll ein Schulgarten angelegt werden.
Die Schülerinnen und Schüler planen die notwendigen Arbeiten.

1 Wie viel Geld muss für den Bau des Zaunes eingeplant werden?

2 Der Schulgarten soll zur Hälfte mit Kartoffeln bepflanzt werden. Der Rest des Geländes wird in 4 gleich große Beete für Erbsen, Bohnen, Möhren und Kräuter aufgeteilt.

a) Wie groß ist die Fläche der einzelnen Beete?

b) Wie teuer sind die Saatkartoffeln für das Kartoffelbeet?

Kosten für 1 m^2: 0,70 €

3 

3 kg pro Pflanze
150 Liter pro Pflanze

An den Rand des Kräuterbeetes sollen 15 Tomatenpflanzen gesetzt werden. 1 Pflanze kostet 0,79 €.

a) Wie teuer sind die Pflanzen?

b) Wie viel Kilogramm Tomaten können geerntet werden?

c) Wie viel Liter Wasser verbrauchen 15 Pflanzen täglich?

4 Wie würdet ihr den Schulgarten aufteilen?
Zeichnet selbst einen Bepflanzungsplan mit verschiedenen Beeten.

Zusammengesetzte Flächen

1 Hanna und Yasin haben die Größe des Klassenzimmers berechnet.
Wie sind sie zu ihrem Ergebnis gekommen?

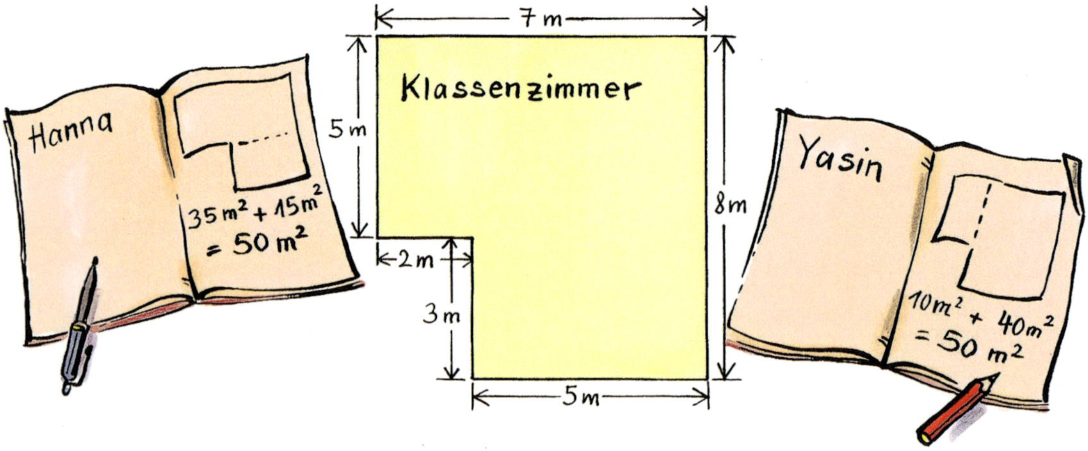

2

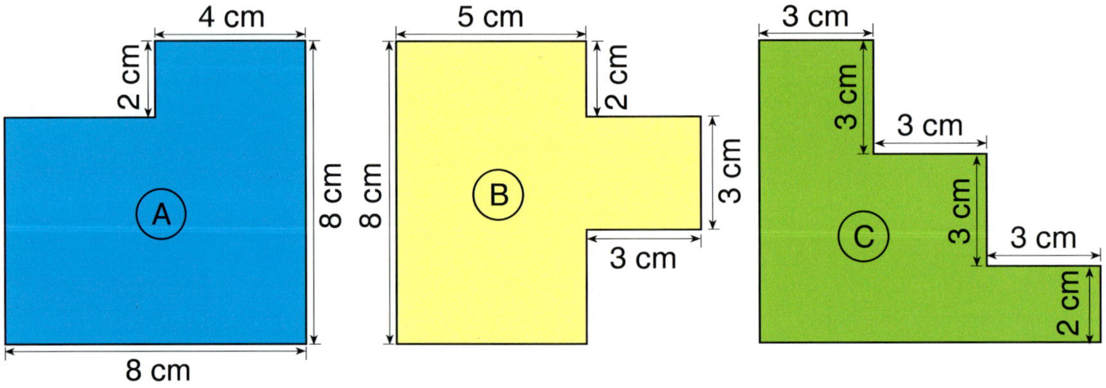

a) Zeichne die Figuren in dein Heft und unterteile sie in Rechtecke.

b) Berechne den Flächeninhalt jeder Figur.

c) Berechne den Umfang jeder Figur.

d) Hat die Figur mit dem größten Umfang auch den größten Flächeninhalt?

3 Im Neubaugebiet Waldwinkel werden 3 Grundstücke verkauft.
1 m² Bauland kostet 130 €.

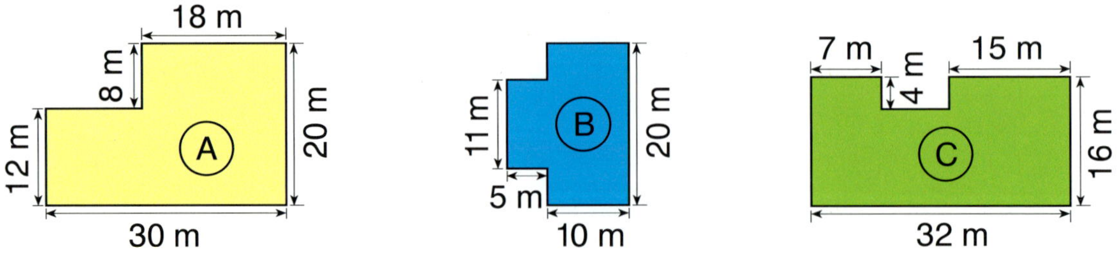

a) Welches Grundstück ist am größten?

b) Wie teuer sind die einzelnen Grundstücke?

c) Berechne für jedes Grundstück den Umfang.

1 Familie Bergmüller ist in eine neue Wohnung eingezogen.

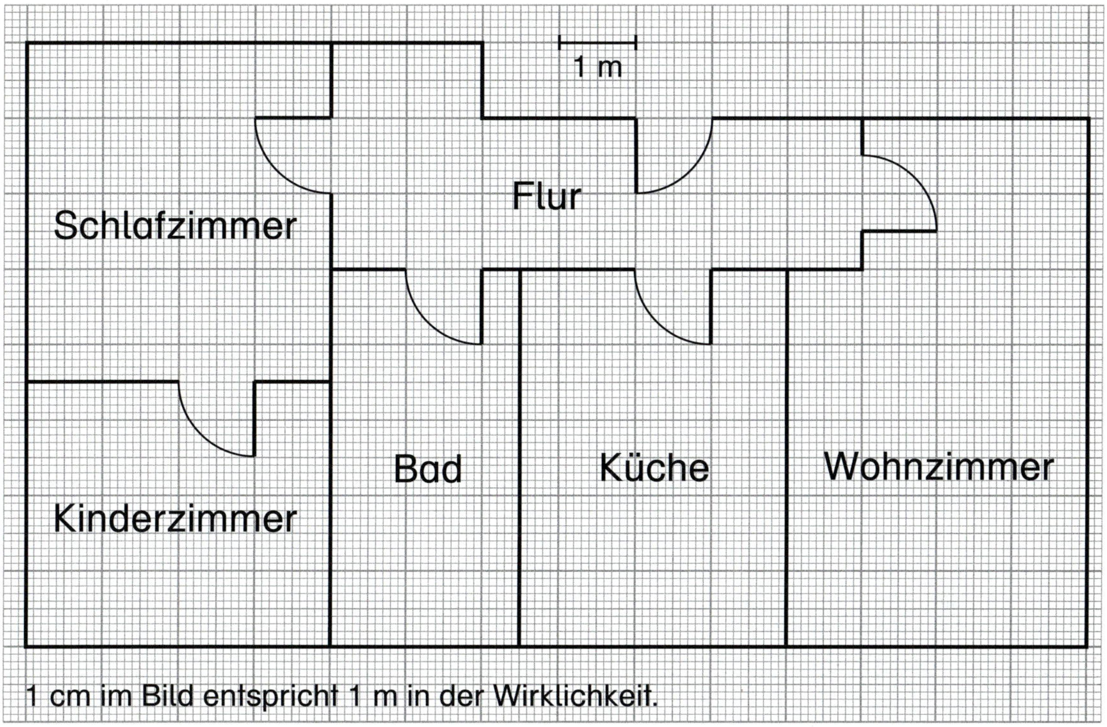

a) Berechne den Flächeninhalt der einzelnen Räume.

b) Berechne die Größe der Wohnung.

c) Der monatliche Mietpreis beträgt 8 € pro m^2.
Wie hoch ist die Miete für die Wohnung?

2 Der Kellerraum zur Wohnung ist 4 m lang und 3 m breit.
Wie groß ist die Kellerfläche?

3 Wie viel Euro kostet der Bodenbelag für jeden Raum aus Aufgabe 1?

a) Kinderzimmer

b) Schlafzimmer

c) Küche

d) Wohnzimmer

4 Berechne den monatlichen Mietpreis der Wohnung.

a) **4-Zi.-Whg.**
86 m^2
1 m^2 kostet
6 €

b) **3-Zi.-Whg.**
69 m^2
1 m^2 kostet
6,80 €

c) **3-Zi.-Whg.**
74 m^2
1 m^2 kostet
8,20 €

d) **5-Zi.-Whg.**
127 m^2
1 m^2 kostet
5,99 €

Wiederholen und Üben

1 Der Zaun um das Wildgehege soll erneuert werden.
1 m Zaun kostet 17 €.
Wie viel Euro kostet der Zaun um das Wildgehege?

2 Zeichne das Dreieck. Berechne den Umfang.

a) a = 7 cm, b = 4 cm, c = 5 cm
b) a = 9 cm, b = 6 cm, c = 6 cm
c) a = 4,5 cm, b = 5 cm, c = 6 cm
d) a = 8,5 cm, b = 5 cm, c = 7 cm
e) a = 9,5 cm, b = 7,5 cm, c = 5,5 cm

3 Zeichne das Rechteck. Berechne Umfang und Flächeninhalt.

a) a = 7 cm, b = 4 cm
b) a = 12 cm, b = 6 cm
c) a = 4,5 cm, b = 3 cm
d) a = 12 cm, b = 12 cm
e) a = 7,5 cm, b = 8 cm

4 Berechne die Größe der Ladefläche.

a)

b)
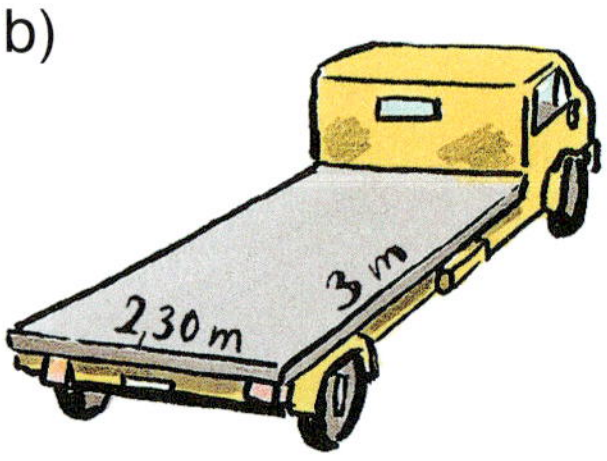

c)
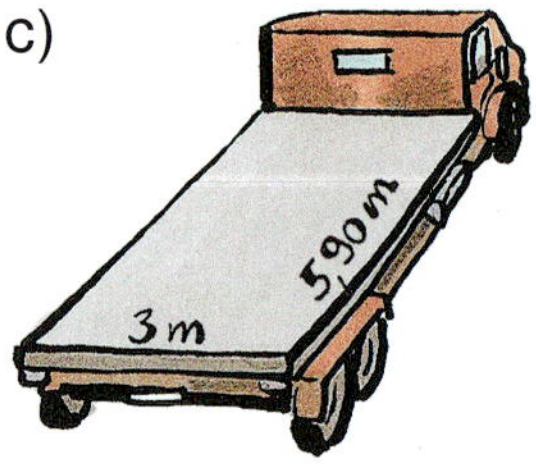

5 Wie teuer ist der Bodenbelag?

a)
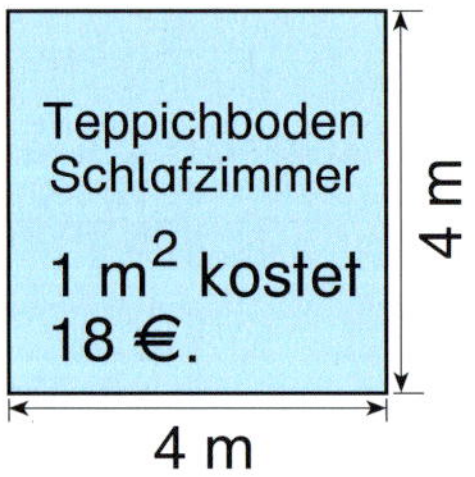

b)
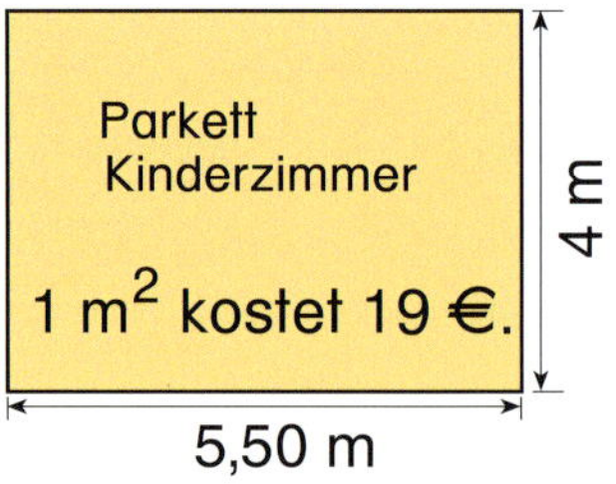

c)
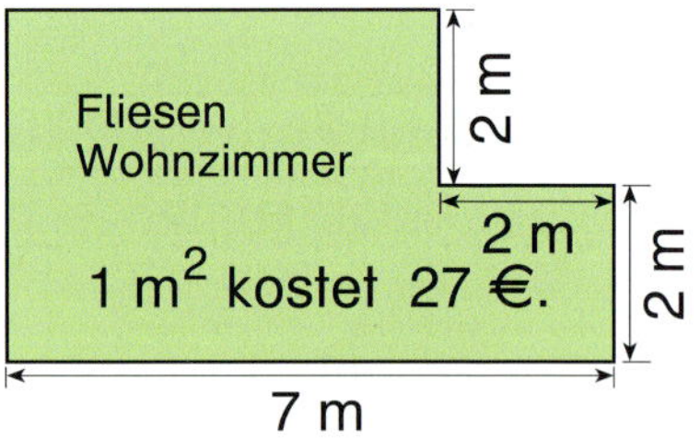

6 Übertrage die Tabelle in dein Heft.
Berechne die fehlenden Werte für die Rechtecke.

	a)	b)	c)	d)	e)	f)
Seite a	12 m	23 m	4,5 m	12 cm	7 cm	8 m
Seite b	4 m	40 m	5 m	9 cm		
Umfang u						
Flächeninhalt A					35 cm²	48 m²

Alles Paletti

1 Ordne nach der Größe. Beginne mit der kleinsten Zahl.

a) 15620   37000   9644   43003   40300   12030   6050   53071

b) 4800   25000   10450   75050   11400   64200   3817   48500

2 34916   11605   47400   61930   20603   76703   15030   8306

a) Runde auf Tausender.

b) Runde auf Zehntausender.

3

a)

40000	
20000	
	35000
31000	
	7000

b)

60000	
	11000
8000	
	45000
22000	

c)

55000	
20000	
	15000
30000	
	11000

4

a) 16 + 20 : 4
(16 + 20) : 4

b) 68 – 12 · 2
(68 – 12) · 2

c) 3 · 3 + 5 · 12
49 : 7 – 54 : 9

5

a)	43000	+	7000	30000	850	19000	65	21000	4920
b)	69000	–	6000	50	33000	450	14000	2	8900

6

a)

b)

c)

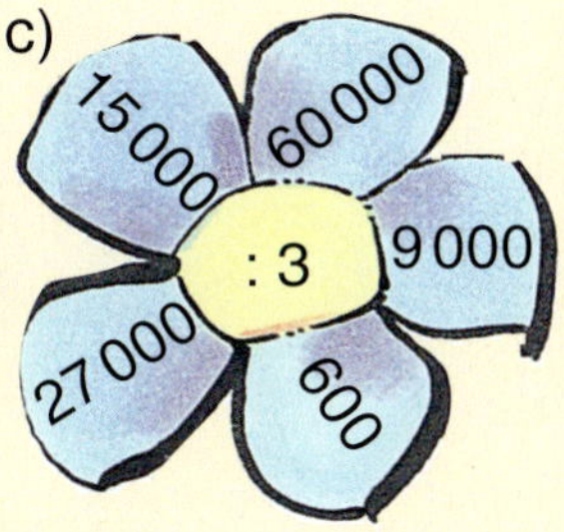

d)

7 Für eine Hecke werden 65 Pflanzen benötigt.
Jede Pflanze kostet 8,25 €.
Wie viel Euro kostet die Hecke?

8 Sieh dir die Aufgabe genau an.
Dann schreibe die Rechengeschichte vollständig auf. Vergiss die Frage nicht.
Rechne aus.

288 : 9

In einer Gärtnerei werden 288 Rosen zu Sträußen gebunden. Für jeden Strauß werden immer

ALLES PALETTI

1 Setze die Zahlenreihen fort.

a)	3,8	4,0	4,2						5,6
b)	0,6	1,2	1,8						6,0
c)	56,2	56,0	55,8						54,4

2

a) · 10	b) : 10	c) · 100	d) : 100	e) · 1 000
4,95	35,8	4,3	123,4	1,23
14,08	17,05	17,093	17,51	19,5
8,134	116,45	4,56	93,6	6,003

3 Zeichne die Winkel in dein Heft.

80° 140° 75° 110° 90° 40° 55° 15° 125° 170°

4

a) 84 · 5
1 983 · 43

b) 429 · 8
18 750 · 4

c) 974 : 2
75 744 : 4

d) 83 705 : 5
94 086 : 6

5 Wie viel Geld fehlt noch?

6 a) Runde auf Einer: 3,6 4,2 5,9 12,3 38,4 145,5 0,5

b) Runde auf Zehntel: 4,62 18,08 136,05 5,71 0,26 15,83 1,78

7 a) Wandle um in cm: 60 mm 85 mm 4 mm 15 mm 72 mm 9 mm

b) Wandle um in m: 300 cm 700 cm 540 cm 70 cm 215 cm 5 cm

c) Wandle um in km: 5 000 m 6 200 m 100 m 180 m 6 700 m 5 300 m

8 Berechne die fehlenden Zeiten.

Abfahrt	7.15 Uhr		16.30 Uhr	10.50 Uhr	
Fahrzeit	3 h	4 h 30 min		3 h 15 min	9 h 45 min
Ankunft		17.00 Uhr	20.00 Uhr		20.35 Uhr

ALLES PALETTI

1 Frau Kaase möchte ihren Garten einzäunen.

a) Berechne den Umfang des Gartens.

b) Berechne den Preis für den Holzzaun und den Preis für den Metallgitterzaun.

c) Wie groß ist der Preisunterschied?

2 Ein Tiergehege von 3415 m^2 soll mit Gras eingesät werden.
Für 1 m^2 benötigt man 50 g Grassamen.
Wie viel kg Grassamen werden benötigt?

3 Ordne nach der Größe. Beginne mit dem kleinsten Gewicht.

a) 3,750 kg; 3000 g; 2 kg 780 g; 3 kg 705 g

b) 5,550 kg; 5050 g; 5 kg 500 g; 5 kg 505 g

c) 6,890 t; 7000 kg; 6 t 89 kg; 6980 kg

d) 4,8 t; 4200 kg; 4 t 300 kg; 4030 kg

4 Bilde mindestens 3 Aufgaben (+ oder –).
Das Ergebnis soll kleiner als 30000 sein.

a)

b)

c)

d)

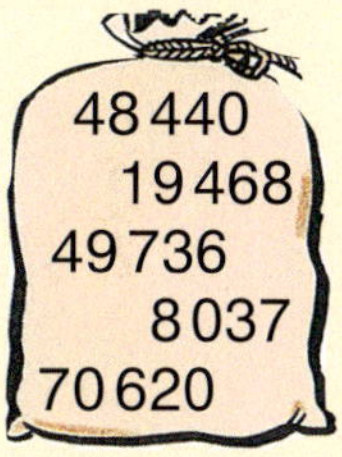

5 Im Kopf oder schriftlich?

a) 4,60 € + 2 €
5 € + 3,89 €
33,74 € + 22,14 €
26,50 € + 10,27 €

b) 49,75 € – 10 €
30 € – 8,20 €
27,45 € – 12,95 €
48,50 € – 8,75 €

c) 76,83 € + 13,04 €
64,70 € + 18,30 €
89,45 € – 23,48 €
93,80 € – 27,67 €

6 Berechne die fehlenden Preise.

a) **Äpfel**

kg	€
1	1,25
2	
4	
8	

b) **Stoff**

m	€
1	6,75
2	
5	
8	

c) **Kuchen**

Stück	€
12	18,00
6	
3	
1	

d) **Kakao**

Becher	€
14	21,00
7	
2	
1	

Alles Paletti

1 Zeichne das Dreieck. Miss die fehlenden Seitenlängen. Berechne den Umfang.

a) $a = 6$ cm, $\beta = 75°$, $\gamma = 55°$

b) $c = 7{,}5$ cm, $\alpha = 20°$, $\beta = 125°$

c) $a = 5{,}5$ cm, $b = 7$ cm, $\gamma = 130°$

d) $a = 6{,}5$ cm, $b = 5$ cm, $c = 8$ cm

2 Ein Hochzeitsessen kostet pro Person 23,75 €.
Wie teuer ist das Essen für 63 Personen?

3 Trage die Eintrittspreise in eine Tabelle ein.

a)

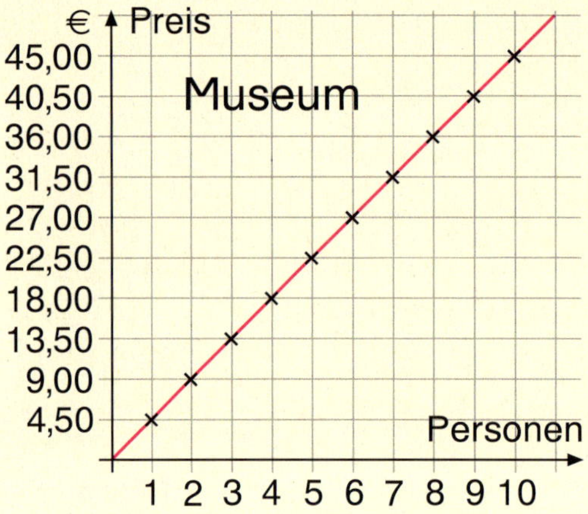

b)

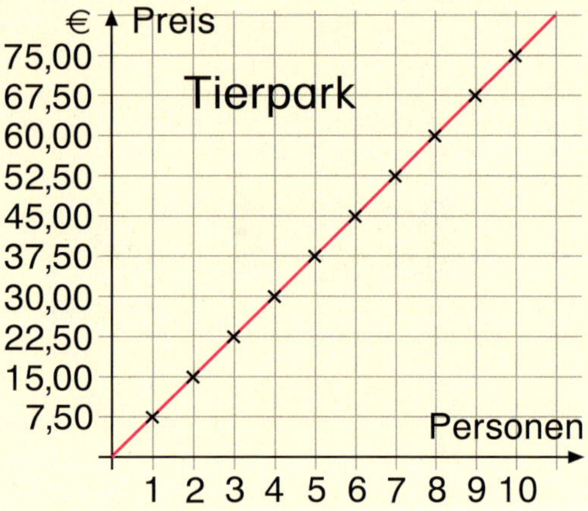

4

a) 4,25 + 7,83
9,46 + 3,9
2,07 + 5

b) 8,51 – 2,63
7,84 – 5,1
0,46 – 0,3

c) 28,43 + 53,82
35,4 + 12,62
10,04 + 7,5

d) 4,563 – 3,048
7,015 – 4,37
8,14 – 0,845

5

a)	18,9	43,35	517,8	134,04	19,2	8,406	0,72	:	4	3	6	8
b)	2,73	5,235	98,03	17,4	18,231	0,253	1,63	·	8	4	60	27

6 Berechne Umfang und Flächeninhalt des Rechtecks.

a) $a = 7$ m, $b = 3{,}80$ m

b) $a = 4$ cm, $b = 0{,}9$ cm

c) $a = 16$ m, $b = 13{,}80$ m

d) $a = 6$ cm

e) $a = 14$ m

7 In der Tabelle sind Besucherzahlen eines Museums angegeben.

Tag	Mo	Di	Mi	Do	Fr	Sa	So
Genaue Zahl	463	497	575	508	612	747	851
Gerundet auf H							

a) Übertrage die Tabelle in dein Heft. Runde die Zahlen auf Hunderter.

b) Zeichne ein Säulendiagramm zu den gerundeten Zahlen in deiner Tabelle. Nimm 1 cm für 100 Besucher.

Unterwegs in Deutschland

Verkehr in Deutschland

1 Wie viel Kilometer sind es?

1 Berechne die Entfernung:

a) Bremen – Hamburg – Kiel
b) Berlin – Rostock – Hamburg
c) Stuttgart – Nürnberg – München
d) Dortmund – Osnabrück – Hannover

2 a) Frau Nordheider fährt von Bonn nach München. Nach den ersten 282 km macht sie eine Pause. In welcher Stadt ist sie jetzt?

b) Herr Runge aus Kiel fährt nach Dortmund. Wo ist er nach 315 km Fahrt?

3 In der Tabelle steht, wie viel Kilometer Frau Capri an den Arbeitstagen in der vergangenen Woche gefahren ist.
Wie viel Kilometer sind es insgesamt?

Montag	Dienstag	Mittwoch	Donnerstag	Freitag
567 km	739 km	408 km	535 km	612 km

4 Die Lastkraftwagen einer Spedition haben viele Kilometer zurückgelegt.
Runde die Kilometerzahlen auf Tausender.

68 248 | 70 069 | 73 940 | 69 550

5 Herr Flitz möchte von Frankfurt am Main nach Berlin fahren.
Suche zwei sinnvolle Fahrtstrecken heraus.
Berechne jeweils die Länge der Fahrt von Frankfurt nach Berlin.

6 Das Transportunternehmen Walter aus Dortmund fährt täglich nach Hamburg.

a) Gib zwei sinnvolle Fahrtstrecken an. Berechne jeweils die Entfernung Dortmund–Hamburg.

b) Wie viel Kilometer ist die eine Fahrtstrecke länger als die andere?

c) Die Spedition wählt den längeren Weg. Welche Gründe fallen dir dafür ein?

7 Eine Reisegesellschaft fährt mit dem Bus von Nürnberg nach Berlin.

a) Wie lang ist die kürzeste Fahrtstrecke?

b) Bei einer Pause sagt der Fahrer: „Bis Berlin sind es noch 168 km."
In welcher Stadt ist der Bus jetzt?

8 Übertrage die Tabelle in dein Heft. Ergänze die fehlenden Kilometerstände.

	Montag	Dienstag	Mittwoch	Donnerstag	Freitag	Samstag
Abfahrt	54 812	55 238		56 082	56 631	
Gefahrene km		496	348		586	694
Ankunft	55 238		56 082	56 631		57 911

Urlaubsplanung

1 Wie lange ist Familie Gerlach aus Hannover bis zu ihrem Urlaubsziel unterwegs?

Halt	Zeit an	Zeit ab	mit dem
Hannover		8:55	IC
Leer	11:15	11:30	Bus
Bensersiel	12:50	13:30	Schiff
Langeoog	14:30		

2 Übertrage die Tabelle in dein Heft und trage die Reisezeiten ein.

	IC	Bus	Schiff	Gesamte Fahrtdauer (ohne Wartezeiten)
Fahrzeit (in h und min)				

3 a) Wie teuer ist die Hin- und Rückfahrt für einen Erwachsenen?

b) Wie viel Euro kosten Hin- und Rückfahrt für Tochter Lea?

c) Wie viel Euro muss Familie Gerlach insgesamt bezahlen?

d) Mit einem Sonderangebot kosten Hin- und Rückfahrt von Hannover nach Langeoog 198,90 € für die ganze Familie.
Wie viel Euro kann Familie Gerlach damit sparen?

Einfacher Fahrpreis für einen Erwachsenen

Zug/DB-Bus: Hannover–Bensersiel 52,00 €

Schiff: Bensersiel–Langeoog 11,20 €

Kinder zahlen die Hälfte.

4 Auf Langeoog müssen Gäste Kurtaxe zahlen.

a) Wie viel Euro muss Familie Gerlach an einem Tag bezahlen?

b) Wie viel Euro zahlt die Familie in den zwei Urlaubswochen?

1 a) Wie teuer ist die Unterkunft in der Ferienwohnung für 2 Wochen?
b) Wie teuer sind zwei Wochen auf dem Bauernhof für Familie Busch?
c) Berechne den Preisunterschied der beiden Angebote.

2 Die Kinder wünschen sich einen Ausflug zum Freizeitpark.
a) Wie hoch ist das Eintrittsgeld für die vierköpfige Familie?
b) Wie viel Euro zahlt Familie Busch, wenn sie sich einer Gruppe anschließt?
c) Wie viel Euro ist der Gruppenpreis für die Familie niedriger als das normale Eintrittsgeld?

Erwachsene	21,00 €
Kinder Senioren	19,00 €
Gruppen ab 20 Personen (Kinder + Erwachsene) Preis pro Person	17,20 €

3 Familie Busch isst im Restaurant zu Mittag.
a) Für Essen und Trinken sind für jede Person 12 € vorgesehen. Stelle für jedes Familienmitglied ein Essen zusammen.
b) Frau Busch bestellt sich Rostbratwurst, einen gemischten Salat und 3 Kugeln Eis. Dazu trinkt sie ein Wasser. Wie viel Euro kostet das insgesamt?
c) Leon wählt ein Getränk, eine Suppe und eine der Spezialitäten, alles zusammen für genau 10 €. Was wählt Leon?

Speisekarte

Getränke		*Kleine Gerichte*	
Saft	1,20 €	Hamburger	4,50 €
Wasser	1,40 €	Nudeln mit Soße	5,80 €
Tee	2,00 €	Pizza	6,70 €
Kaffee	2,00 €	Fischstäbchen mit Pürree	5,70 €
Suppen		*Spezialitäten*	
Tages-		Rostbratwurst	7,10 €
suppe	2,70 €	Thüringer Grillplatte	8,20 €
Kartoffel-		Thüringer Rotkohlwickel	7,50 €
suppe	2,90 €	Leberkäse	6,10 €
Salate		*Dessert*	
gem. Salat	3,20 €	3 Kugeln Eis	2,10 €
Feldsalat	3,80 €	Schmandkuchen	2,30 €

Fahrplan

Abfahrtsplan: Würzburg

9.34	*ICE* 23	Nürnberg 10:28 – Regensburg 11:22 ⊙ Passau 12:26 – **Wien West 15:26**	**5 a/b**
9.35	*RE* 4604	Retzbach-Zellingen 9:44 – Karlstadt 9:49 – Gemünden 9:58 ⊙ Lohr 10:14 – Aschaffenburg 10:43 – Offenbach 11:11 – Frankfurt Süd 11:16 – **Frankfurt 11:24**	**9 a/b**
9.37	*RE* 4957	Lauda 10:07 – Osterburken 10:33 ⊙ Heilbronn 11:10 – **Stuttgart 11:50**	**3 a/b**
9.40	*RE* 34611	Kitzingen 9:59 – Iphofen 10:06 – Markt Bibart 10:14 – Neustadt(A) 10:24 – Fürth 10:47 – **Nürnberg 10:55**	**8 a/b**
9.41	*RB* 34811	Ochsenfurt 9:58 – Steinach 10:24 – Ansbach 10:46 – **Treuchtlingen 11:30**	**2 a/b**
9.56	*ICE* 726	Aschaffenburg 10:35 – Frankfurt 11:05 – Frankfurt (Airport) 11:21 – Köln Messe/Deutz 12:14 – Düsseldorf 12:37 – Duisburg 12:49 – **Essen 13:02 ⊙**	**6 a/b**
		10.00	
10.00	*RB* 34514	**Gemünden 10:34**	**7 a/b**
10.03	*RB* 33553	Lauda 10:47 – **Bad Mergentheim 11:09**	**2 a/b**
10.05	*ICE* 527	*WETTERSTEIN* Nürnberg 10:59 – **München 12:04 ⊙**	**4 a/b**
10.09	*RB* 34713	Schweinfurt 10:41 – Haßfurt 10:57 – **Bamberg 11:23**	**5 a/b**
10.25	*IC* 2028	Hanau 11.18 – Frankfurt 11:36 – Frankfurt (Airport) 11:57 – Mainz 12:16 – Koblenz 13:10 – Bonn 13:42 – Köln 14:05 ⊙ Hagen 14:49 – **Dortmund 15:20** – Münster 15:54 – Bremen 17:14 – Hamburg-Altona 18:26	**7 a/b**
10.31	*ICE* 583 *ICE* 533	Augsburg 12:22 – München-Pasing 12:53 – **München 13:03 ⊙**	**4 a/b**
10.32	*ICE* 882	Fulda 11:02 – Kassel-Wilhelmshöhe 11:35 – Göttingen 11:55 – Hannover 12:32 ⊙ Hamburg 13:53 – **Hamburg-Altona 14:08**	**6 a/b**
10.35	*RE* 4606	Retzbach-Zellingen 10:44 – Karlstadt 10:49 – Gemünden 10:58 ⊙ Lohr 11:14 – Aschaffenburg 11:43 – Frankfurt Süd 12:25 – **Frankfurt 12:32**	**9 a/b**

1
a) Wohin fährt der ICE 23?
b) Wie heißt der ICE 527?
c) Auf welchem Gleis fährt die Regionalbahn RB 33553 ab?
d) Welche Nummer hat der IC, der nach Hamburg-Altona fährt?

2 Welche Züge fahren nach Nürnberg? Wann fahren sie ab?

3 Luca möchte seine Oma in Aschaffenburg besuchen. Um 9.20 Uhr kommt er in Würzburg an.
a) Wann fährt der nächste Zug nach Aschaffenburg?
b) Von welchem Gleis fährt der Zug ab?
c) Wie lange ist Luca von Würzburg nach Aschaffenburg unterwegs?

4
a) Übertrage die Tabelle in dein Heft und ergänze die fehlenden Zeiten.
b) Wie viel Minuten braucht der RE 4604 länger nach Frankfurt als der IC 2028?

	RE 4604	ICE 726	IC 2028
Würzburg ab	9:35	9:56	10:25
Frankfurt an			
Fahrzeit			

5 Zwei Züge fahren nach München. Erstelle eine Tabelle wie in Aufgabe 4.

6 Frau Pretz hat um 14.30 Uhr einen Termin in Hamburg-Altona. Welchen Zug sollte sie wählen?

7 Informiere dich über öffentliche Verkehrsmittel in deinem Heimatort. Wie lange dauert die Fahrt in die nächstgelegene Stadt?

1 Die Stadt Hameln kann auf eine lange Entwicklung zurückblicken.
Wie viel Jahre sind seit den Ereignissen bis heute vergangen?

851
Gründung des Klosters

ab 1200
Stadtrechte

1284
Auszug der Kinder

1872
Erste Eisenbahn

2 Das Säulendiagramm zeigt die Entwicklung der Einwohnerzahlen.
1 cm Säulenhöhe entspricht 10 000 Einwohnern.
Miss und schreibe für jede Jahreszahl auf, wie viele Menschen in Hameln lebten.

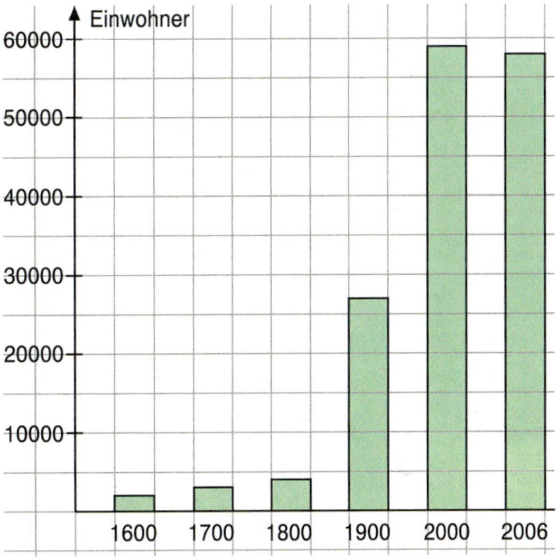

3 Die Rattenfängersage wird jeden Sonntag von Mai bis September aufgeführt.
Wie oft findet das Spiel in diesem Jahr statt?

4 In der Tabelle ist die Altersverteilung im Jahr 2006 angegeben.

Alter	0–15	15–25	25–40	40–65	65 und älter
Genaue Zahl	8 253	6 440	10 232	19 734	13 808
Gerundet auf H					
Gerundet auf T					

a) Wie viele Einwohner hatte Hameln im Jahr 2006?

b) Übertrage die Tabelle in dein Heft und ergänze die fehlenden Werte.

c) Zeichne mit den auf Tausender gerundeten Zahlen ein Säulendiagramm.
Nimm 1 cm für 1 000 Einwohner.

5 Erkundigt euch nach geschichtlichen Ereignissen und Sagen in eurem Wohnort.

Wiederholen und Üben

1 Wie viel Kilometer sind die Autos gefahren?

	a)	b)	c)	d)
	65 712	78 124	7 431	71 437
	69 278	103 670	11 309	89 014

2 Der Fahrer einer Transportfirma schreibt die Fahrtstrecken in sein Fahrtenbuch.

a) Wie viel Kilometer hat der Fahrer in der Woche zurückgelegt?

b) Am Ende der Woche steht der Kilometerzähler auf 89 529 km.
Was zeigte er zu Beginn der Woche an?

Montag:	759 km
Dienstag:	629 km
Mittwoch:	951 km
Donnerstag:	960 km
Freitag:	894 km

3 Die Autobahnstrecke von Dresden nach Stuttgart ist 545 km lang. Der Kurierdienst Schnelle fährt die Strecke an 5 Tagen in der Woche hin und zurück. Wie viel Kilometer legt der Kurierdienst an den 5 Tagen insgesamt zurück?

4 Herr und Frau George gehen mit ihren 8jährigen Zwillingen ins Erlebnisbad.

a) Welche Eintrittskarten kann die Familie kaufen?

b) Wie viel Euro muss die Familie jeweils insgesamt bezahlen?

c) Wie hoch ist die Ersparnis, wenn Familie George die Familienkarte kauft?

Erwachsene	12,50 €
Kinder 4–12 J.	9,25 €
Kleinkinder	4,00 €
Familienkarte	33,90 €

5 Übertrage die Tabelle in dein Heft. Ergänze die fehlenden Zeiten.

Abfahrtszeit	7.04	10.15	14.50		15.45	
Ankunftszeit	11.32		18.12	13.02		21.42
Fahrzeit		3 h 37 min		4 h 10 min	2 h 25 min	6 h 12 min

6 In der Tabelle stehen die Besucherzahlen des Erlebnisbades Aqua Spaß.

a) Wie viele Besucher kamen insgesamt im 1. Halbjahr?

b) Wie viele Personen besuchten das Bad im 2. Halbjahr?

c) Runde die Zahlen auf Hunderter.

d) Zeichne ein Säulendiagramm zu den gerundeten Zahlen. Nimm 1 cm für 1 000 Besucher.

Januar	8 106
Februar	7 452
März	7 281
April	8 328
Mai	6 594
Juni	7 869
Gesamtzahl in einem Jahr	95 784

Zahlen bis 1 000 000

Zahlen darstellen und benennen

1 Million = 1 000 000 1 M = 1 000 T 1 T = 1 000 E

1 Wie heißen die Zahlen?

	M	HT	ZT	T	H	Z	E	Zahl
fünfhunderttausend		5	0	0	0	0	0	500 000
eine Million	1	0	0	0	0	0	0	1 000 000
			4	0	0	0	0	
					7	0	0	
				9	0	0	0	
						2	0	
		6	5	0	0	0	0	
			7	3	8	0	0	

2 Diktiere deinem Partner die Zahlen.

a) 300 000, 400 000, 800 000, 900 000

b) 250 000, 560 000, 730 000, 675 000

c) 80 000, 72 000, 6 000, 125 000

d) 113 000, 4 000, 500, 30

e) 408 300, 89 700, 210 400, 550 500

1 Trage in eine Stellenwerttafel ein.

M	HT	ZT	T	H	Z	E	Zahl
	3	0	0	0	0	0	300 000

a) 3 HT
5 HT
6 M
1 M

b) 4 H
6 HT
3 ZT
8 HT

c) 8 Z
3 Z
7 E
9 H

d) 1 HT 3 ZT 4 T 5 H 2 Z 1 E
4 HT 2 ZT 1 T 3 H 4 Z 6 E
5 HT 1 ZT 7 T 4 H 9 Z 5 E

e) 1 HT 3 ZT 5 T
6 ZT 7 T 3 H
5 HT 6 ZT 7 T

f) 6 ZT 4 H 6 Z
1 HT 5 T 3 H
4 T 5 Z

2 Schreibe die Zahlen auf.

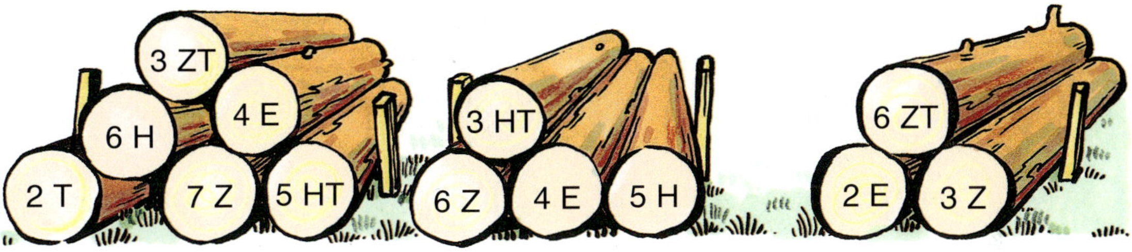

3 Trage die Zahlen in eine Stellenwerttafel ein.

a) 526 312
137 105
315 623
804 603

b) 120 605
83 054
871 910
999 009

c) 24 103
6 594
105 317
526

d) 120 063
70 300
900 670
3 020

4 Welche Fehler wurden gemacht? Berichtige.

a) 5 HT 2 ZT 3 T 8 H 4 Z
52 384

b) 2 HT 9 T 5 H 3 Z 1 E
29 531

c) 3 HT 1 ZT 2 T 8 H 2 Z 4 E
312 824

d) 4 HT 3 ZT 6 H 2 Z 5 E
436 250

e) 6 HT 2 T 4 H 8 Z 1 E
602 481

f) 8 HT 8 H 8 Z 8 E
80 888

5 Bilde 10 verschiedene Zahlen. Schreibe sie auf und lies sie.

M	HT	ZT	T	H	Z	E	Zahl
	6	0	2	6	6	6	602 666

Übungen am Zahlenstrahl

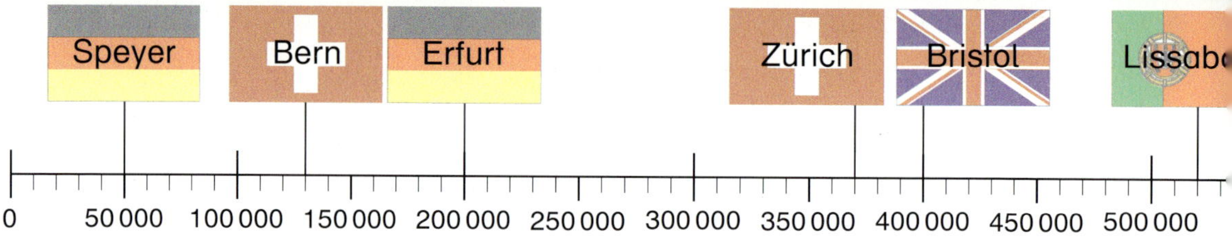

1 Wie viele Einwohner haben die Städte?

2 Zeige am Zahlenstrahl.

a) 300 000 900 000 700 000 150 000 450 000 750 000 930 000

b) 240 000 810 000 490 000 120 000 680 000 70 000 710 000

3 Wie heißen die Zahlen bei den Fahnen?

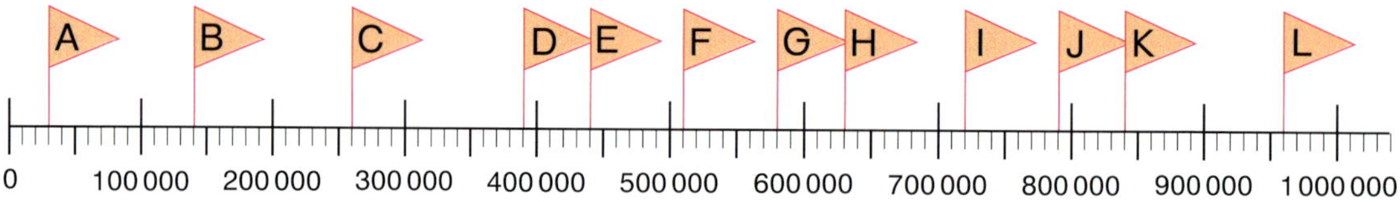

4 Schreibe zu jeder Zahl die Nachbarhunderttausender auf.

200 000 | <u>280 000</u> | 300 000

a) 280 000 570 000 610 000 740 000 850 000

b) 435 600 248 700 195 715 568 203 715 905

5 Wie heißt die Zahl in der Mitte?

a)

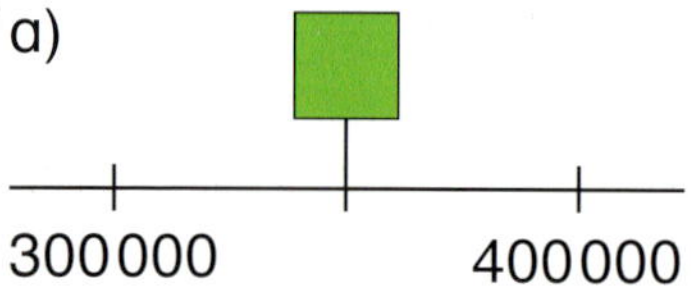

b)

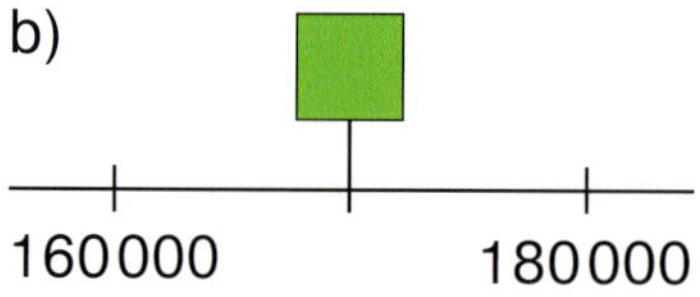

c)

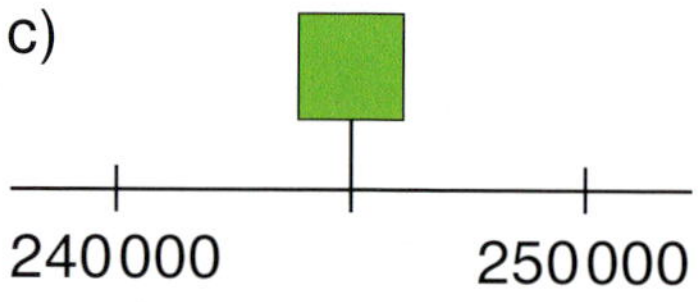

6 Wie heißen die Zahlen bei den Fahnen? Zwischen welchen Zehntausendern liegen sie?

A: 500 000 | <u>503 000</u> | 510 000

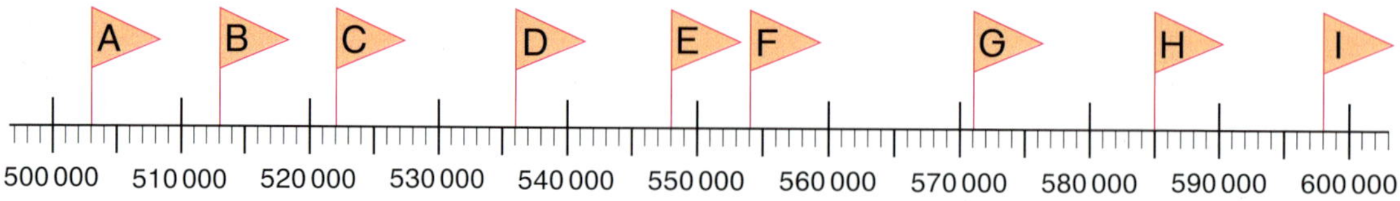

7 Schreibe zu jeder Zahl die Nachbarzehntausender auf.

a) 527 600 136 503 427 900 816 412 628 901

b) 725 003 815 412 625 005 158 017 573 100

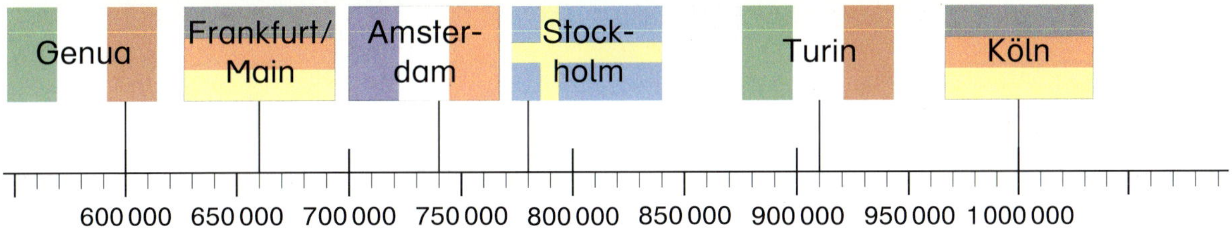

1 Vervollständige die Zahlenreihe.

a)

100 000	200 000								1 000 000

b)

480 000	490 000								570 000

c)

620 000	610 000								530 000

2 Erfindet selbst Zahlenreihen. Schreibt sie für eure Partner als Aufgabe auf.

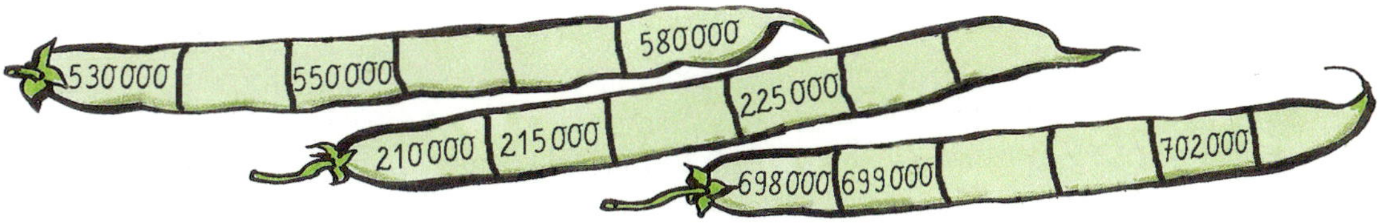

3 Kleiner, größer oder gleich? Setze ein: <, > oder =

a) 210 000 ■ 120 000
320 000 ■ 330 000
470 000 ■ 740 000

b) 170 050 ■ 180 900
635 000 ■ 632 500
845 000 ■ 841 800

c) 420 000 ■ 42 000
573 000 ■ 573 000
273 914 ■ 273 915

4 Ordne die Städte nach der Einwohnerzahl. Beginne mit der größten Stadt.

a) Flensburg 87 000
Schleswig 27 000
Würzburg 130 000
Rostock 250 000

b) Magdeburg 280 000
Augsburg 253 000
Münster 278 000
Saarbrücken 190 000

c) Kassel 197 000
Darmstadt 139 000
Heidelberg 138 000
Paderborn 131 000

5 Schreibe Vorgänger und Nachfolger auf.

555 347 | 555 348 | 555 349

a) 555 348
274 517
708 233

b) 817 201
329 844
447 249

c) 318 700
190 208
100 000

d) 430 000
280 000
760 000

e) 783 201
900 000
714 999

6

a) 1 000 000

800 000	
	400 000
900 000	

b) 1 000 000

750 000	
	950 000
450 000	

c) 1 000 000

970 000	
	890 000
999 999	

Runden

1 Warum werden Einwohnerzahlen gerundet?

Runden auf Hunderttausender:	542 317 ≈ 500 000	578 342 ≈ 600 000
Runden auf Zehntausender:	542 317 ≈ 540 000	578 342 ≈ 580 000
Abrunden bei 0, 1, 2, 3, 4		**Aufrunden bei 5, 6, 7, 8, 9**

2 Runde die Einwohnerzahlen auf Hunderttausender.

Mannheim	Nürnberg	Düsseldorf	Kassel	Halle	Bremen
308 070	501 615	577 505	198 589	232 260	548 477

3 Runde die Einwohnerzahlen auf Zehntausender.

Kleve	Xanten	Gotha	Eisenach	Frankfurt/O	Flensburg
49 099	21 586	46 497	43 626	62 594	86 479

4 Runde auf Hunderttausender.

a) 143 500	225 600	763 410	854 912	315 695
b) 269 034	405 799	517 088	675 070	283 145
c) 507 288	390 112	134 017	90 203	76 593

5 Runde auf Zehntausender.

a) 73 605	39 806	126 700	283 417	619 800
b) 86 900	63 400	254 080	371 095	869 500

6 Welche Fehler wurden gemacht? Berichtige.

a) 24 819 ≈ 24 000   b) 41 319 ≈ 42 000   c) 55 139 ≈ 50 000

Rechnen mit großen Zahlen

1 Vier Gemeinden planen einen gemeinsamen Wanderweg. Die Kosten dafür betragen 120 000 €. Wie viel Euro muss jede Gemeinde bezahlen?

2

a) 40 000 + 20 000
400 000 + 200 000
30 000 + 60 000
300 000 + 600 000

b) 80 000 − 20 000
800 000 − 200 000
60 000 − 30 000
600 000 − 300 000

c) 350 000 − 20 000
680 000 − 40 000
960 000 − 310 000
850 000 − 230 000

3

a) 230 000 + ■ = 300 000
350 000 + ■ = 410 000
280 000 + ■ = 320 000
190 000 + ■ = 240 000

b) 270 000 − ■ = 210 000
430 000 − ■ = 400 000
690 000 − ■ = 670 000
850 000 − ■ = 820 000

c) 500 000 − ■ = 480 000
400 000 − ■ = 370 000
630 000 − ■ = 570 000
550 000 − ■ = 490 000

4

a) 2 · 400
2 · 4 000
2 · 40 000
2 · 400 000

b) 3 · 300
3 · 3 000
3 · 30 000
3 · 300 000

c) 2 · 300
2 · 3 000
2 · 30 000
2 · 300 000

d) 5 · 200
5 · 2 000
5 · 20 000
5 · 200 000

5

a) 4 · 3 000
5 · 2 000
6 · 4 000
3 · 6 000

b) 2 · 70 000
4 · 30 000
6 · 20 000
5 · 50 000

c) 2 · 300 000
4 · 200 000
2 · 500 000
3 · 300 000

d) 3 · 60 000
7 · 90 000
9 · 40 000
8 · 80 000

6

a) 600 : 2
6 000 : 2
60 000 : 2
600 000 : 2

b) 800 : 4
8 000 : 4
80 000 : 4
800 000 : 4

c) 600 000 : 3
800 000 : 2
400 000 : 2
1 000 000 : 5

d) 12 000 : 4
25 000 : 5
18 000 : 3
32 000 : 8

7

a) 3 · ■ = 900 000
4 · ■ = 240 000
2 · ■ = 180 000
6 · ■ = 360 000

b) ■ · 200 000 = 800 000
■ · 50 000 = 300 000
■ · 40 000 = 120 000
■ · 200 000 = 1 000 000

c) 600 000 : ■ = 200 000
250 000 : ■ = 50 000
400 000 : ■ = 80 000
160 000 : ■ = 40 000

Schriftliches Addieren

1 Die Gemeinden Waldhausen und Bachgrund wollen Eichenkulturen anlegen.
Wie viele Sämlinge müssen insgesamt bei der Baumschule bestellt werden?

2

a)	b)	c)
21 303 + 32 617	123 615 + 402 293	156 410 + 21 298 + 3418
44 953 + 8023	278 498 + 230 461	71 203 + 619 + 250 291
9417 + 16 608	566 709 + 4185	3054 + 61 497 + 430
32 091 + 52 340	9257 + 382 407	482 419 + 6395 + 91 054

3 Addiere mindestens zwei Zahlen. Das Ergebnis soll kleiner als 600 000 sein.
Wie viele Aufgaben findest du?

a) 283 410, 418 746, 97 423, 315 628

b) 360 723, 114 200, 259 110, 307 138

c) 423 409, 88 407, 186 513, 324 618

d) 78 412, 376 472, 208 996, 174 203

4 Im Kopf oder schriftlich?

a)	b)	c)
298 503 + 423 175	416 028 + 230 000	523 080 + 347 820
60 307 + 140 000	99 999 + 501 000	416 057 + 2100
501 000 + 173 614	304 000 + 84 000	50 001 + 213 002

5

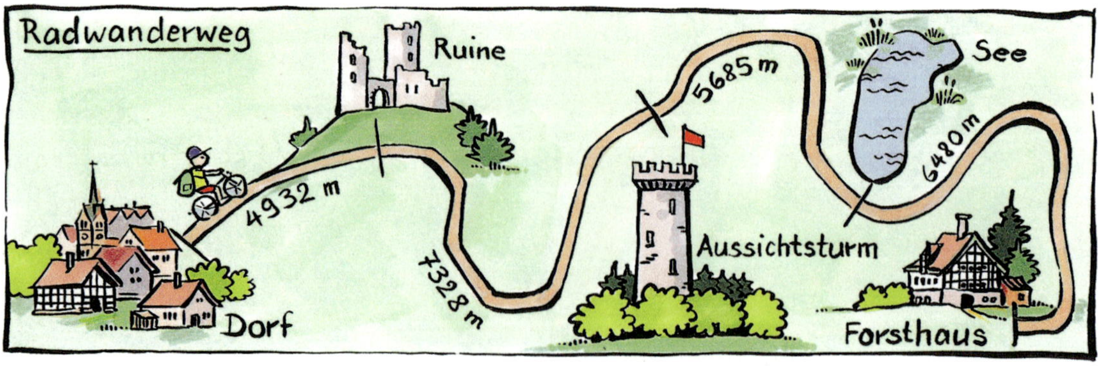

a) Wie lang ist der Weg vom Dorf bis zum Aussichtsturm?

b) Wie lang ist der Weg vom Dorf bis zum See?

c) Finde weitere Aufgaben zum Bild.

1 Wie schwer ist die Ladung?

2

a) 83 294 – 21 306
61 072 – 8 422
40 725 – 16 034

b) 97 028 – 7 430
52 106 – 34 309
35 640 – 718

c) 128 402 – 34 274
480 210 – 112 503
364 000 – 217 568

3 Bilde mindestens drei Minusaufgaben. Das Ergebnis soll größer als 500 000 sein. Überschlage zuerst.

a) 763 205, 18 768, 603 825, 98 779

b) 814 245, 207 918, 798 413, 117 466

c) 976 513, 248 704, 401 218, 752 819

d) 676 418, 99 413, 124 210, 718 252

4 Welche Aufgabe passt zur Frage?

Neuberg möchte ein Naherholungsgebiet anlegen. Dazu wird ein Grundstück für 496 000 € gekauft. Bei Vertragsabschluss werden 265 000 € angezahlt. Wie viel Euro muss Neuberg noch zahlen?

496 000 – 265 000

496 000 + 265 000

5 Im Kopf oder schriftlich?

a) 318 500 – 118 500
645 000 – 245 000
427 023 – 200 515

b) 628 102 – 183 240
292 000 – 92 000
81 004 – 7 841

c) 725 000 – 25 000
136 514 – 38 504
200 000 – 160 000

6

a) Auf einem Waldstück stehen 23 800 Kiefern. Es sollen 4 950 Kiefern entnommen werden.

b) Auf dem Waldstück stehen 19 900 Fichten. Davon werden 6 730 Bäume gefällt.

Multiplizieren und Dividieren mit 10, 100 und 1 000

1 Welche Aufgaben passen zum Bild?

700 : 100

100 · 8

700 · 100

100 : 8

2

a)	189	9 413	32 417	76 548	·	10
b)	99	1 067	490	2 524	·	100
c)	34	99	672	345	·	1 000

189 · 10 = 1 890
99 · 100 = 9 900
34 · 1 000 = 34 000

3

a)	2 860	34 520	68 750	243 690	:	10
b)	5 300	18 700	96 600	418 200	:	100
c)	45 000	7 000	121 000	16 000	:	1 000

2 860 : 10 = 286
5 300 : 100 = 53
45 000 : 1 000 = 45

4 Immer zwei Ergebnisse sind gleich.

a) 3 400 · 10
340 · 1 000
340 · 100

b) 50 000 : 100
5 000 : 10
50 000 : 1 000

c) 1 000 · 27
100 · 2 700
100 · 270

d) 720 : 10
7 200 : 10
72 000 : 1 000

5

a) 600 : 10
600 : 100
6 000 : 100
6 000 : 1 000

b) 8 000 : 10
8 000 : 100
80 000 : 100
80 000 : 1 000

c) 9 200 : 10
9 200 : 100
92 000 : 100
92 000 : 1 000

d) 8 700 : 10
8 700 : 100
87 000 : 100
87 000 : 1 000

6

a) 34 000 · 10
34 000 : 10

b) 57 000 · 10
57 000 : 10

c) 2 800 · 100
2 800 : 100

d) 7 300 · 100
7 300 : 100

7

a) 240 · 100
80 · 1 000
190 · 10
420 · 1 000

b) 6 200 · 10
400 · 1 000
1 500 · 100
4 320 · 10

c) 100 · 70
10 · 28 300
1 000 · 600
100 · 4 730

d) 100 · 120
1 000 · 290
10 · 34 700
1 000 · 45

Schriftliches Multiplizieren

1 Eine Schonung soll zum Schutz vor dem Wild eingezäunt werden.
1 m Zaun kostet 6 €.
Wie viel Euro kostet der Zaun insgesamt?

2

a)	b)	c)	d)
3617 · 5	26215 · 4	18603 · 6	123803 · 4
6408 · 6	30924 · 7	40205 · 8	210319 · 3
4210 · 8	51098 · 2	60052 · 3	384006 · 2
9143 · 3	47203 · 9	81400 · 4	205810 · 3

3 a) Die Gemeinde legt einen neuen Waldweg an.
Er hat eine Länge von 20 km.
Die Kosten betragen 8573 € für jeden Kilometer.
Wie teuer wird die Herstellung dieses Weges?

b) Für den Ablauf des Regenwassers werden an den steilen Stellen des Weges 34 Querrinnen aus Beton eingebaut.
Der Einbau einer Querrinne kostet 236 €.
Wie teuer wird der Einbau der Querrinnen insgesamt?

4 Im Kopf oder schriftlich?

a)	b)	c)	d)
3200 · 20	7238 · 40	10100 · 80	31000 · 30
7418 · 30	3000 · 11	14210 · 50	25100 · 20
5000 · 40	1210 · 20	4440 · 20	10400 · 90

5

a)	4217	35609	53702	98774	47310	68548	·	6
b)	3429	21438	15070	40238	30027	54380	·	30
c)	3118	28795	40521	18094	35274	26598	·	24

6 Welche Fehler wurden gemacht? Berichtige.

a)
```
2426 · 31
  7278
  2426
    1
  ----
  9604
```

b)
```
3814 · 62
  22884
   7628
   111
  -----
  30512
```

c)
```
9405 · 38
  27215
   72240
  1
  ------
  344390
```

Schriftliches Dividieren

Manchmal ist das Ergebnis beim Dividieren eine Kommazahl.

```
429 : 30 = 1
30          ← 1 · 30
12
```

```
429 : 30 = 14
30
129
120         ← 4 · 30
  9
```

```
429 : 30 = 14,3
30
129
120
  90
  90        ← 3 · 30
   0
```

1 Das Sägewerk kauft Eichenstämme.
Wie viel Euro kostet ein Stamm?
Mache zuerst den Überschlag.
Rechne genau und achte auf das Komma.
Vergleiche mit dem Überschlag.

2 Bei einigen Aufgaben hat das Ergebnis ein Komma.

a)	b)	c)	d)
4527 : 5	19507 : 2	4280 : 20	16104 : 60
9828 : 6	36096 : 8	4950 : 30	74382 : 30
24831 : 4	25705 : 5	8046 : 40	52088 : 80

3

a)

b)

c)

4

a)	b)	c)	d)
4820 : 20	15284 : 40	376149 : 30	4202 : 11
6936 : 30	25805 : 50	193880 : 80	37452 : 12

5 Erfinde eine Rechengeschichte zur Aufgabe.

a) 2478 : 5 b) 5432 : 20 c) 4173 : 3

1 Eine Biene schlägt in einer Sekunde 200-mal mit den Flügeln. Wie viele Flügelschläge macht die Biene in 60 Sekunden?

2 Für 1 kg Honig muss eine Biene 60 000 Sammelflüge machen. Wie viele Flüge muss eine Biene für 4 kg Honig machen?

3 Ein Bienenvolk erzeugt in einem Jahr 60 kg Honig. Wie viele Bienenvölker braucht man für 3 600 kg Honig?

4 1 kg Buchensamen enthält 5 200 Bucheckern. Wie viele Bucheckern sind in 5 kg Samen?

5 1 kg Eichensamen enthält 550 Eicheln. Wie viele Eicheln sind in 300 kg?

6 Bei einer Temperatur von 25° legt die Ameisenkönigin pro Tag 10 Eier. Wie viele Tage benötigt sie für 2 500 Eier?

7 Sucht im Lexikon oder im Internet nach Informationen zu Pflanzen und Tieren des Waldes.
Schreibt die Informationen auf.
Stellt euch gegenseitig Aufgaben zu den Tieren und Pflanzen.
Besprecht eure Lösungen.

1 Damit 1 kg Holz wachsen kann, braucht die Buche 1 000 l Wasser.
Übertrage die Tabelle in dein Heft.
Ergänze die fehlenden Werte.

Buchenholz	1 kg	5 kg	19 kg	78 kg	100 kg	380 kg	519 kg
Wasser	1 000 l						

2

a) 48 215 + 73 406
22 530 + 61 293
586 748 + 5 929
36 827 + 9 406

b) 282 516 – 131 324
467 608 – 23 592
351 072 – 8 013
487 306 – 14 328

c) 28 130 + 36 018 + 4 560
41 098 + 6 703 + 28 516
60 617 + 21 500 + 9 342
1 423 + 16 680 + 4 705

3

a) 3 812 · 40
6 508 · 20
5 730 · 60
9 074 · 30

b) 2 623 · 52
4 837 · 45
5 309 · 34
8 118 · 63

c) 8 313 : 6
19 521 : 5
38 207 : 2
28 413 : 9

d) 215 163 : 30
183 426 : 40
331 656 : 60
124 038 : 20

4 Welche Aufgabe passt zum Text?

1 kg Buchensamen enthält 5 200 Bucheckern. Eine Baumschule legt 35 kg Buchensamen aus.

5 200 : 35

5 200 · 35

5

a)
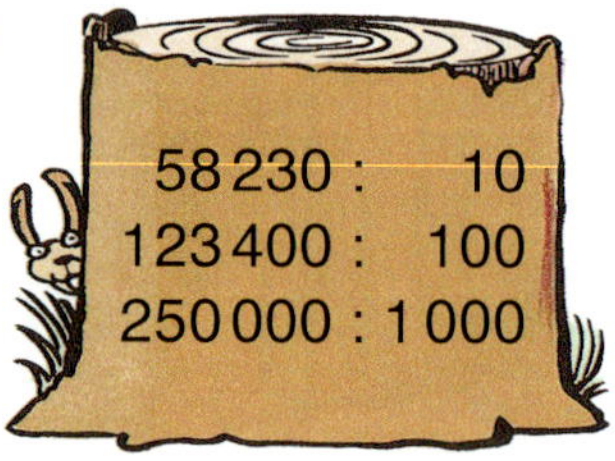

b)
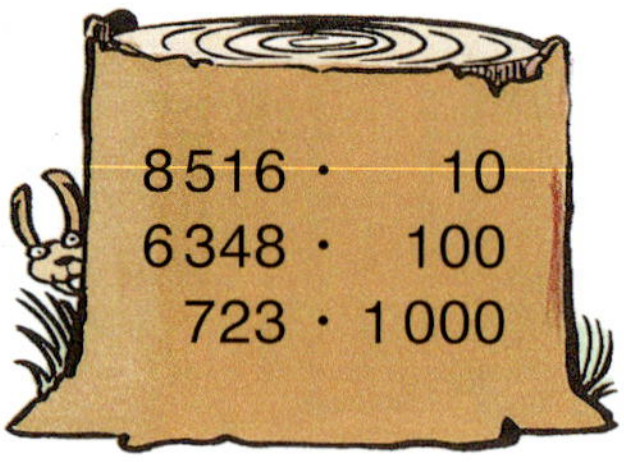

c)
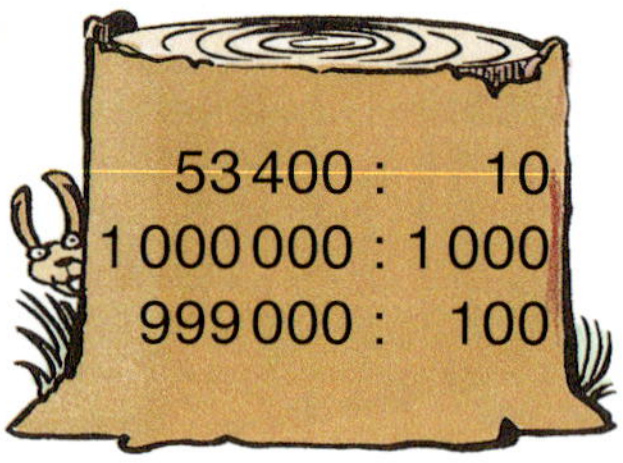

6 Eine Baumschule setzt 41 600 Eichensämlinge.
Nach zwei Jahren ist die Hälfte der Bäume erkrankt.
Wie viele Bäume sind noch gesund?

7 Im Kopf oder schriftlich?

a) 290 000 + 110 000
93 125 + 78 194
176 798 + 214 973
450 000 + 350 000

b) 528 500 – 8 500
324 218 – 71 519
246 000 – 46 000
612 432 – 108 217

c) 60 200 · 3
132 814 · 6
7 529 · 50
8 100 · 40

d) 64 812 : 2
180 000 : 3
250 500 : 50
426 480 : 30

Überschlag und Taschenrechner

1 Wer hat Recht?

2 Überschlage. Welches Ergebnis ist richtig?

a) 28 412 + 19 697

61 409
48 109
5678

b) 41 223 + 52 518

93 741
9635
80 741

c) 69 314 + 11 876

8420
69 870
81 190

3 Das richtige Ergebnis findest du durch Überschlagen.
Prüfe danach mit dem Taschenrechner.

a) 43 418 – 13 827

39 621
29 591
3451

b) 58 520 – 31 632

41 688
3478
26 888

c) 91 736 – 9428

8408
82 308
69 708

4 Ordne jeder Aufgabe die richtige Lösung zu.
Überschlage zuerst, dann kontrolliere mit dem Taschenrechner.

a)		b)	
318 · 8	3292	5172 · 4	17 680
579 · 3	2544	3983 · 6	20 688
823 · 4	1737	2210 · 8	23 898
687 · 5	3435	1946 · 5	9730

5

a)		b)	
428 : 4	309	2120 : 2	2104
985 : 5	107	10 250 : 2	4109
618 : 2	197	6312 : 3	1060
1221 : 3	407	16 436 : 4	5125

Wiederholen und Üben

1 Trage in eine Stellenwerttafel ein.

a) 2 HT 4 ZT 3 T 5 H 4 Z 6 E
5 HT 2 ZT 1 T 9 H 2 Z 4 E
3 HT 7 T 1 H 5 E

b) 215 783
108 410
3 400

c) 909 099
110 001
50 500

d) 303 000
240 024
105 210

2 Ergänze die fehlenden Zahlen.

a) 370 000 380 000 ■ ■ ■ ■ ■ 440 000
b) 250 000 300 000 ■ ■ ■ ■ ■ 600 000
c) 960 000 950 000 ■ ■ ■ ■ ■ 890 000
d) 750 000 700 000 ■ ■ ■ ■ ■ 400 000

3 Ordne der Größe nach. Beginne mit der kleinsten Zahl.

a)

b)

c)

4

a) 408 215 + 125 739
516 078 + 67 310
99 820 + 210 648

b) 739 604 – 215 280
513 077 – 76 209
128 410 – 82 317

c) 808 800 – 22 222
500 555 – 106 610
1 000 000 – 123 456

5 Im Kopf oder schriftlich?

a) 62 325 · 6
48 032 · 10
51 640 · 8
30 007 · 7

b) 23 000 · 30
15 907 · 62
9 806 · 84
795 · 100

c) 20 218 · 43
17 439 · 52
31 000 · 20
24 380 · 23

d) 42 413 · 22
30 000 · 20
20 002 · 30
46 274 · 18

6

a) 284 319 : 4
371 525 : 5
108 621 : 3

b) 324 560 : 10
518 730 : 30
284 650 : 50

c) 22 505 : 7
172 504 : 8
142 587 : 9

d) 50 240 : 40
723 360 : 60
804 560 : 80

7 1 kg Kiefernsamen enthält 160 000 einzelne Samenkörner.
Wie viele Samenkörner enthalten 500 g Kiefernsamen?

8 Ordne jeder Aufgabe die richtige Lösung zu.
Überschlage zuerst, dann kontrolliere mit dem Taschenrechner.

a)

31 215 + 9 875	10 000
50 341 + 31 212	60 958
41 220 + 19 738	81 553
6 785 + 3 215	41 090

b)

92 105 – 9 875	21 579
72 799 – 51 220	48 907
51 012 – 2 105	58 906
98 413 – 39 507	82 230

Durchschnitt

Durchschnittsgröße

Den Durchschnitt errechnest du in zwei Schritten:
***1. Schritt:* Addiere zuerst alle Werte.**
***2. Schritt:* Dividiere dann durch die Anzahl der Werte.**
Durchschnitt = Summe : Anzahl

1 Auch die Jungen der Klasse 7a haben ihre Körpergröße gemessen und in eine Tabelle eingetragen.
Berechne die Durchschnittsgröße der 5 Jungen.

Björn	1,64 m	Oliver	1,73 m
Felix	1,58 m	Luca	1,67 m
Murat	1,63 m		

2 Welche Jungen der Klasse 7a sind größer als der Durchschnitt?

3 Berechne die Durchschnittsgröße aller Schülerinnen und Schüler der Klasse.

4 Welche Mädchen oder Jungen der Klasse 7a sind kleiner als der Durchschnitt?

5 Berechne die Durchschnittsgröße der Jugendlichen.

a)

Therese	157 cm
Petra	160 cm
Moni	157 cm

b)

Holger	165 cm
Valentin	163 cm
Nico	166 cm
Joachim	158 cm

c)

Orhan	1,62 m
Sabine	1,59 m
Andreas	1,68 m
Pascal	1,71 m

6 Berechnet die Durchschnittsgröße für eure Klasse.
Stellt die Daten in einem Säulendiagramm dar.

Gesunde Ernährung

Zu einer gesunden Ernährung gehört ein abwechslungsreiches Essen.
In der Tabelle steht der Tagesbedarf bestimmter Lebensmittelgruppen für Jugendliche im Alter von 13 bis 14 Jahren.

reichlich	 Getränke 1300 ml	 Brot und Getreide 300 g	 Kartoffeln, Reis, Nudeln 250 g	 Gemüse 300 g	 Obst 300 g
mäßig oder sparsam	 Milch und Milchprodukte 450 ml/g	 Fleisch 75 g	 Fisch 30 g	 Öl, Butter und Margarine 40 g	

1 Hannah trinkt jeden Tag einen Liter Wasser.
Entspricht diese Menge ihrem Tagesbedarf?

2 Sebastian hat festgestellt, dass er innerhalb von 10 Tagen insgesamt 5 l Milch getrunken hat. Seine Schwester meint, dass diese Menge den Tagesbedarf übersteigt.
Hat Sebastians Schwester Recht?

3 Lukas hat aufgeschrieben, wie viel Gramm Fleisch er an den Schultagen einer Woche gegessen hat.
Entspricht die durchschnittliche Tagesmenge den Empfehlungen?

Montag:	100 g
Dienstag:	100 g
Mittwoch:	70 g
Donnerstag:	0 g
Freitag:	180 g

4 Lara hat notiert, wie viel Gemüse, Obst und Fisch sie gegessen hat.
Hält sie im Wochendurchschnitt die Empfehlungen ein?

	Montag	Dienstag	Mittwoch	Donnerstag	Freitag	Samstag	Sonntag
Gemüse	300 g	200 g	400 g	100 g	200 g	500 g	400 g
Obst	200 g	400 g	200 g	500 g	600 g	400 g	500 g
Fisch	40 g	0 g	0 g	20 g	80 g	30 g	12 g

5 Orhan hat aufgeschrieben, wie viel Gramm Joghurt oder Quark er am Wochenende gegessen hat.
Hat Orhan zu viele Milchprodukte zu sich genommen? Begründe.

Freitag:	300 g
Samstag:	250 g
Sonntag:	350 g

6 Überlege, wie viel Obst du in der Woche isst.
Entsprechen deine Werte den Empfehlungen?

Berechnen und Darstellen von Durchschnittswerten

1 Erkläre die Tabelle und das zugehörige Säulendiagramm.

Niederschlagswerte von Berlin	
Mai:	45 mm
Juni:	62 mm
Juli:	70 mm
August:	67 mm
September:	46 mm
durchschnittliche Niederschlagsmenge:	58 mm

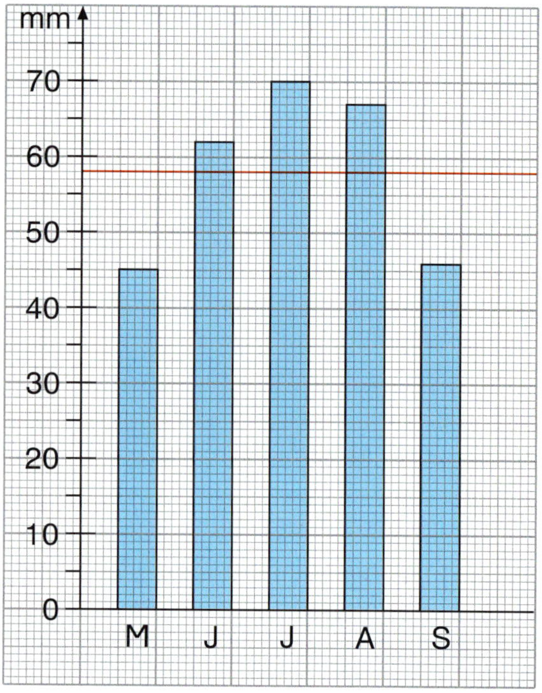

2 Lies die Werte für beide Orte ab.
Berechne jeweils die durchschnittliche Niederschlagsmenge.

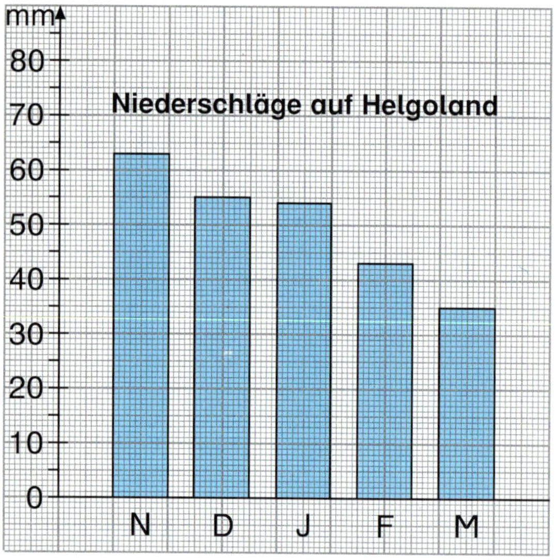

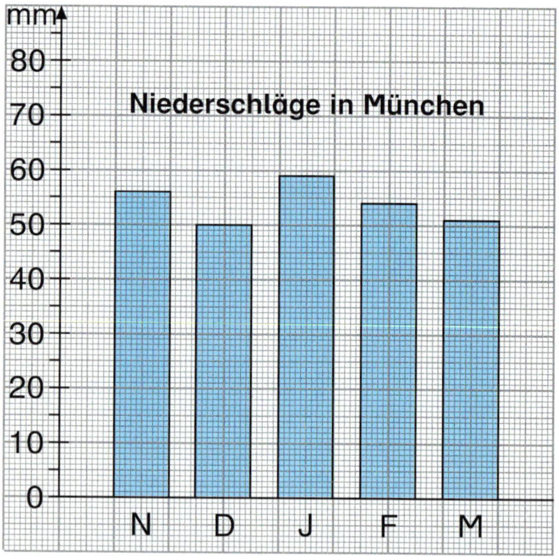

3 Erstelle jeweils ein Säulendiagramm (1 cm = 10 mm Niederschlag).
Kennzeichne die durchschnittliche Niederschlagsmenge.

Niederschläge auf Helgoland

Mai:	43 mm	Juni:	44 mm
Juli:	81 mm	August:	89 mm
September:	78 mm		

Niederschläge in München

Mai:	107 mm	Juni:	125 mm
Juli:	137 mm	August:	104 mm
September:	87 mm		

1 Lies die Temperaturwerte für Helgoland und München ab.
Berechne für jeden Ort die Durchschnittstemperatur.

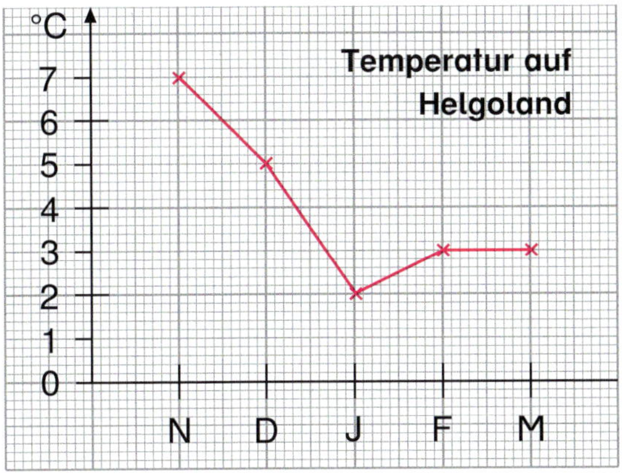

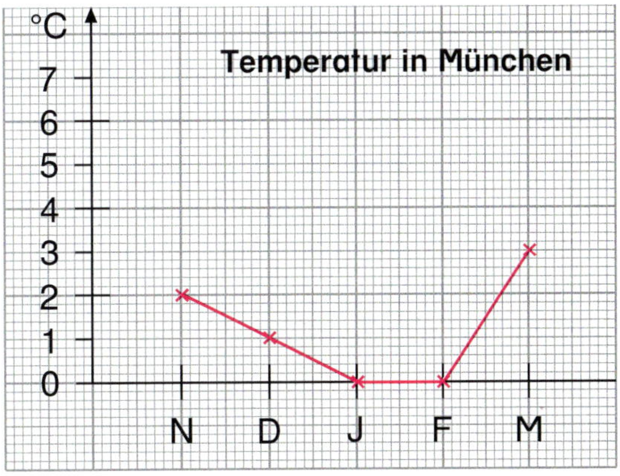

2 Erstelle Temperaturkurven für die Monate Mai bis September für Helgoland und für München. Für 1 °C nimm 5 mm.
Kennzeichne die Durchschnittstemperatur.

Temperatur auf Helgoland	
Mai:	10° C
Juni:	13° C
Juli:	16° C
August:	17° C
September:	14° C

Temperatur in München	
Mai:	12° C
Juni:	16° C
Juli:	17° C
August:	17° C
September:	13° C

3 Berechne aus den Werten für Berlin die Durchschnittstemperatur für 4 Monate.

a)		b)		c)	
Januar	0° C	Mai	14° C	September	14° C
Februar	0° C	Juni	17° C	Oktober	9° C
März	4° C	Juli	19° C	November	4° C
April	8° C	August	18° C	Dezember	1° C

4 Berechne für jeden Ort die durchschnittliche Niederschlagsmenge und die Durchschnittstemperatur für die Monate Mai bis Oktober.

Niederschläge und Temperaturen in Hamburg		
Mai	55 mm	12° C
Juni	64 mm	15° C
Juli	83 mm	17° C
August	85 mm	16° C
September	62 mm	14° C
Oktober	59 mm	10° C

Niederschläge und Temperaturen in Dresden		
Mai	63 mm	13° C
Juni	68 mm	16° C
Juli	109 mm	18° C
August	74 mm	18° C
September	48 mm	13° C
Oktober	52 mm	9° C

Tabellenkalkulation

So ist das Rechenblatt bei einem Computer eingestellt.

Die **Spalten** werden mit Buchstaben beschriftet.

Die **Zeilen** werden mit Zahlen beschriftet.

	A	B	C	D	E	F	G	H
1						☆	**19**	
2	♡			**29**				**88**
3		☺			**12**			
4		**17**					**78**	
5				☎				☾
6								

Dort wo sich **Spalte** und **Zeile** kreuzen entsteht eine **Zelle**.
Hier kreuzt die Spalte **C** die Zeile **3**.
Die Zelle hat deshalb den Namen **C3**.

1 Suche auf dem Rechenblatt das Telefon.

a) In welcher Spalte ist es? b) In welcher Zeile ist es? c) Wie heißt die Zelle?

2 In welcher Zelle befindet sich

a) das Herz ♡ b) der Smiley ☺ c) der Stern ☆ d) der Mond ☾ e) die 12?

3 Übertrage das Rechenblatt auf deinen Computer.

	A	B	C	D	E	F	G
1	Ergebnisse beim Dart						
2							
3		Jan	Lea	Marc	Kim	Annika	Tom
4	1.Runde	49	67	56	42	58	71
5	2.Runde	54	45	68	58	47	40
6	3.Runde	69	63	72	49	61	55
7							
8	Endstand	172					

Die Inhalte der Zellen B4, B5 und B6 sollen addiert werden, das Ergebnis soll in B8 stehen.

1. Schritt: **Das Gleichheitszeichen eingeben.**
[=] Taste

2. Schritt: **Die Rechnung eingeben.**
B4 [+] B5 [+] B6

3. Schritt: **Eingabe mit [↵] bestätigen.**

4 Berechne den Endstand aus Aufgabe 3 für alle Dartspieler.

1 Dominic möchte gern wissen, was er für die Klassenparty zahlen muss.
Ein Computer kann dabei helfen. Erstelle die Tabelle am Computer.

	A	B	C	D	E
1	Abrechnung der Klassenparty				
2					
3		Anzahl	Einzelpreis		Gesamtpreis
4			in €		in €
5	Cola	4	0,98		3,92
6	Limo	3	0,78		
7	Wasser	6	0,49		
8	Chips	4	1,48		
9				Summe	
10	Schüler	12		Preis je Schüler in €	

Der [*] auf deiner Tastatur ist das Multiplikationszeichen.

Der [/] auf deiner Tastatur ist das Divisionszeichen.

2 a) Was wird in Zelle **E5** berechnet?
b) Berechne die Gesamtpreise für Limo, Wasser und Chips.

3 Bilde in **E9** die Summe aller Gesamtpreise.

Den Preis je Schüler erhältst du, wenn du die Summe aller Gesamtpreise durch die Anzahl der Schüler teilst.
[=] E9 [/] B10

4 Verändere die Werte.
An der Party nehmen 16 Schüler und Schülerinnen teil.
Verbraucht werden 7 Cola, 4 Limo, 6 Wasser und 9 Tüten Chips.
Wie viel Euro muss jetzt jeder zahlen?

5 a) Überlegt euch, was ihr für eine Klassenparty einkaufen würdet. Erkundigt euch nach den Einzelpreisen.
b) Erstellt eine Tabelle wie in Aufgabe 1 am Computer und berechnet jeweils den Gesamtpreis.
c) Bildet die Summe aller Gesamtpreise und berechnet dann den Preis je Schüler.

1 Die Klasse 7 ist für den Pausenverkauf zuständig und überträgt die Verkaufszahlen auf den Computer. Die Verkaufszahlen für Montag sind schon übertragen.

	Dienstag	Mittwoch	Donnerstag	Freitag
Milch	卌 卌 卌 |	卌 卌 |	卌 卌 卌 卌 |||	卌 卌 卌 卌 ||
Wasser	卌 卌 卌 卌	卌 卌 卌 |	卌 卌 卌 卌 卌 |	卌 卌 卌 卌 |||
Brötchen	卌 卌 |	卌 卌 卌	卌 卌 卌 卌 |||	卌 卌 卌 卌 卌 |
Frutti	卌 卌 |||	卌 卌 卌 ||	卌 卌 卌	卌 卌 卌 卌 |

	A	B	C	D	E	F	G	H
1	Verkaufszahlen							
2								
3		Mo	Di	Mi	Do	Fr	Summe	Durchschnitt
4	Milch	24						
5	Wasser	37						
6	Brötchen	31						
7	Frutti	9						

a) Ergänze am Computer die fehlenden Verkaufszahlen.

b) Berechne jeweils die Summe und den Durchschnitt je Tag.

2

	A	B	C	D
1	Wochenabrechnung			
2				
3		Anzahl	Einzelpreis	Einnahme
4			in €	in €
5	Milch		0,60	
6	Wasser		0,50	
7	Brötchen		0,55	
8	Frutti		0,75	
9			Wocheneinnahme	
10			durchschnittliche	
11			Tageseinnahme	

a) Übertrage die Verkaufszahlen aus Spalte G in Aufgabe 1 in die Spalte B der Tabelle. Berechne jeweils die Einnahme.

b) Berechne die Wocheneinnahme und die durchschnittliche Tageseinnahme.

3 Die Klasse zahlt diese Einkaufspreise.

a) Wie viel Euro verdient die Klasse in der Woche?

b) Wie viel Euro verdient die Klasse durchschnittlich je Tag?

Milch 0,38 €

Wasser 0,32 €

Brötchen 0,45 €

Frutti 0,53 €

1 Bademeister Froh hat die Besucherzahlen für eine Woche in einem Säulendiagramm dargestellt.

a) Sprecht über die Zahlen und findet Erklärungen für die Unterschiede.

b) An welchen Tagen waren mehr Erwachsene als Kinder im Freibad?

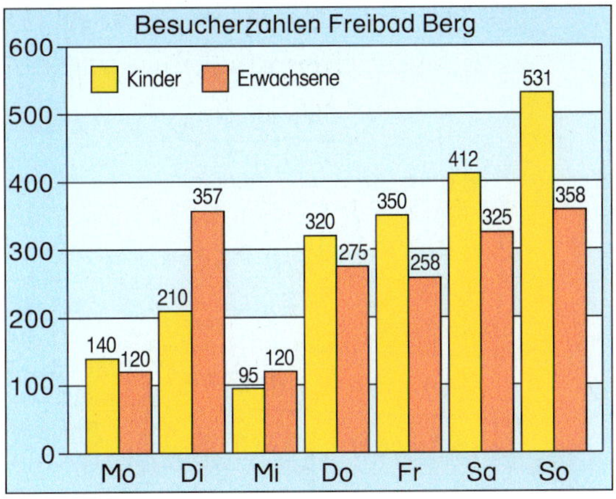

2 a) Erstelle mit dem Computer ein Rechenblatt.

b) Übertrage die Werte aus dem Diagramm in Aufgabe 1.

c) Berechne jeweils die Summe und den Durchschnittswert.

Besucher	Kinder	Erwachsene
Montag		
Dienstag		
Mittwoch		
Donnerstag		
Freitag		
Samstag		
Sonntag		
Summe		
Durchschnitt		

3 Bademeister Froh behauptet: „Wenn am Sonntag 573 Kinder gekommen wären, hätte ich durchschnittlich 300 Kinder je Wochentag gehabt."
Hat er Recht? Überprüfe seine Behauptung.

4 Der Freibadkiosk hat eine Liste seiner Tageseinnahmen (in €) erstellt.

Einnahmen	Getränke	Speisen	Sonstiges	Insgesamt
Montag	85	68	54	
Dienstag	104	128	38	
Mittwoch	25	32	12	
Donnerstag	216	162	84	
Freitag	254	241	102	
Samstag	285	352	165	
Sonntag	333	368	252	
Summe				
Durchschnitt				

a) Übertrage die Tabelle auf dein Rechenblatt am Computer.

b) Berechne die fehlenden Werte.

PROJEKT Freizeitverhalten

1 Die Schülerinnen und Schüler haben aufgeschrieben, wie viel Zeit jeder mit verschiedenen Freizeit-Aktivitäten verbracht hat.

Mareike

	Fernsehen oder Video	Inliner fahren	Musik hören	Judo	Computerspiele
Montag	85 min	50 min	65 min	0 min	40 min
Dienstag	115 min	0 min	40 min	60 min	25 min
Mittwoch	40 min	80 min	90 min	0 min	55 min
Donnerstag	[illegible]	65 min	30 min	0 min	40 min
Freitag		[illegible]	50 min	60 min	20 min
Samstag					60 min
Sonntag					
Insgesamt					
Durchschnitt (:7)					

Stefan

	Fußball spielen	Fernsehen oder Video	Computerspiele	Fahrrad fahren	Musik hören
Montag	60 min	90 min	40 min	10 min	30 min
Dienstag	45 min	95 min	30 min	30 min	25 min
Mittwoch	20 min	70 min	30 min	30 min	55 min
Donnerstag	0 min	80 min	50 min	45 min	40 min
Freitag	70 min	40 min	25 min	20 min	95 min
Samstag	0 min	120 min	60 min	30 min	160 min
Sonntag	50 min	65 min	80 min	80 min	120 min
Insgesamt	245 min				
Im Durchschnitt (:7)					

2 Berechne die Werte, die in Stefans Tabelle fehlen.
Womit beschäftigt sich Stefan in seiner Freizeit am häufigsten?

3 Was machst du in deiner Freizeit am liebsten?
Erstelle eine eigene Tabelle und trage die entsprechenden Zeiten ein.

4 Vergleiche die durchschnittliche Dauer deiner Freizeitaktivitäten mit den Zeiten deiner Mitschülerinnen und Mitschüler.
Womit verbringt ihr im Durchschnitt die meiste Zeit?
Kontrolliert die berechneten Durchschnittswerte gegenseitig mit dem Taschenrechner.

1 Jessica hat aufgeschrieben, wie lange sie am Computer gespielt hat.
Berechne die durchschnittliche Spieldauer.

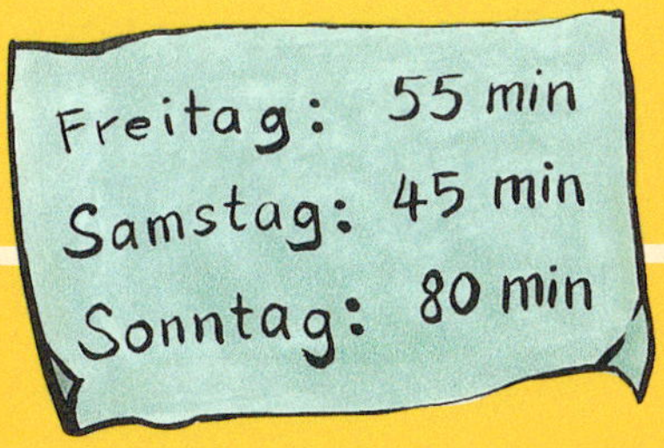

2 Roman hörte in einer Woche 546 Minuten Musik.
Berechne den Durchschnittswert für einen Tag.

3 Berechne die durchschnittliche Fernseh-Zeit von Mareike und Jens.

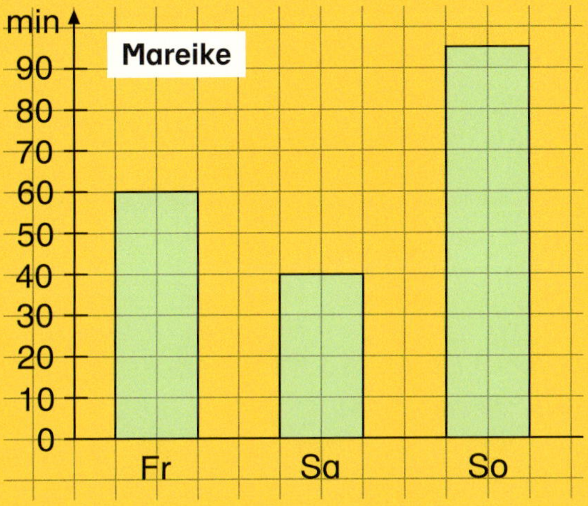

4 Die 4 Mädchen haben zusammen in der Woche 2380 Minuten Musik gehört.
Beim Berechnen der durchschnittlichen Dauer wurden Fehler gemacht.
Wer hat den Durchschnitt richtig berechnet?

Jessica
2380 : 7 = 340

Mayrem
2380 : 4 = 590

Katja
2380 : 5 = 476

Marieke
2380 : 4 = 595

5 Die 5 Jungen haben in der Woche insgesamt 1 655 Minuten Fußball gespielt.
Wie lange spielte jeder Schüler durchschnittlich?

6 Typisch Mädchen – Typisch Jungen

Ordne die typischen Hobbys zu.
Vergleiche mit deinen Mitschülerinnen und Mitschülern.

Wiederholen und Üben

1 Berechne das Durchschnittsgewicht.

a) Svenja 44 kg
Frauke 39 kg
Karla 40 kg

b) Thomas 44 kg
Max 53 kg
Arthur 49 kg
Hasan 50 kg

c) Gudrun 52 kg
Oliver 59 kg
Rabea 53 kg
Jörg 71 kg

2 Berechne für jeden Ort die durchschnittliche Temperatur.

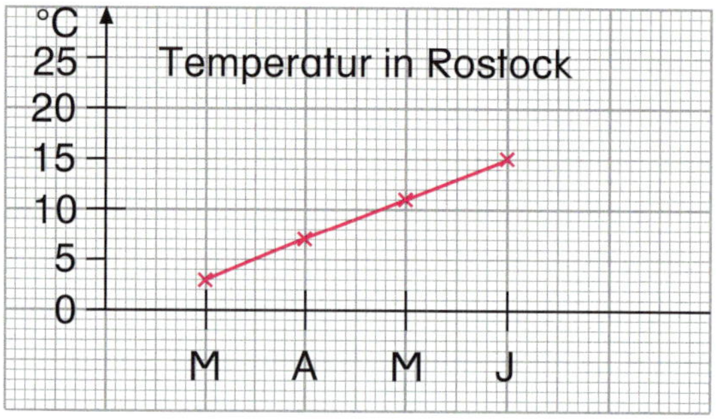

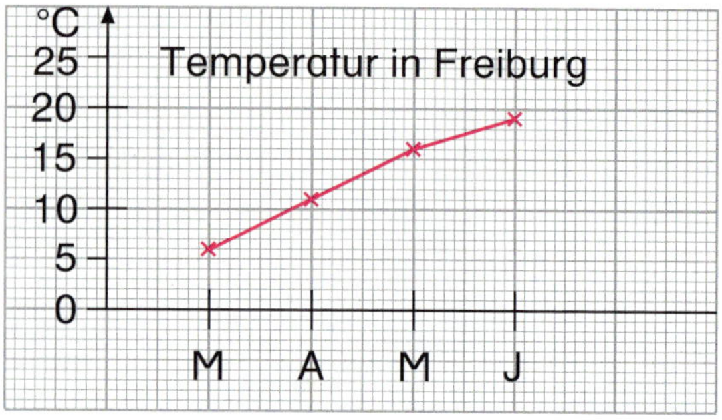

3 Erstelle für jeden Ort ein Säulendiagramm (1 cm = 10 mm Niederschlag).
Kennzeichne die durchschnittliche Niederschlagsmenge.

Niederschläge in Rostock

März: 39 mm April: 42 mm
Mai: 47 mm Juni: 60 mm

Niederschläge in Freiburg

März: 56 mm April: 65 mm
Mai: 85 mm Juni: 114 mm

4 Wie weit sind die Sportler durchschnittlich gesprungen?

Name	im 1. Versuch	im 2. Versuch	im 3. Versuch	Durchschnitt
Christine	3,44 m	3,56 m	3,35 m	
Arne	4,29 m	3,91 m	3,98 m	
Özlem	3,25 m	3,77 m	3,42 m	
Murat	4,12 m	4,21 m	4,30 m	
Brigitta	3,24 m	2,88 m	3,27 m	

5 Corinna hat aufgeschrieben, welche Strecken sie beim Lauftraining innerhalb von 4 Tagen zurückgelegt hat. Berechne die durchschnittliche Laufstrecke.

6 Paula hat an den 7 Tagen der Woche insgesamt 525 Minuten Musik gehört.
Wie viel Minuten hörte Paula durchschnittlich am Tag Musik?

Vierecke und Dreiecke

Verschiedene Vierecke

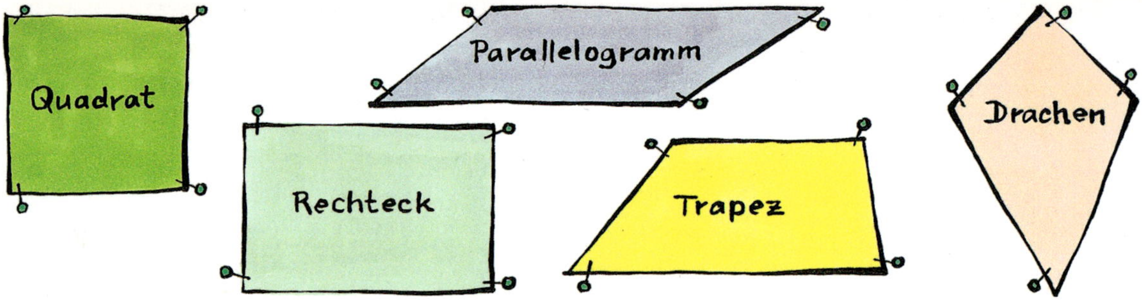

1 Aus welchen Figuren ist der Fisch zusammengesetzt? Notiere wie im Beispiel.

a: Parallelogramm, Trapez, Quadrat

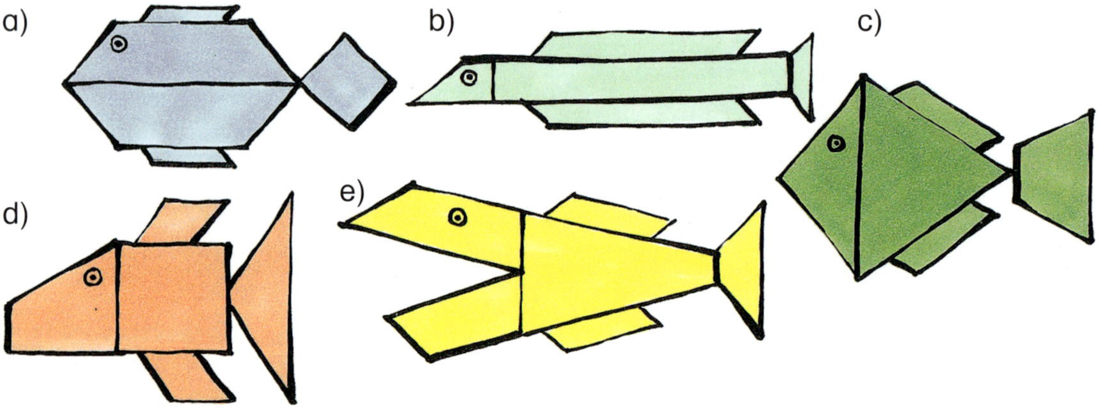

2 Zeichne die Figur. Notiere den Namen. Ordne die richtigen Eigenschaften zu.

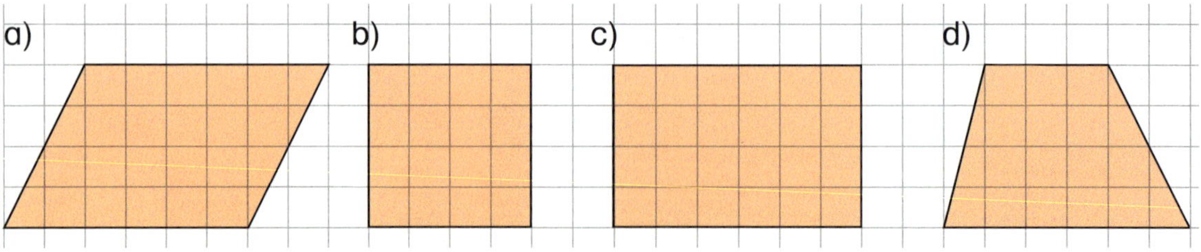

Alle gegenüberliegenden Seiten sind parallel.	4 rechte Winkel
Gegenüberliegende Winkel sind gleichgroß.	Alle Seiten sind gleichlang.
Gegenüberliegende Seiten sind gleichlang.	4 Ecken

3 Lege die Figur mit 8 Hölzern.

a) Rechteck b) Quadrat
c) Parallelogramm
d) Trapez e) Drachen

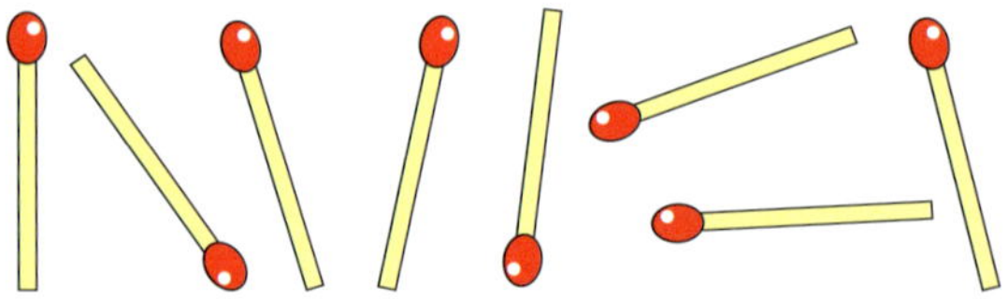

1 Auf dem Geobrett kannst du mit Gummibändern Figuren spannen.
Spanne Quadrate und Rechtecke.
Zeichne jeweils drei Lösungen in dein Heft.

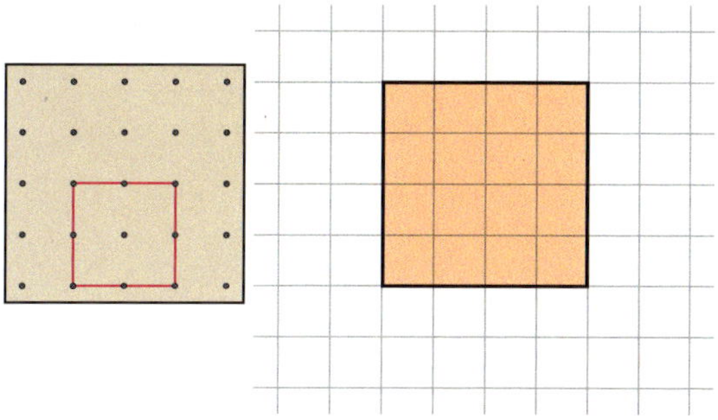

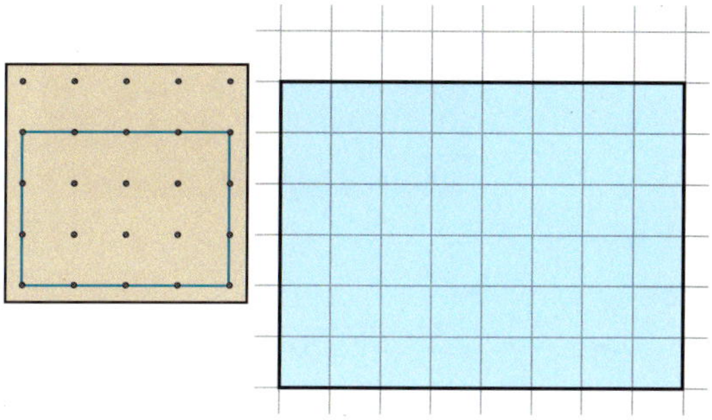

2 Spanne Parallelogramme und Trapeze.
Wie viele Möglichkeiten findest du?
Zeichne deine Lösungen ins Heft.

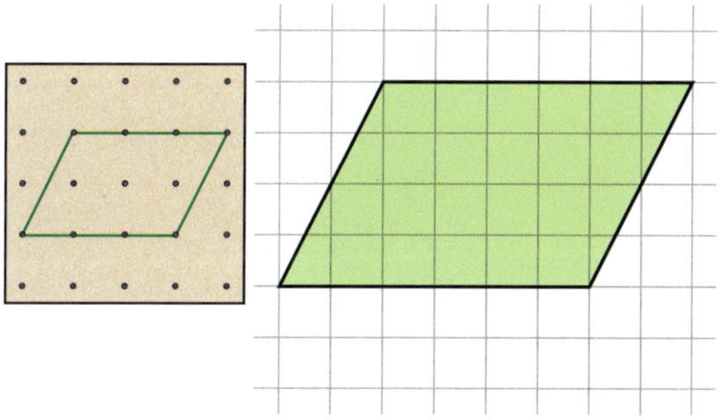

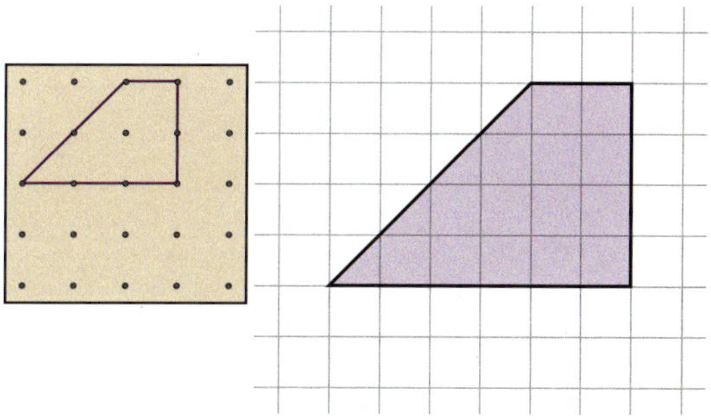

3 Spanne zu der Figur ein Rechteck mit dem gleichen Flächeninhalt.
Zeichne die Lösung in dein Heft.

a) 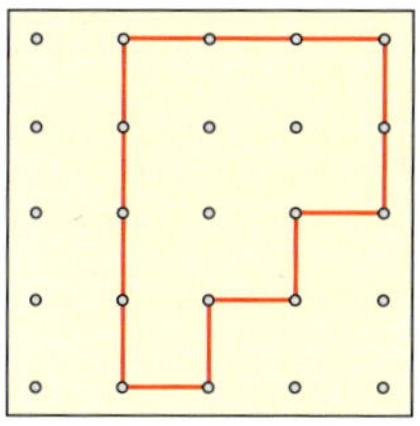

b) 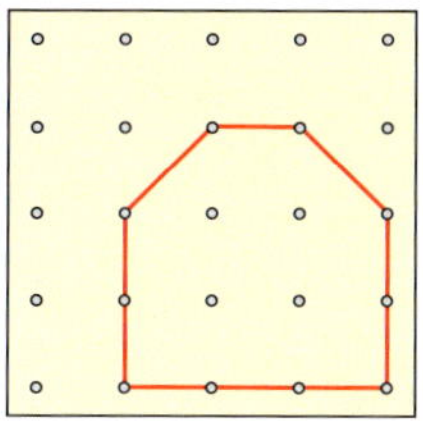

c) 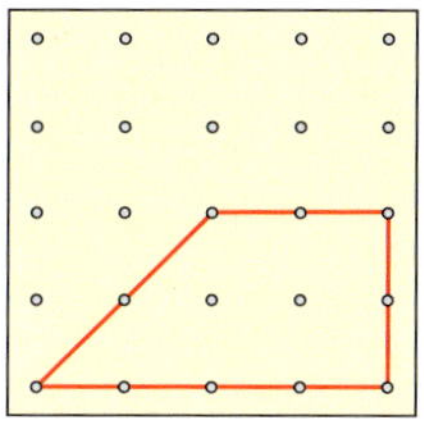

d) 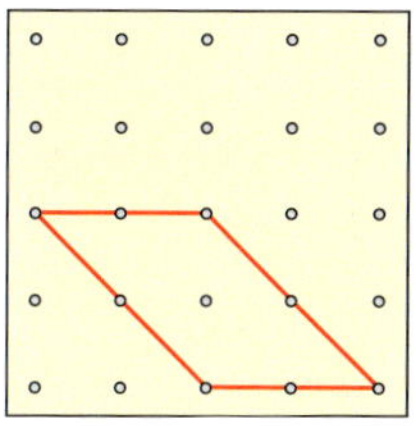

4 Immer zwei Figuren haben den gleichen Flächeninhalt.
Zeichne die Figuren mit dem gleichen Flächeninhalt nebeneinander in dein Heft.

A 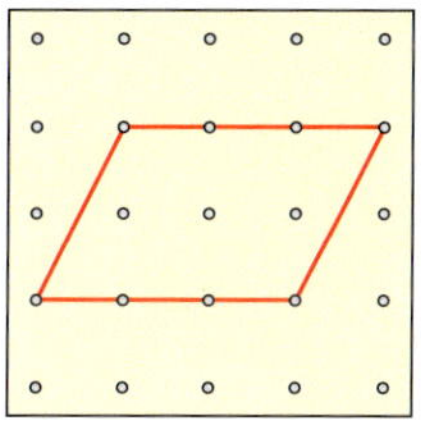

B 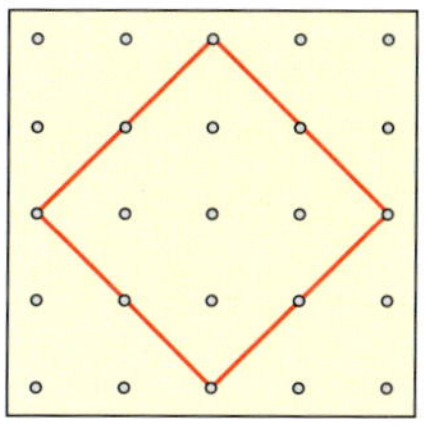

C 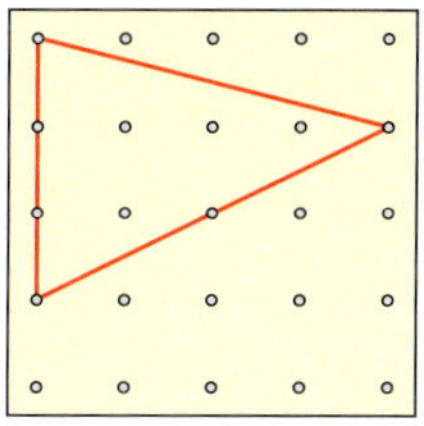

D 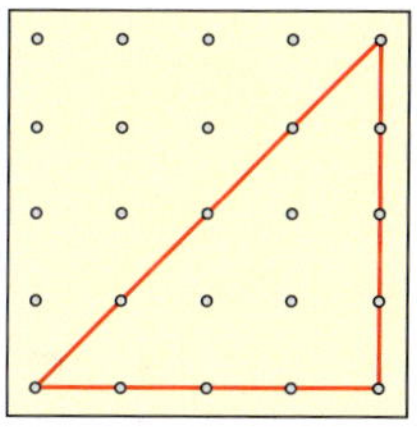

Flächeninhalt des Parallelogramms

1 Fatih hat ein Rechteck und ein Parallelogramm aus Transparentpapier übereinander gelegt.
Was haben die beiden Figuren gemeinsam?

2 Übertrage beide Parallelogramme auf Karopapier und schneide sie aus.
Zerlege jede Figur so, dass du aus den Teilen ein Rechteck legen kannst.
Bestimme den Flächeninhalt. Was fällt dir auf?

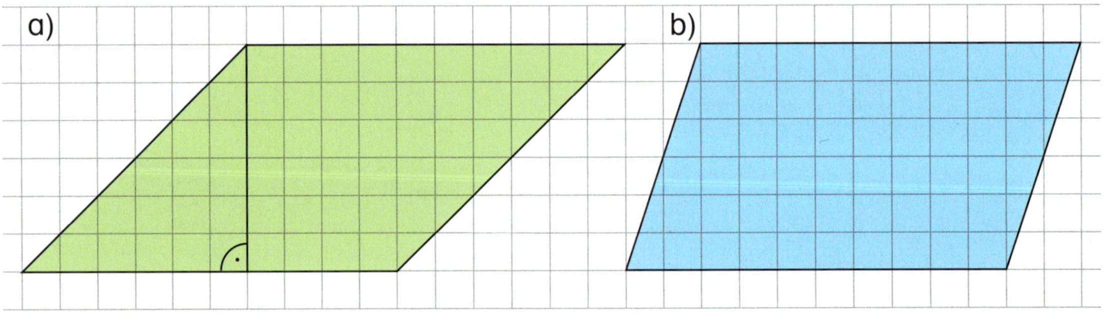

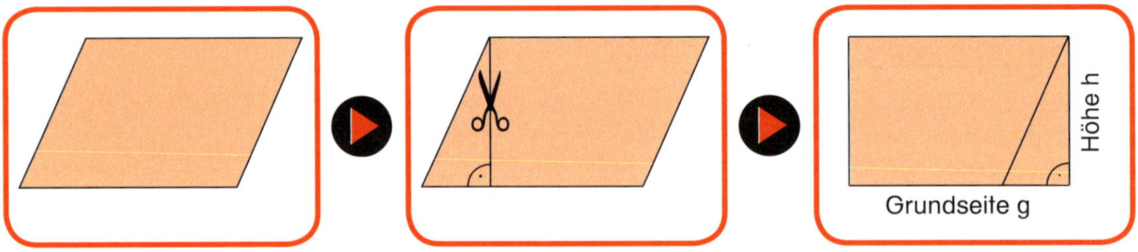

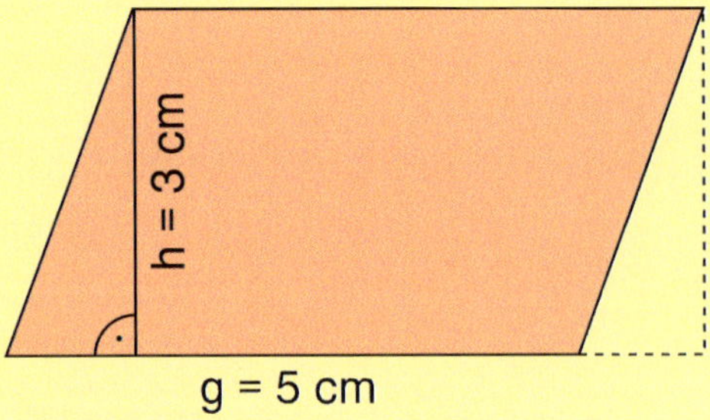

Flächeninhalt des Parallelogramms:
A = Grundseite mal Höhe

$A = g \cdot h$
$A = 5 \cdot 3$
$A = 15\ cm^2$

3 Zeichne 3 verschiedene Parallelogramme mit den gleichen Maßen ($a = 6$ cm, $h = 4$ cm).
Vergleiche den Flächeninhalt.

1 Berechne den Flächeninhalt.

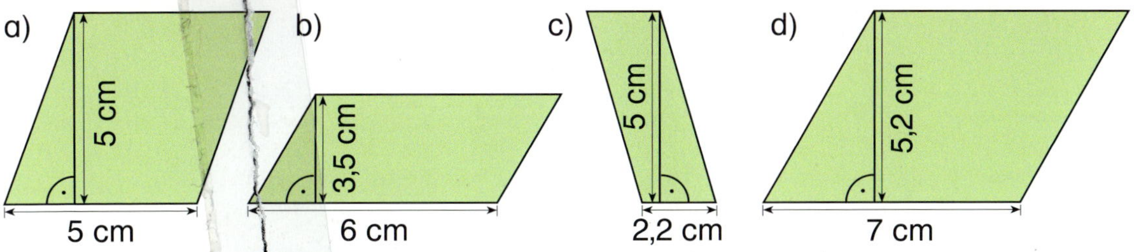

2 Übertrage das Parallelogramm ins Heft. Zeichne die Höhe zur Grundseite ein.
Berechne den Flächeninhalt.

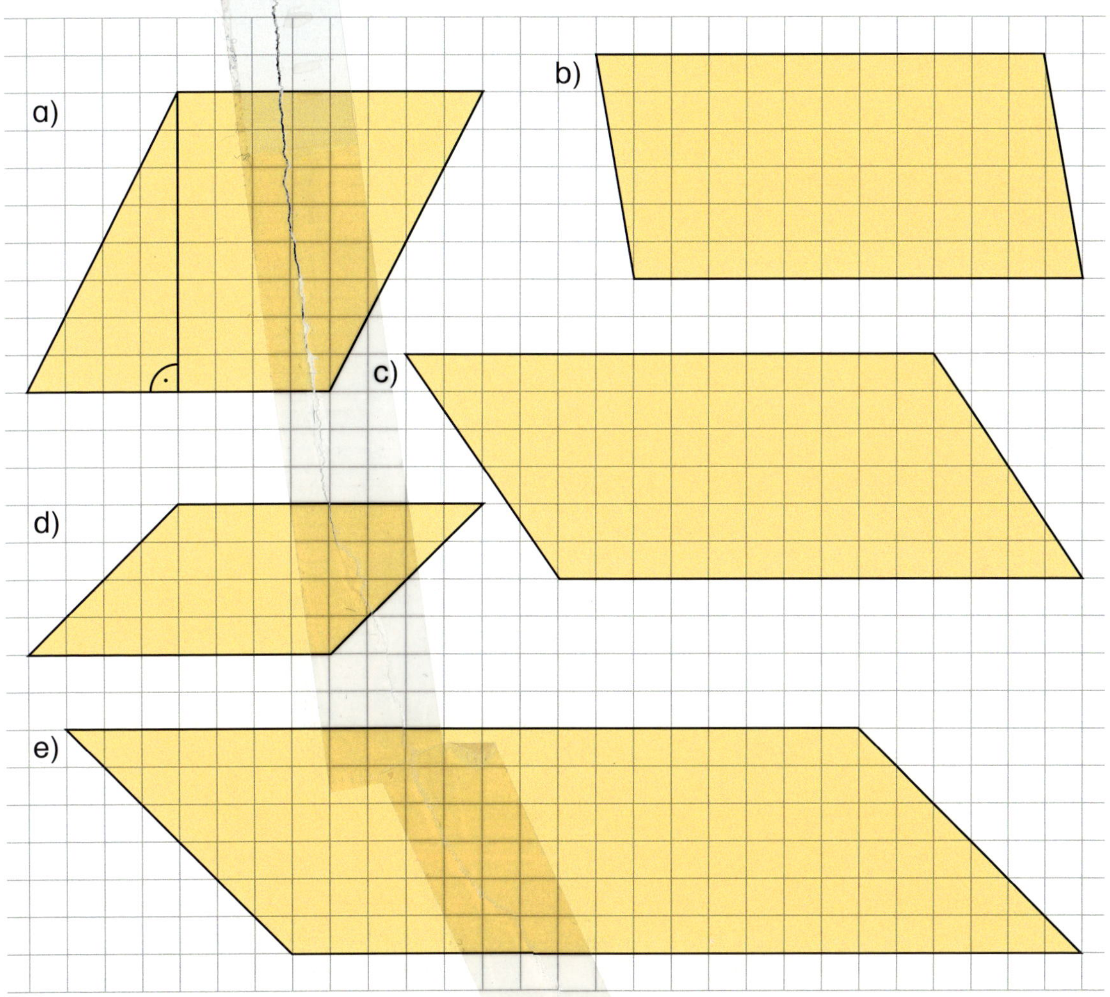

3 Berechne den fehlenden Wert für das Parallelogramm.

	a)	b)	c)	d)	e)	f)
Grundseite g	6 cm	4 cm	4,5 cm		15 cm	5 cm
Höhe h	4 cm	4 cm	6 cm	9 cm		
Flächeninhalt A				27 cm²	60 cm²	27,5 cm²

Flächeninhalt des Dreiecks

1 Zeichne das Dreieck zweimal auf Karopapier. Schneide die beiden gleichen Dreiecke aus. Lege sie so zusammen, dass ein Parallelogramm entsteht. Kannst du den Flächeninhalt des Dreiecks bestimmen?

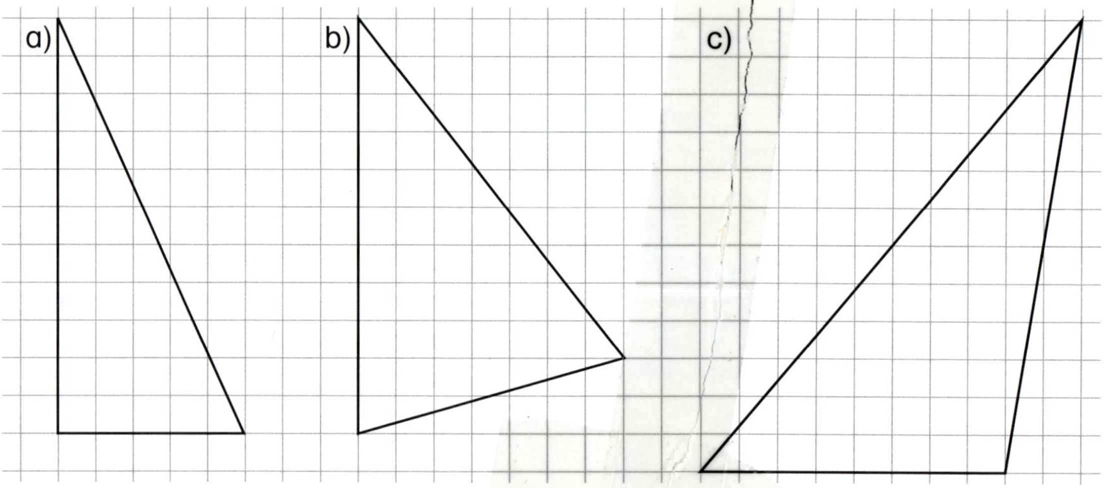

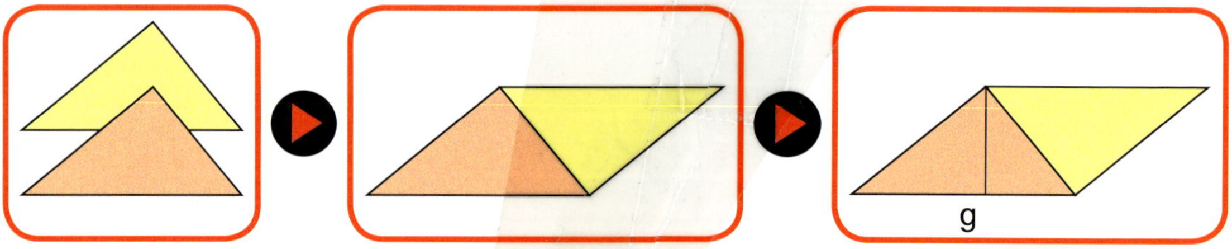

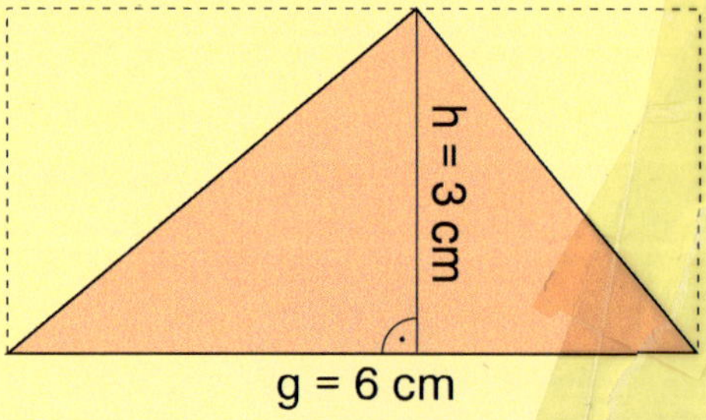

Flächeninhalt des Dreiecks

A = Grundseite mal Höhe geteilt durch 2

$A = \frac{g \cdot h}{2}$

$A = \frac{6 \cdot 3}{2}$

$A = 9\ cm^2$

2 Zeichne 3 verschiedene Dreiecke mit den gleichen Maßen (g = 5 cm, h = 4 cm). Vergleiche den Flächeninhalt.

1 Berechne den Flächeninhalt.

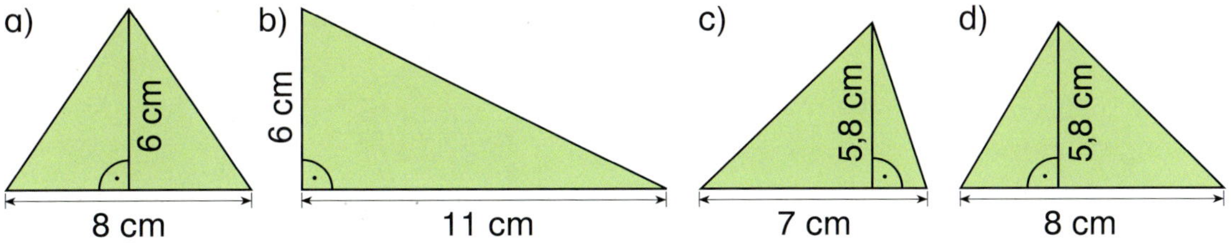

2 Übertrage das Dreieck in dein Heft. Zeichne die Höhe zur Grundseite ein.
Berechne den Flächeninhalt.

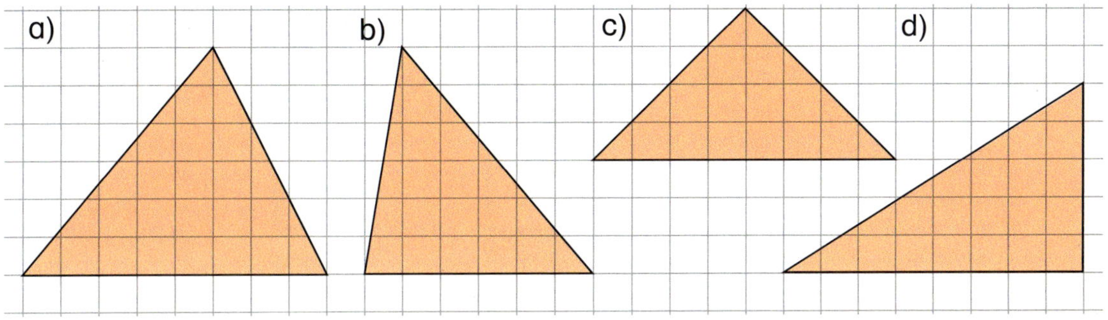

3 (1) g = 6 cm, α = 60°, β = 80° (2) g = 7 cm, α = 45°, β = 55° (3) g = 9 cm, α = 90°, β = 30° (4) g = 6 cm, α = 45°, β = 85°

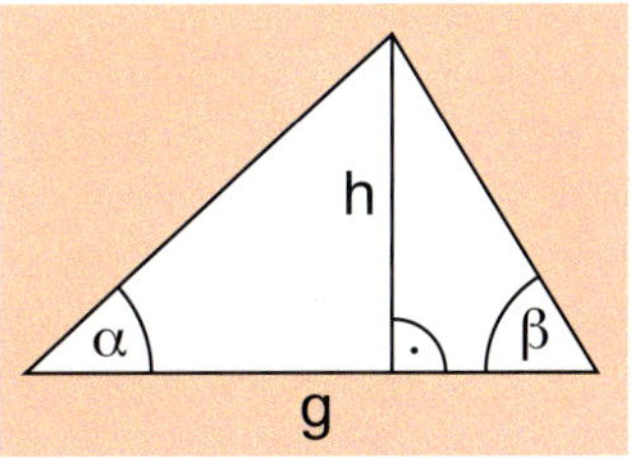

a) Konstruiere das Dreieck mit dem Geodreieck.
Zeichne die Höhe zur Grundseite ein.
Miss die Länge der Höhe.

b) Berechne den Flächeninhalt des Dreiecks.

4 (1) a = 6 cm, b = 6 cm, c = 6 cm (2) a = 4 cm, b = 7 cm, c = 8 cm (3) a = 5 cm, b = 5 cm, c = 8 cm (4) a = 9 cm, b = 6 cm, c = 5 cm

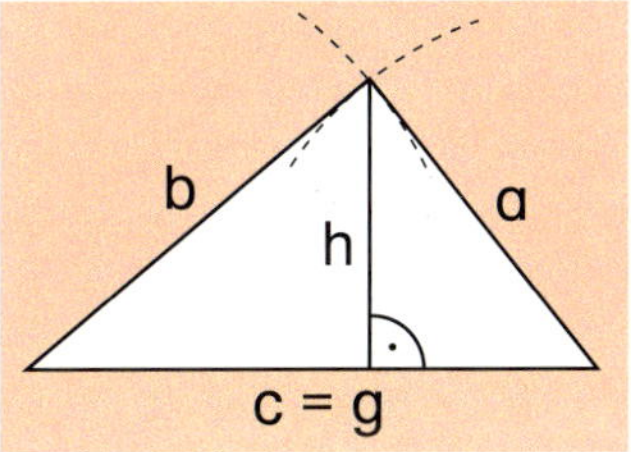

a) Konstruiere das Dreieck mit dem Zirkel.
Zeichne die Höhe zu einer Seite ein.
Miss die Länge der Höhe.

b) Berechne den Flächeninhalt.

c) Berechne den Umfang des Dreiecks.

5 Berechne den Flächeninhalt des Dreiecks.

	a)	b)	c)	d)	e)	f)
Grundseite g	7 cm	5 cm	15 cm	5,5 cm	6,4 cm	9,6 cm
Höhe h	3 cm	4 cm	4 cm	4 cm	5 cm	6 cm

1 Im Gewerbegebiet werden mehrere Flächen zu Parkplätzen umgebaut. 1 m^2 Bodenbelag kostet 187 €.

a) Berechne die Größe der Flächen.

b) Berechne die anfallenden Kosten.

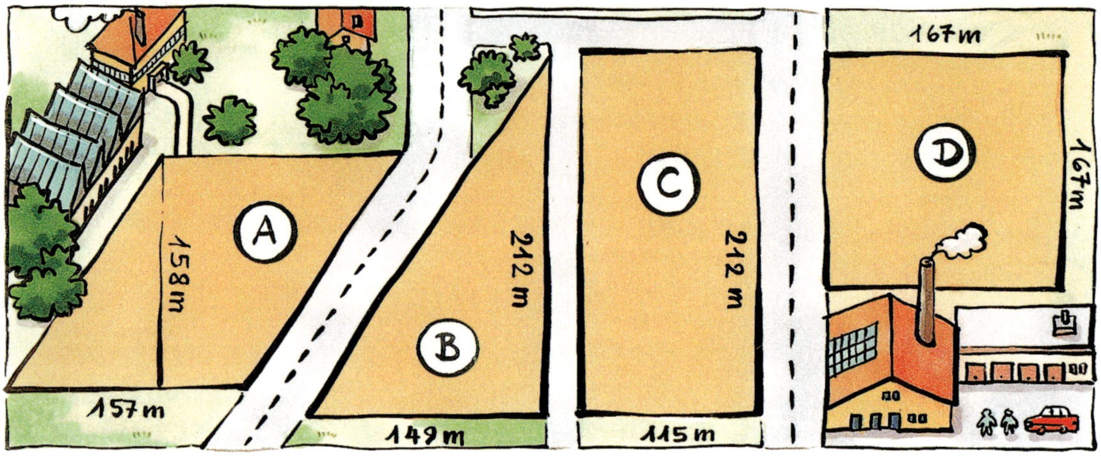

2 Berechne die Größe der Parkflächen.

3 Wie viel cm^2 Blech wird für die Herstellung des Verkehrszeichens benötigt?

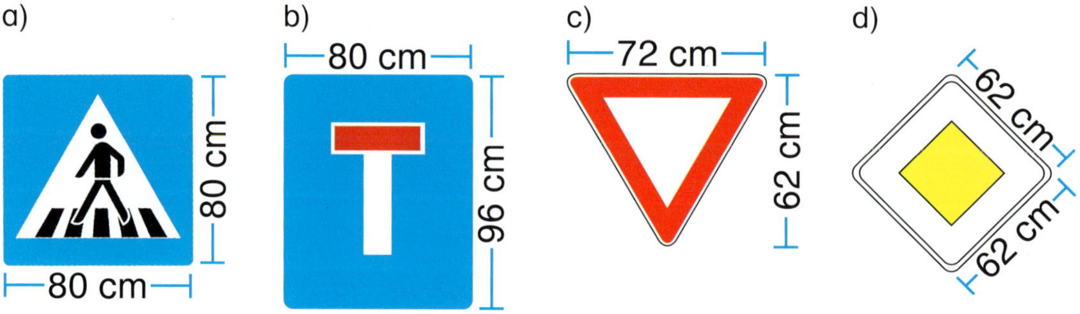

4 Suche in deiner Umgebung dreieckige Flächen. Berechne den Flächeninhalt.

1 Im Neubaugebiet „Storchensee“ sind noch Grundstücke zu verkaufen.

a) Berechne die Größe der Flächen.

b) Wie teuer sind die Grundstücke?

2 Vor dem Beginn der Bauarbeiten sollen die Grundstücke umzäunt werden.

a) Berechne für jedes Grundstück die Länge des Bauzaunes.

b) Der Preis für 1 m Bauzaun beträgt 5,50 €.
Wie teuer wird der Bauzaun für jedes Grundstück?

Zusammengesetzte Flächen

1 Die Giebelseite des Hauses wird mit Brettern verschalt.
Berechne die Größe der Fläche.

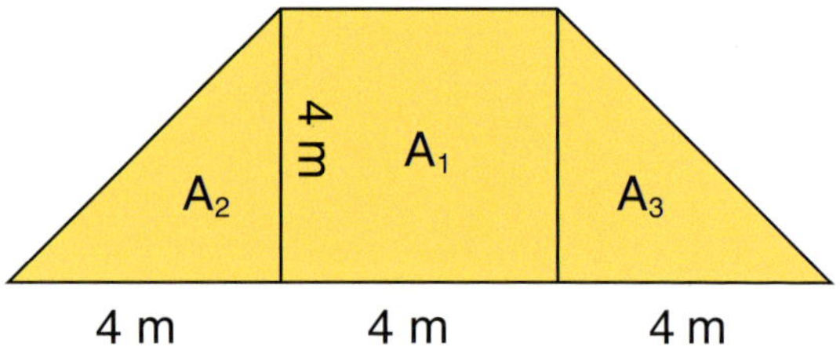

Fläche A_1

$A = a \cdot b$

$A = 4 \cdot 4$

$A = 16\ m^2$

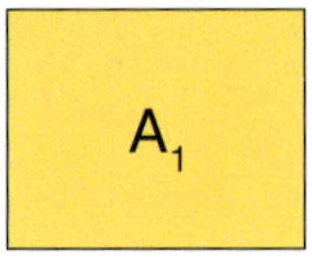

Gesamtfläche = $A_1 + A_2 + A_3$

Fläche A_2 und Fläche A_3

$A = \frac{g \cdot h}{2}$

$A = \frac{4 \cdot 4}{2}$

$A = 8\ m^2$

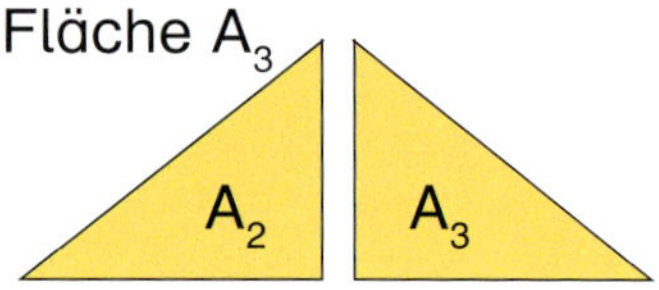

2 Berechne den Flächeninhalt.

a)

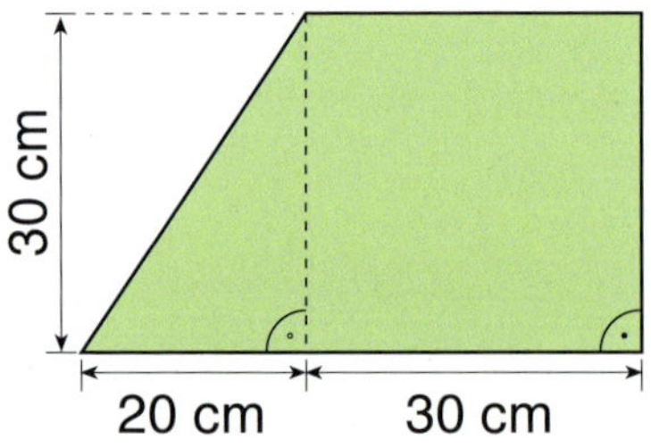

b)

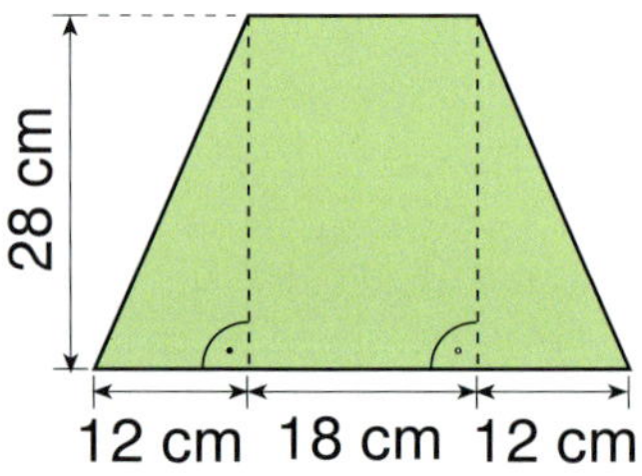

c)

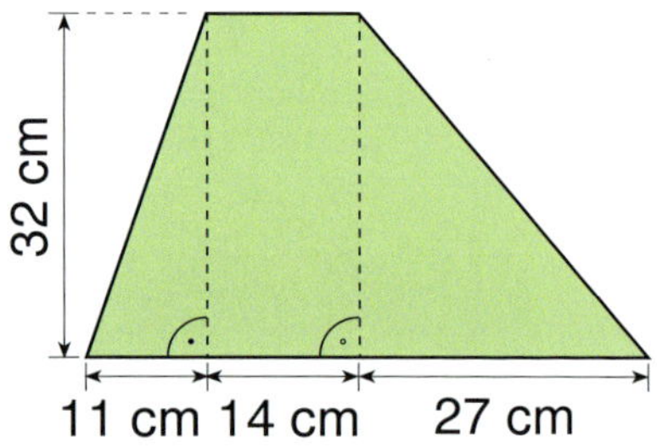

3 Übertrage die Figur in dein Heft.
Zerlege sie in Teilflächen und berechne den Flächeninhalt der Figur.

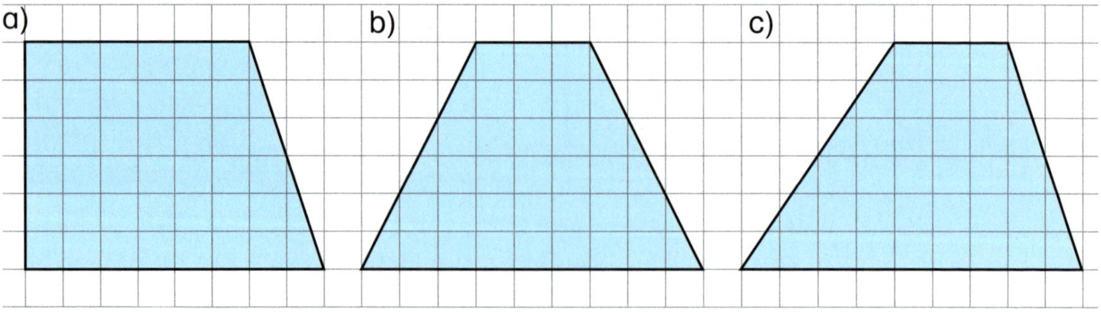

4 Zeichne ein Trapez in dein Heft. Zerlege es in Teilflächen.
Berechne den Flächeninhalt des Trapezes.

1 Übertrage die Figur in dein Heft. Miss die Seitenlängen. Bestimme Umfang und Flächeninhalt.

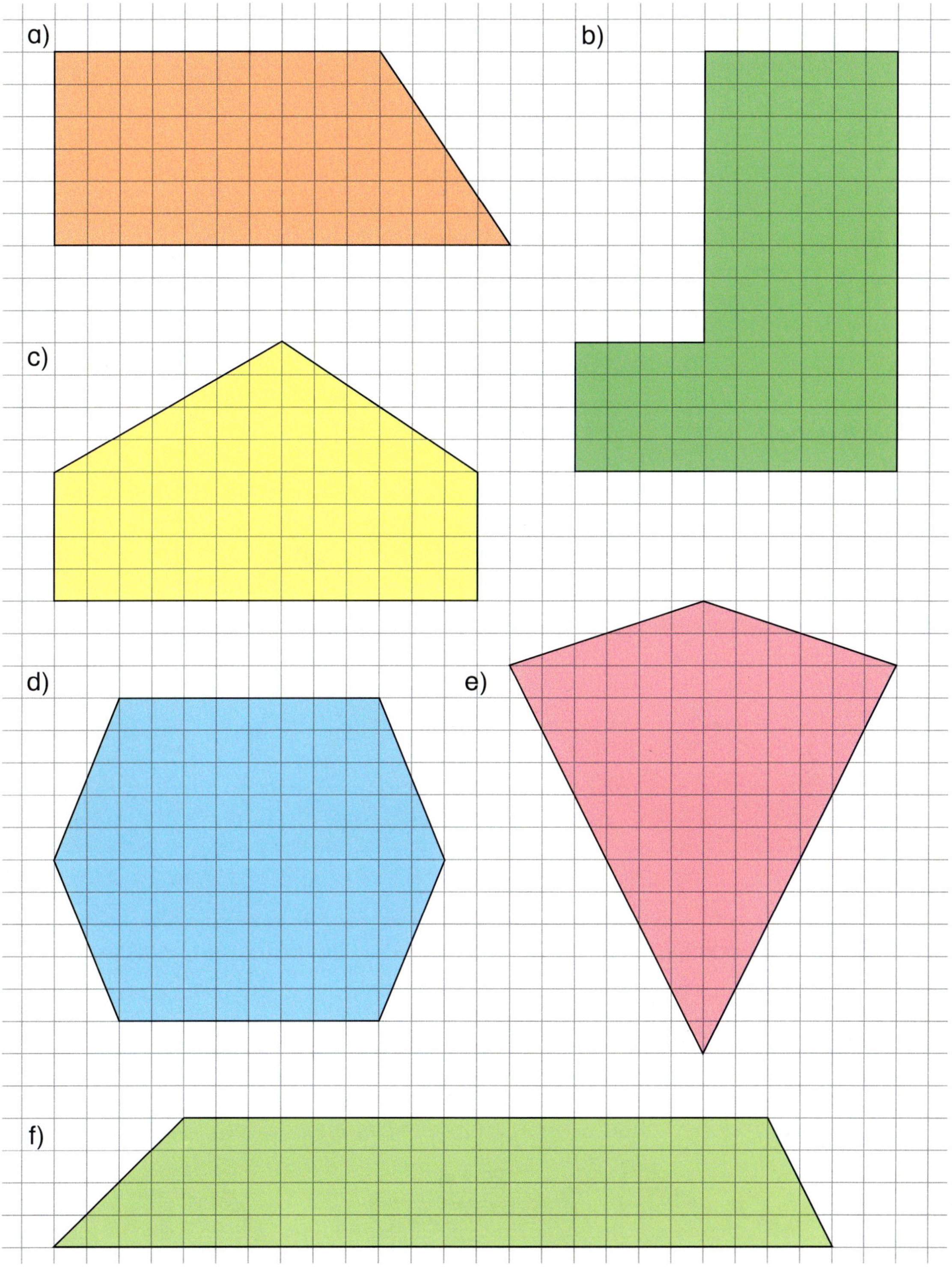

2 Zeichne drei zusammengesetzte Flächen.
Bestimme Umfang und Flächeninhalt.

Wiederholen und Üben

1 Spanne die Figur auf dem Geobrett. Notiere Namen und Eigenschaften der Figur.

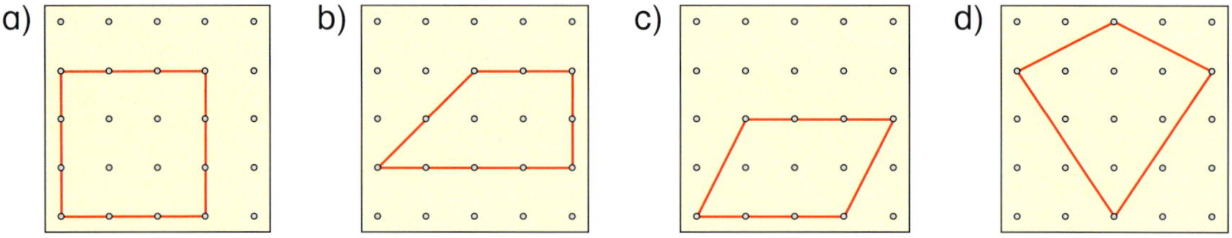

2 Berechne den Flächeninhalt des Vierecks.

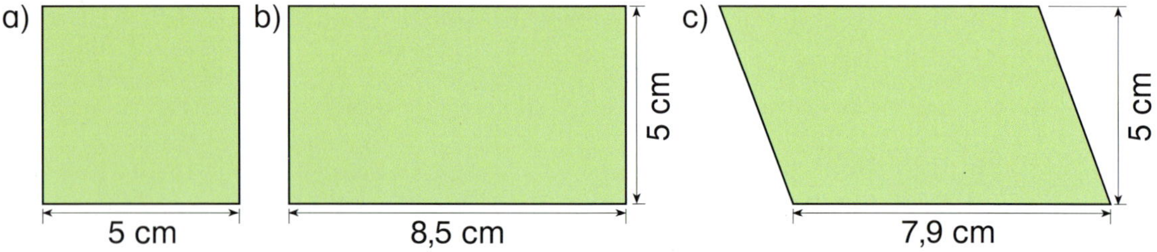

3 Übertrage das Parallelogramm in dein Heft.
Zeichne die Höhe zur Grundseite ein.
Berechne Flächeninhalt und Umfang.

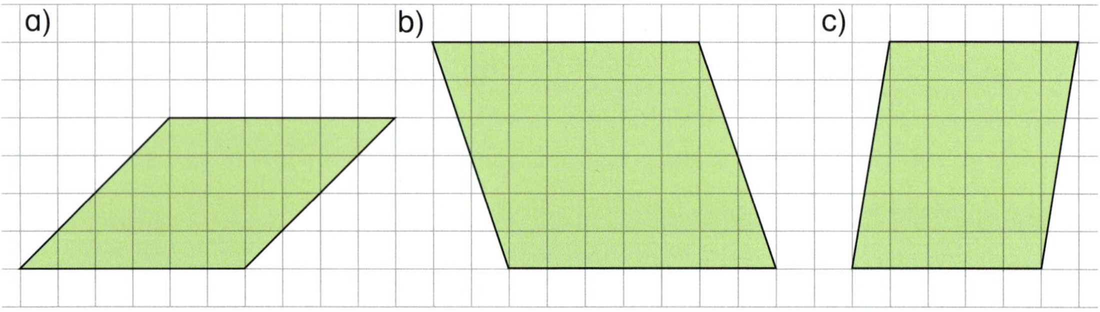

4 Konstruiere das Dreieck mit dem Zirkel. Berechne Flächeninhalt und Umfang.

a) a = 4 cm, b = 5 cm, c = 6 cm
b) a = 6 cm, b = 7 cm, c = 8 cm
c) a = 5 cm, b = 6 cm, c = 8 cm
d) a = 6 cm, b = 4,8 cm, c = 7 cm
e) a = 4 cm, b = 7,8 cm, c = 6 cm

5 Berechne Flächeninhalt und Umfang der Fenster.

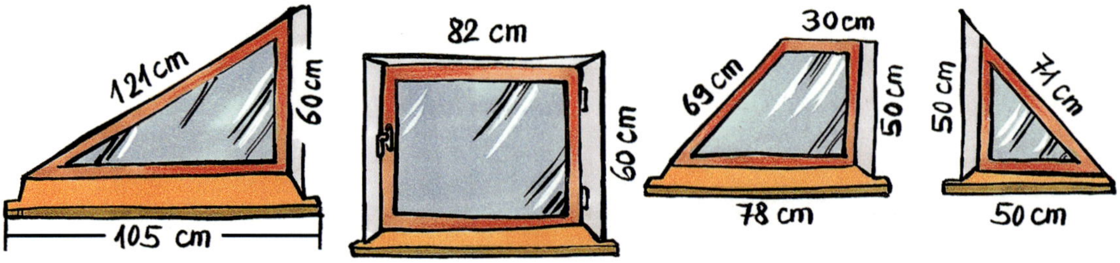

1

a)

1 000 000	
500 000	
	700 000
200 000	
100 000	

b)

1 000 000	
250 000	
	650 000
	550 000
150 000	

c)

1 000 000	
480 000	
	730 000
660 000	
110 000	

2

a)	167 542	122 987	210 078	· 4
b)	267 542	324 659	147 083	· 3
c)	168 849	189 027	87 668	· 5
d)	36 900	20 509	47 047	· 9
e)	18 300	29 473	37 037	· 27
f)	11 207	23 476	5 398	· 38

3 Konstruiere das Dreieck.

a) a = 3 cm, b = 5 cm, c = 6 cm
b) a = 5,5 cm, b = 6,0 cm, c = 8,5 cm
c) c = 5 cm, α = 40°, β = 75°
d) c = 5,5 cm, α = 20°, β = 100°
e) b = 4 cm, c = 6 cm, α = 60°

4 Familie Werner zieht in eine neue Wohnung ein.

a) Berechne die Fläche jedes Zimmers.
Die Maße sind in m angegeben.

b) Berechne die Fläche der Wohnung.

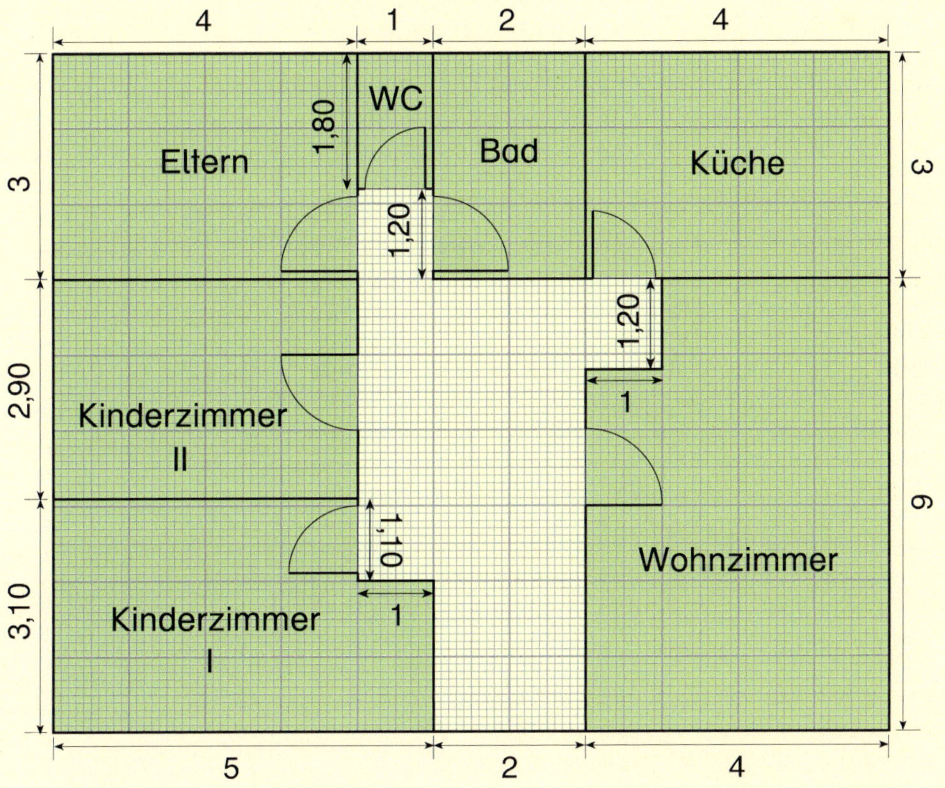

ALLES PALETTI

1 Wer hat die preiswertesten CD-Rohlinge gekauft?

2 Welche Aufgabe passt zum Text?

Franziska kauft einen Tag nach ihrem 15. Geburtstag eine Packung mit 12 DVDs. Sie zahlt dafür 18,60 €.

18,60 : 15	18,60 : 12	18,60 – 15	15 – 12

3 Im Kopf oder schriftlich?

a) 389 765 + 402 676
986 000 + 4 000
100 500 + 50 000
764 877 + 68 983

b) 346 789 – 6 789
986 875 – 100 000
549 085 – 235 802
888 888 – 222 222

c) 701 000 – 2 000
483 200 – 180
506 783 – 6 407
300 215 – 1 300

4 Eine Bank unterstützt einen Laufwettbewerb.
Sie zahlt für jeden gelaufenen Kilometer 60 Cent.
Wie viel Euro kommen zusammen, wenn insgesamt 4 670 km gelaufen werden?

5

a)	366 840	789 025	587 605	: 5
b)	930 139	233 331	864 192	: 7
c)	405 030	807 510	987 630	: 30
d)	255 640	905 450	596 610	: 70
e)	876 280	157 780	610 360	: 20
f)	421 200	912 420	711 180	: 60

6 Wie viel Meter hat jeder Schüler durchschnittlich geworfen?

Name	1. Versuch	2. Versuch	3. Versuch	Durchschnitt
Maik	24 m	32 m	31 m	
Carmen	16 m	12 m	23 m	
Maximilian	15 m	18 m	21 m	
Tobias	28 m	30 m	32 m	
Büsra	29 m	36 m	31 m	

Bruchrechnung

Stammbrüche

1 Welcher Bruchteil ist hier dargestellt?

2 Welcher Bruchteil ist farbig dargestellt?

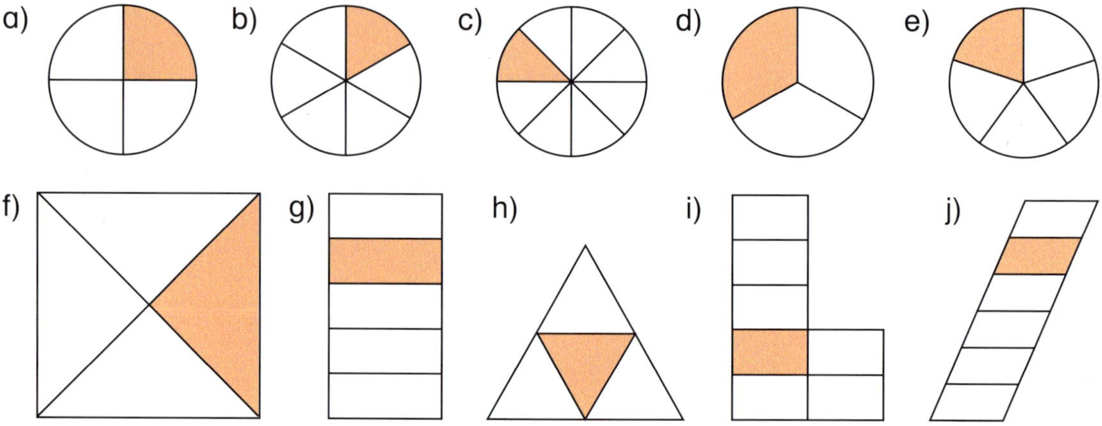

3 Zeichne die Figur in dein Heft.
Färbe den angegebenen Bruchteil.

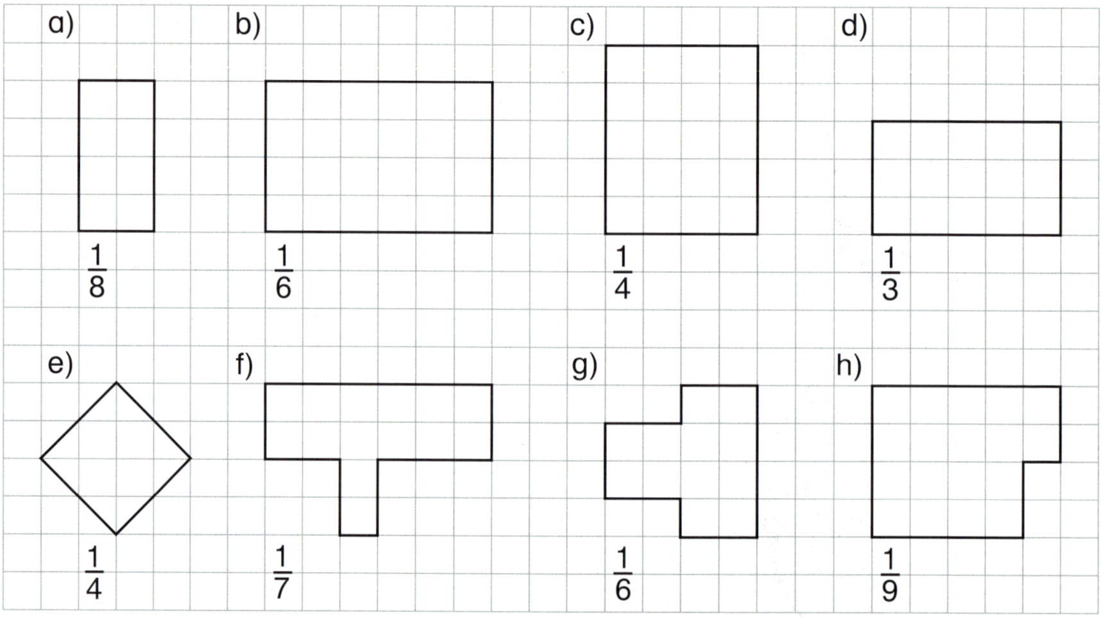

Abgeleitete Brüche

!

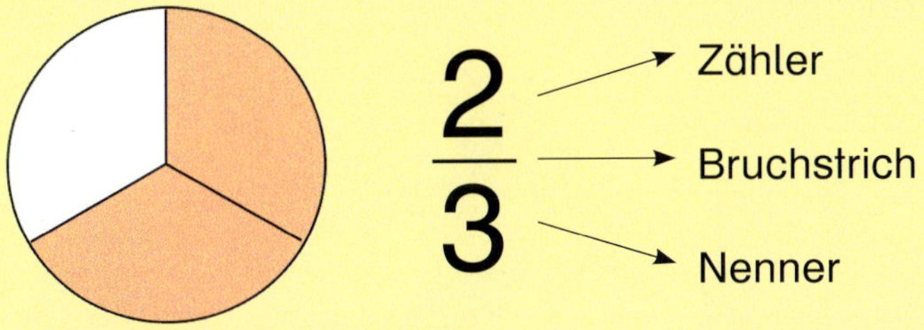

Der Zähler zählt die Teile, die vom Ganzen genommen werden.
Der Nenner gibt an, in wie viele Teile das Ganze geteilt wurde.

1 Welcher Bruchteil ist farbig dargestellt?

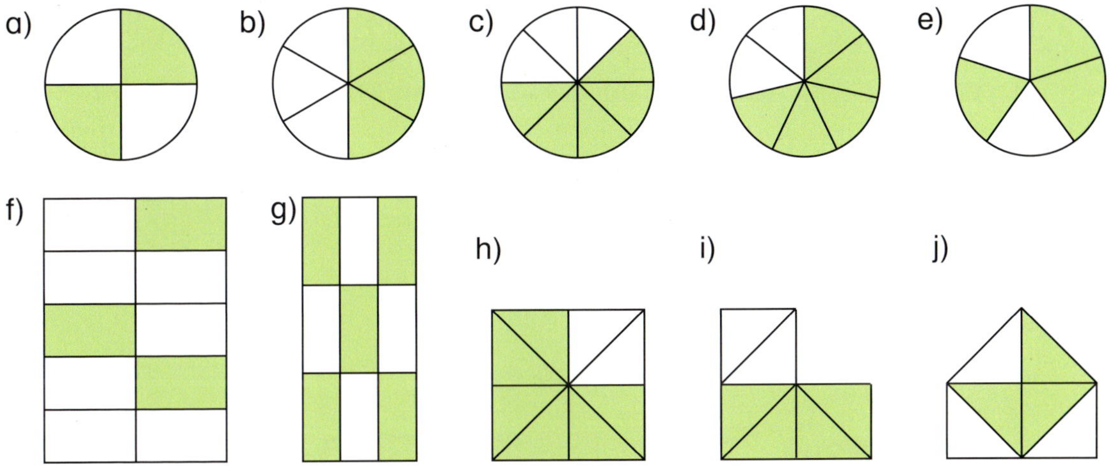

2 Zeichne die Figur in dein Heft. Färbe den angegebenen Bruchteil.

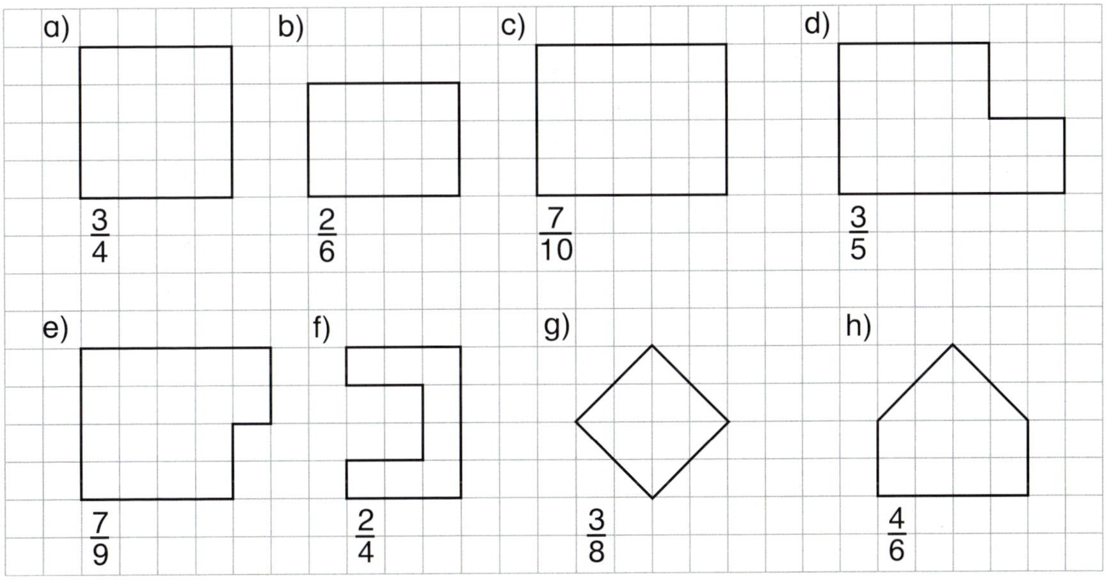

3 Zeichne einen Kreis mit einer Münze oder einem anderen runden Gegenstand. Teile den Kreis nach Augenmaß in Viertel. Färbe $\frac{3}{4}$ des Kreises.

Bruchteile von Anzahlen und Größen

1 Wie viele Flaschen enthalten Limo?

a)

b)

2

a)	b)	c)
$\frac{1}{3}$ von 18	$\frac{1}{2}$ von 100	$\frac{1}{2}$ von 1 000
$\frac{1}{5}$ von 30	$\frac{1}{2}$ von 600	$\frac{1}{4}$ von 240
$\frac{1}{6}$ von 24	$\frac{1}{2}$ von 800	$\frac{1}{3}$ von 270
$\frac{1}{8}$ von 40	$\frac{1}{2}$ von 400	$\frac{1}{6}$ von 540

3 Wie viele Flaschen enthalten Vitaminsaft?

$\frac{1}{3}$ von 12 = 4 (· 2 ↓)
$\frac{2}{3}$ von 12 = ■ (↓ · 2)

4

a)	b)	c)	d)
$\frac{2}{3}$ von 24	$\frac{3}{4}$ von 400	$\frac{4}{5}$ von 2 500	$\frac{2}{3}$ von 9 000
$\frac{3}{4}$ von 16	$\frac{5}{8}$ von 1 600	$\frac{5}{6}$ von 4 800	$\frac{3}{4}$ von 8 000
$\frac{4}{5}$ von 25	$\frac{2}{7}$ von 1 400	$\frac{7}{8}$ von 3 200	$\frac{3}{5}$ von 40 000

5

a) Im Neudorfer Wald wurden 600 Bäume gefällt. Wie viele Bäume von jeder Sorte wurden gefällt?

b) Von den 120 Tieren im Wildgehege sind $\frac{3}{4}$ Rehe. Wie viele Rehe sind im Wildgehege?

1 a) Der Fußweg im Neubaugebiet wird 450 m lang. Davon ist schon $\frac{1}{5}$ mit Platten belegt.
Wie viel m Fußweg sind schon fertig?

b) Der Radweg wird 360 m lang. Es sind schon $\frac{3}{4}$ des Weges asfaltiert.
Wie viel m Radweg sind schon fertig?

2

a) $\frac{1}{3}$ von 900 m
$\frac{1}{4}$ von 800 m
$\frac{1}{5}$ von 1 000 m

b) $\frac{2}{3}$ von 600 m
$\frac{3}{4}$ von 480 m
$\frac{2}{5}$ von 1 500 m

c) $\frac{1}{7}$ von 420 g
$\frac{5}{8}$ von 480 g
$\frac{7}{10}$ von 900 g

3 a) Wie viel cm Leiste braucht Marco?

1 m = 100 cm
:2 ↓ ↓ :2
$\frac{1}{2}$ m = ■ cm

b) Svenja braucht $\frac{1}{4}$ m Leiste.
Wie viel cm sind es?

4 a) Frau Knorr kauft $\frac{3}{4}$ m Vorhangstoff.
Wie viel cm sind es?

b) Herr Eren kauft $\frac{4}{5}$ m Vorhangstoff.
Wie viel cm Vorhangstoff kauft er?

1 m = 100 cm
:4 ↓ ↓ :4
$\frac{1}{4}$ m = ■ cm
· 3 ↓ ↓ · 3
$\frac{3}{4}$ m = ■ cm

5

a)

$\frac{1}{2}$	$\frac{1}{5}$	$\frac{1}{10}$	$\frac{1}{4}$	von	1 m	1 km

b)

$\frac{3}{10}$	$\frac{2}{5}$	$\frac{9}{10}$	$\frac{3}{4}$	von	1 m	1 km

6 a) Der Lkw liefert Futter für das Wildgehege.
Wie viel kg von jeder Futtersorte werden geliefert?

b) Im letzten Monat wurde 1 t Rüben verfüttert. $\frac{7}{10}$ davon bekamen die Wildschweine.
Wie viel kg Rüben waren das?

Bruch-Material

Bruchteile von Rechtecken und Kreisen kannst du selbst herstellen.

Zeichne auf zweifarbigen Tonkarton 6 Rechtecke mit a = 12 cm und b = 8 cm.
Unterteile wie in der Zeichnung vorgegeben und beschrifte die Bruchteile.

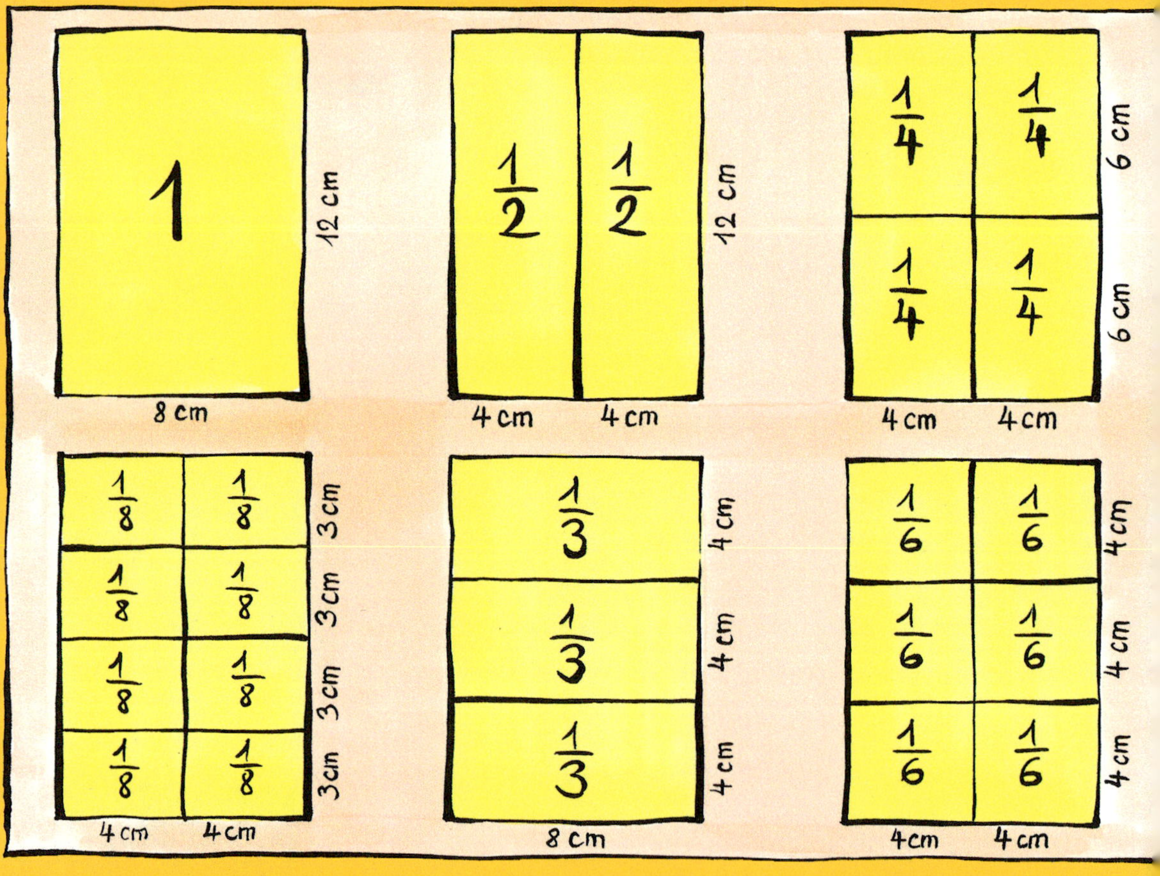

✂ Jetzt musst du die Bruchteile nur noch auseinanderschneiden.

Für die Bruchkreise benötigst du 2 Vorlagen.
Schneide aus Papier 2 Kreise mit r = 6 cm aus.

Zeichne auf zweifarbigen Tonkarton 6 Kreise mit r = 6 cm.
Übertrage mit Hilfe der Vorlagen die Schnittlinien für die Kreisausschnitte und beschrifte.

Mit Stecknadeln verbindest du zuerst Vorlage und Tonkarton im Mittelpunkt.
Übertrage dann die Punkte für die Schnittstellen.

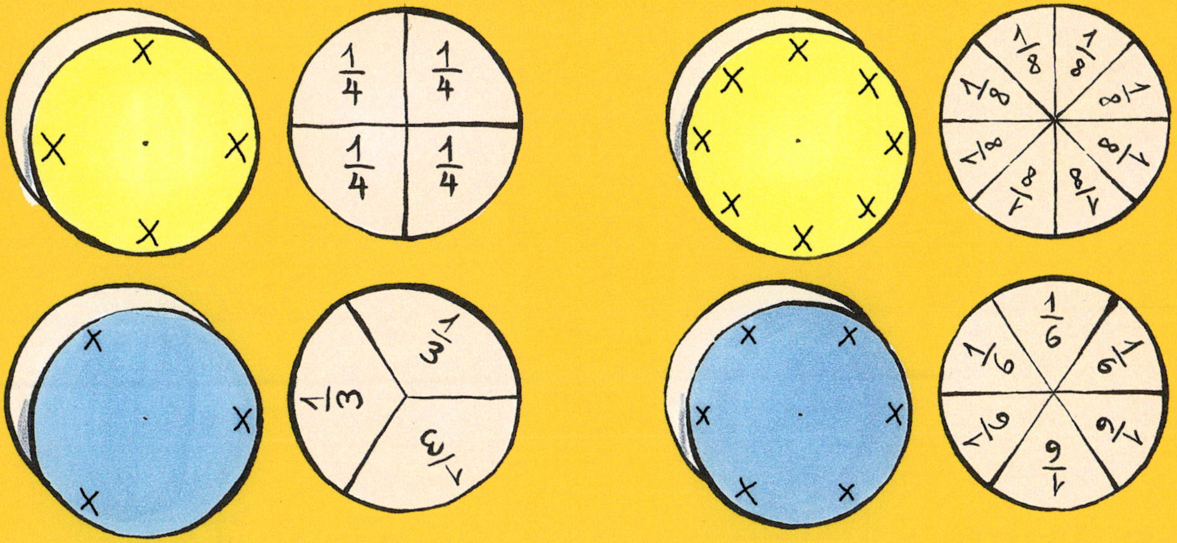

✂ Jetzt kannst du die Bruchteile auseinanderschneiden.

Erweitern

1 Lege mit deinem Bruch-Material. Was fällt dir auf?

a)

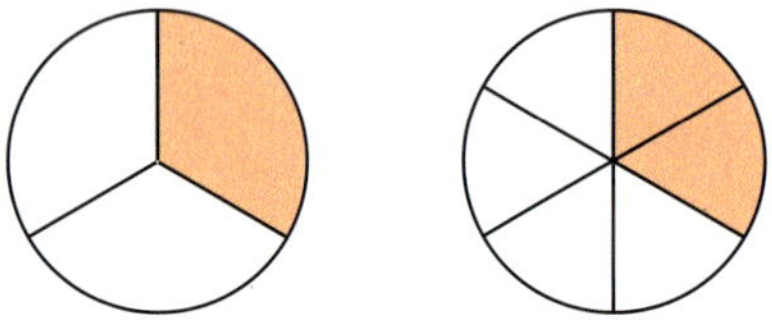

$\frac{1}{3}$ $\frac{2}{6}$

b)

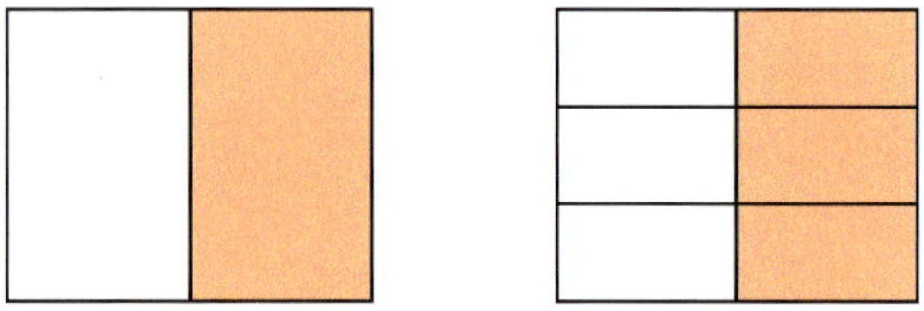

$\frac{1}{2}$ $\frac{3}{6}$

2 Lege mit deinem Bruch-Material.

a) $\frac{1}{4}$ und $\frac{2}{8}$

b) $\frac{2}{3}$ und $\frac{4}{6}$

3 Übertrage die beiden Figuren in dein Heft. Färbe die angegebenen Bruchteile.

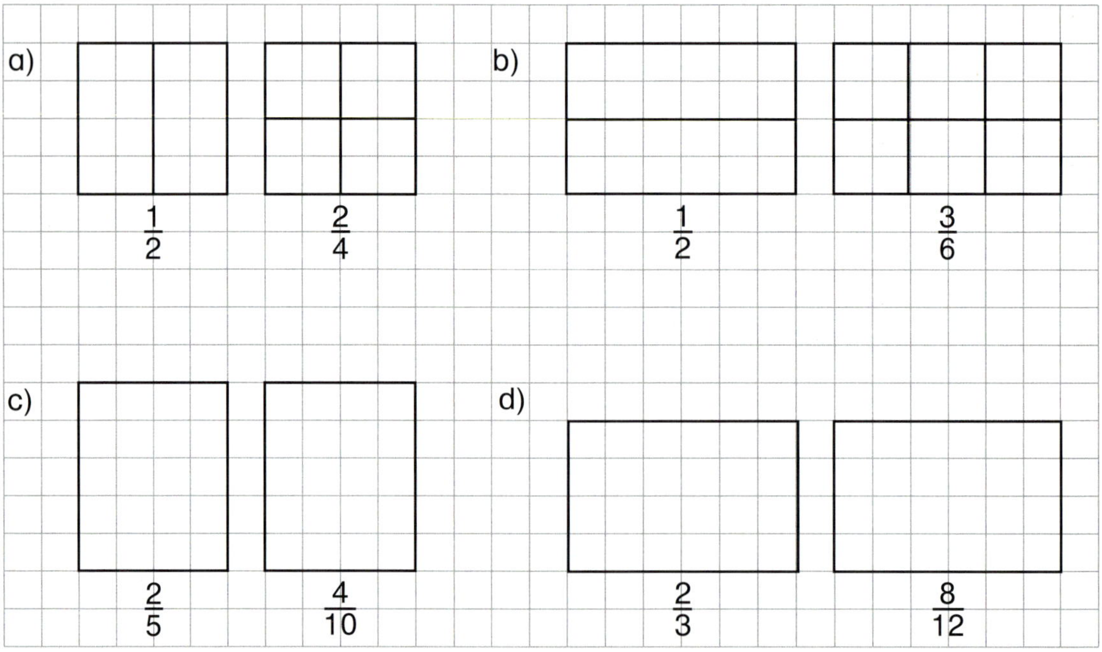

a) $\frac{1}{2}$ $\frac{2}{4}$

b) $\frac{1}{2}$ $\frac{3}{6}$

c) $\frac{2}{5}$ $\frac{4}{10}$

d) $\frac{2}{3}$ $\frac{8}{12}$

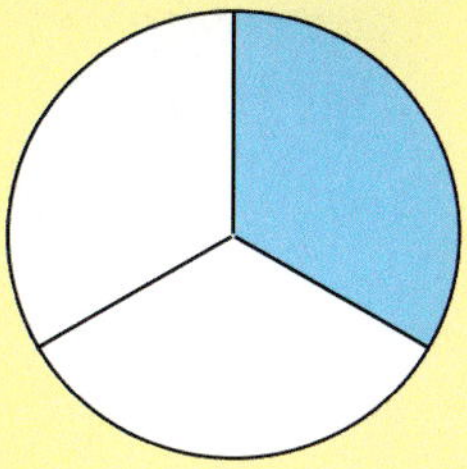

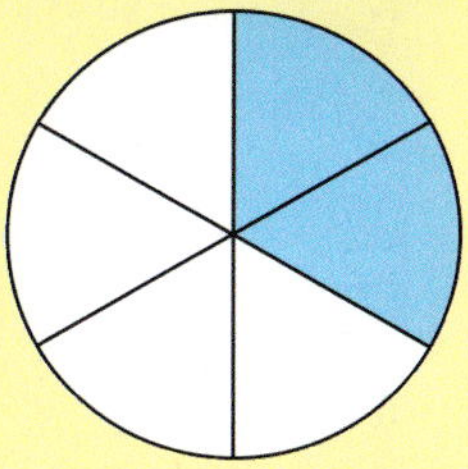

$\frac{1}{3}$ **mit 2 erweitert** $\frac{1 \cdot 2}{3 \cdot 2} = \frac{2}{6}$

Beim *Erweitern* werden Zähler und Nenner mit der gleichen Zahl multipliziert. Die Größe des Bruchteils ändert sich beim Erweitern nicht.

1 Erweitere die Brüche

$\frac{1}{2} = \frac{1 \cdot 2}{2 \cdot 2} = \frac{2}{4}$

a) mit 2: $\frac{1}{2}$ $\frac{3}{4}$ $\frac{4}{6}$ $\frac{2}{5}$ $\frac{4}{7}$ $\frac{7}{9}$ $\frac{3}{8}$

b) mit 3: $\frac{2}{3}$ $\frac{1}{7}$ $\frac{3}{5}$ $\frac{5}{8}$ $\frac{4}{6}$ $\frac{3}{9}$ $\frac{4}{7}$

2 Erweitere mit der Zahl im Dach.

a) 4

$\frac{1}{2}$	$\frac{3}{8}$	$\frac{3}{4}$
$\frac{7}{10}$	$\frac{5}{9}$	$\frac{5}{7}$

b) 6

$\frac{2}{5}$	$\frac{4}{8}$	$\frac{6}{10}$
$\frac{3}{6}$	$\frac{4}{7}$	$\frac{3}{9}$

c) 7

$\frac{2}{3}$	$\frac{4}{5}$	$\frac{1}{4}$
$\frac{6}{8}$	$\frac{3}{9}$	$\frac{7}{10}$

d) 9

$\frac{2}{5}$	$\frac{4}{6}$	$\frac{2}{3}$
$\frac{7}{9}$	$\frac{5}{7}$	$\frac{8}{9}$

3 Mit welcher Zahl wurde erweitert?
Schreibe in dein Heft. Ergänze die fehlenden Zahlen in Zähler und Nenner.

a) $\frac{3}{4} = \frac{3 \cdot ■}{4 \cdot ■} = \frac{9}{12}$ b) $\frac{2}{6} = \frac{2 \cdot ■}{6 \cdot ■} = \frac{10}{30}$ c) $\frac{5}{8} = \frac{5 \cdot ■}{8 \cdot ■} = \frac{20}{■}$

d) $\frac{2}{3} = \frac{2 \cdot ■}{3 \cdot ■} = \frac{20}{■}$ e) $\frac{3}{9} = \frac{3 \cdot ■}{9 \cdot ■} = \frac{■}{81}$ f) $\frac{7}{10} = \frac{7 \cdot ■}{10 \cdot ■} = \frac{■}{100}$

4 Erweitere den Bruch auf Hundertstel.

a) $\frac{1}{10} = \frac{1 \cdot ■}{10 \cdot ■} = \frac{■}{100}$ b) $\frac{3}{10} = \frac{3 \cdot ■}{10 \cdot ■} = \frac{■}{100}$ c) $\frac{9}{10} = \frac{9 \cdot ■}{10 \cdot ■} = \frac{■}{100}$

d) $\frac{1}{2} = \frac{1 \cdot ■}{2 \cdot ■} = \frac{■}{100}$ e) $\frac{1}{4} = \frac{1 \cdot ■}{4 \cdot ■} = \frac{■}{100}$ f) $\frac{3}{4} = \frac{3 \cdot ■}{4 \cdot ■} = \frac{■}{100}$

5 Wo wurde falsch erweitert? Berichtige.

a) $\frac{3}{4} = \frac{6}{8}$ b) $\frac{3}{4} = \frac{3}{8}$ c) $\frac{3}{4} = \frac{6}{4}$ d) $\frac{3}{4} = \frac{15}{20}$

6 Tobias hat einen Bruch erweitert und erhält $\frac{6}{10}$. Welchen Bruch hat er erweitert.

Kürzen

1 Lege mit deinem Bruch-Material.

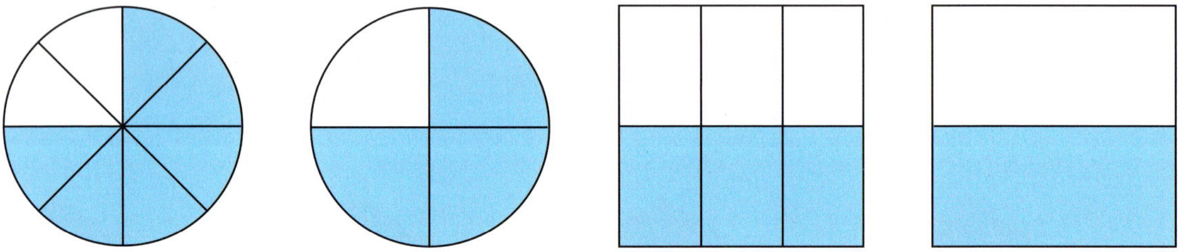

2 Lege mit deinem Bruch-Material: a) $\frac{2}{4}$ und $\frac{1}{2}$ b) $\frac{4}{6}$ und $\frac{2}{3}$

3 Übertrage die beiden Figuren in dein Heft. Färbe die angegebenen Bruchteile.

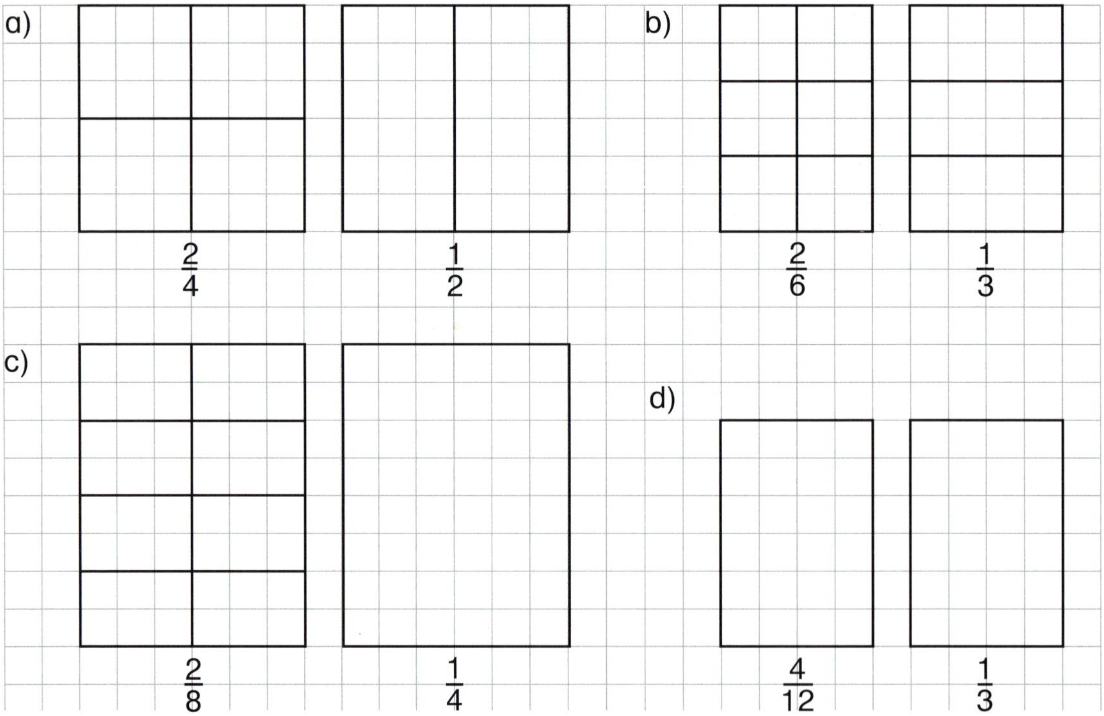

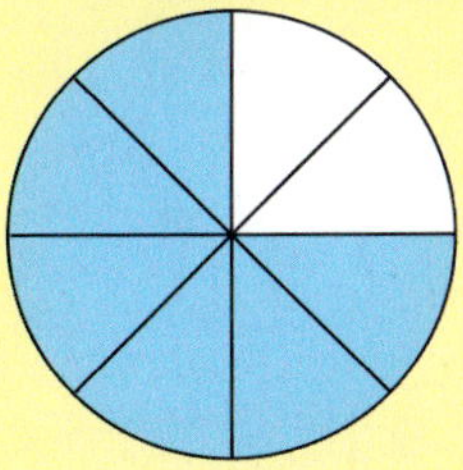

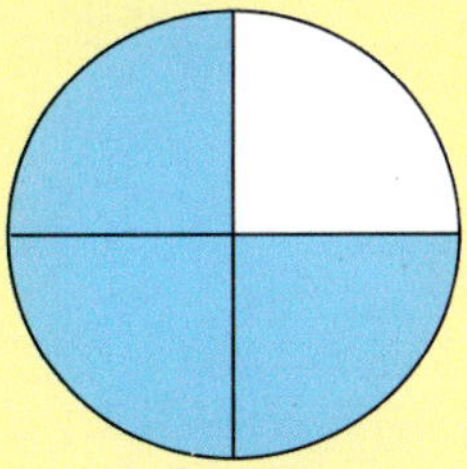

$\frac{6}{8}$ gekürzt durch 2 $\frac{6:2}{8:2} = \frac{3}{4}$

Beim *Kürzen* werden Zähler und Nenner durch die gleiche Zahl dividiert.
Die Größe des Bruchteils ändert sich beim Kürzen nicht.

1 Kürze die Brüche

$\frac{4}{6} = \frac{4:2}{6:2} = \frac{2}{3}$

a) durch 2: $\frac{4}{6}$ $\frac{6}{8}$ $\frac{4}{10}$ $\frac{2}{8}$ $\frac{2}{20}$ $\frac{6}{14}$

b) durch 5: $\frac{5}{10}$ $\frac{5}{20}$ $\frac{15}{25}$ $\frac{20}{35}$ $\frac{10}{25}$ $\frac{35}{45}$

c) durch 3: $\frac{3}{9}$ $\frac{6}{15}$ $\frac{9}{15}$ $\frac{9}{30}$ $\frac{18}{21}$ $\frac{9}{24}$

2 Kürze durch die Zahl im Dach.

a) 4

$\frac{8}{12}$	$\frac{12}{28}$	$\frac{4}{40}$
$\frac{16}{24}$	$\frac{12}{20}$	$\frac{28}{36}$

b) 10

$\frac{20}{40}$	$\frac{30}{50}$	$\frac{40}{70}$
$\frac{10}{80}$	$\frac{70}{90}$	$\frac{10}{20}$

c) 6

$\frac{6}{36}$	$\frac{18}{30}$	$\frac{24}{60}$
$\frac{30}{48}$	$\frac{12}{42}$	$\frac{42}{54}$

d) 8

$\frac{40}{48}$	$\frac{8}{80}$	$\frac{24}{32}$
$\frac{16}{56}$	$\frac{64}{72}$	$\frac{48}{56}$

3 Durch welche Zahl wurde gekürzt?
Schreibe in dein Heft. Ergänze die fehlenden Zahlen in Zähler und Nenner.

a) $\frac{5}{20} = \frac{5:\blacksquare}{20:\blacksquare} = \frac{1}{4}$ b) $\frac{4}{16} = \frac{4:\blacksquare}{16:\blacksquare} = \frac{1}{4}$ c) $\frac{7}{28} = \frac{7:\blacksquare}{28:\blacksquare} = \frac{1}{\blacksquare}$

d) $\frac{16}{20} = \frac{16:\blacksquare}{20:\blacksquare} = \frac{4}{\blacksquare}$ e) $\frac{20}{30} = \frac{20:\blacksquare}{30:\blacksquare} = \frac{\blacksquare}{3}$ f) $\frac{21}{49} = \frac{21:\blacksquare}{49:\blacksquare} = \frac{\blacksquare}{7}$

4 Kürze den Hundertstelbruch.

a) $\frac{10}{100} = \frac{10:\blacksquare}{100:\blacksquare} = \frac{1}{10}$ b) $\frac{30}{100} = \frac{30:\blacksquare}{100:\blacksquare} = \frac{3}{10}$ c) $\frac{70}{100} = \frac{70:\blacksquare}{100:\blacksquare} = \frac{7}{10}$

5 Kürze so weit wie möglich: a) $\frac{8}{12}$ b) $\frac{16}{20}$ c) $\frac{12}{15}$ d) $\frac{6}{18}$ e) $\frac{14}{28}$

6 Wo wurde falsch gekürzt? Berichtige.

a) $\frac{4}{8} = \frac{1}{2}$ b) $\frac{4}{8} = \frac{2}{8}$ c) $\frac{4}{8} = \frac{2}{4}$ d) $\frac{4}{8} = \frac{4}{2}$

Addieren gleichnamiger Brüche

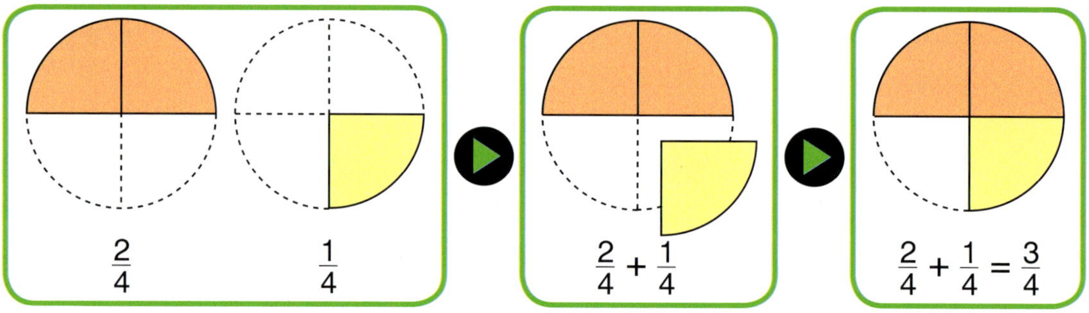

1 Addiere die Brüche.

a)	b)	c)	d)	e)
$\frac{1}{4} + \frac{2}{4}$	$\frac{2}{6} + \frac{3}{6}$	$\frac{7}{12} + \frac{4}{12}$	$\frac{12}{25} + \frac{6}{25}$	$\frac{20}{100} + \frac{47}{100}$
$\frac{1}{3} + \frac{1}{3}$	$\frac{3}{8} + \frac{2}{8}$	$\frac{5}{10} + \frac{2}{10}$	$\frac{12}{25} + \frac{8}{25}$	$\frac{16}{100} + \frac{25}{100}$
$\frac{2}{6} + \frac{2}{6}$	$\frac{5}{7} + \frac{1}{7}$	$\frac{9}{20} + \frac{8}{20}$	$\frac{19}{50} + \frac{5}{50}$	$\frac{38}{100} + \frac{19}{100}$
$\frac{1}{5} + \frac{2}{5}$	$\frac{2}{9} + \frac{5}{9}$	$\frac{3}{15} + \frac{11}{15}$	$\frac{17}{50} + \frac{19}{50}$	$\frac{27}{100} + \frac{34}{100}$

2 Addiere die Brüche.
Kürze das Ergebnis, wenn möglich.

$\frac{1}{4} + \frac{1}{4} = \frac{2}{4} = \frac{1}{2}$

a)	b)	c)	d)	e)
$\frac{1}{4} + \frac{1}{4}$	$\frac{2}{9} + \frac{4}{9}$	$\frac{4}{12} + \frac{5}{12}$	$\frac{7}{20} + \frac{3}{20}$	$\frac{14}{100} + \frac{36}{100}$
$\frac{2}{8} + \frac{4}{8}$	$\frac{2}{5} + \frac{2}{5}$	$\frac{3}{12} + \frac{3}{12}$	$\frac{17}{25} + \frac{3}{25}$	$\frac{16}{100} + \frac{9}{100}$
$\frac{1}{6} + \frac{3}{6}$	$\frac{3}{10} + \frac{2}{10}$	$\frac{3}{15} + \frac{7}{15}$	$\frac{16}{50} + \frac{8}{50}$	$\frac{24}{100} + \frac{26}{100}$
$\frac{1}{9} + \frac{2}{9}$	$\frac{4}{10} + \frac{2}{10}$	$\frac{7}{20} + \frac{8}{20}$	$\frac{13}{50} + \frac{12}{50}$	$\frac{72}{100} + \frac{27}{100}$

3 Ergänze den fehlenden Zähler.

a) $\frac{1}{3} + \frac{■}{3} = \frac{2}{3}$ b) $\frac{3}{6} + \frac{■}{6} = \frac{5}{6}$ c) $\frac{■}{8} + \frac{2}{8} = \frac{7}{8}$ d) $\frac{■}{7} + \frac{2}{7} = \frac{5}{7}$

Subtrahieren gleichnamiger Brüche

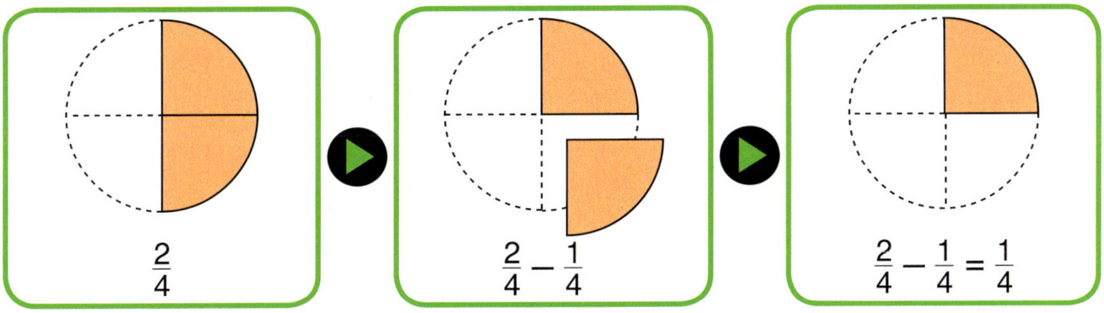

$\frac{2}{4}$ ▶ $\frac{2}{4} - \frac{1}{4}$ ▶ $\frac{2}{4} - \frac{1}{4} = \frac{1}{4}$

1 Subtrahiere die Brüche.

a)	b)	c)	d)	e)
$\frac{2}{4} - \frac{1}{4}$	$\frac{4}{5} - \frac{2}{5}$	$\frac{8}{10} - \frac{5}{10}$	$\frac{7}{50} - \frac{4}{50}$	$\frac{16}{100} - \frac{6}{100}$
$\frac{4}{6} - \frac{3}{6}$	$\frac{6}{9} - \frac{2}{9}$	$\frac{15}{20} - \frac{10}{20}$	$\frac{18}{50} - \frac{7}{50}$	$\frac{27}{100} - \frac{8}{100}$
$\frac{5}{8} - \frac{2}{8}$	$\frac{7}{10} - \frac{4}{10}$	$\frac{18}{20} - \frac{7}{20}$	$\frac{33}{50} - \frac{8}{50}$	$\frac{42}{100} - \frac{18}{100}$
$\frac{5}{6} - \frac{2}{6}$	$\frac{8}{12} - \frac{3}{12}$	$\frac{12}{20} - \frac{4}{20}$	$\frac{44}{50} - \frac{9}{50}$	$\frac{67}{100} - \frac{29}{100}$

2 Subtrahiere die Brüche.
Kürze das Ergebnis, wenn möglich.

$\frac{4}{8} - \frac{2}{8} = \frac{2}{8} = \frac{1}{4}$

a)	b)	c)	d)	e)
$\frac{4}{8} - \frac{2}{8}$	$\frac{5}{8} - \frac{1}{8}$	$\frac{11}{25} - \frac{6}{25}$	$\frac{14}{20} - \frac{4}{20}$	$\frac{23}{100} - \frac{13}{100}$
$\frac{3}{4} - \frac{1}{4}$	$\frac{8}{9} - \frac{5}{9}$	$\frac{6}{8} - \frac{5}{8}$	$\frac{15}{20} - \frac{7}{20}$	$\frac{76}{100} - \frac{26}{100}$
$\frac{4}{7} - \frac{3}{7}$	$\frac{7}{10} - \frac{2}{10}$	$\frac{5}{10} - \frac{4}{10}$	$\frac{18}{20} - \frac{14}{20}$	$\frac{48}{100} - \frac{23}{100}$
$\frac{4}{6} - \frac{1}{6}$	$\frac{9}{10} - \frac{5}{10}$	$\frac{7}{8} - \frac{2}{8}$	$\frac{16}{20} - \frac{7}{20}$	$\frac{84}{100} - \frac{44}{100}$

3 Ergänze den fehlenden Zähler.

a) $\frac{6}{8} - \frac{■}{8} = \frac{3}{8}$ b) $\frac{7}{10} - \frac{■}{10} = \frac{3}{10}$ c) $\frac{■}{9} - \frac{2}{9} = \frac{7}{9}$ d) $\frac{■}{5} - \frac{2}{5} = \frac{2}{5}$

Wiederholen und Üben

1 Immer 2 Bilder gehören zum gleichen Bruchteil des Kreises. Schreibe die zusammengehörenden Brüche in dein Heft.

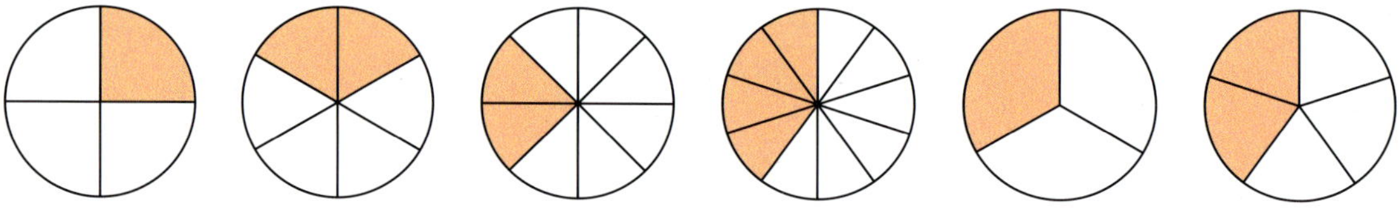

A B C D E F

2 In einem Kasten sind 12 Flaschen. $\frac{1}{3}$ der Flaschen sind leer. Wie viele Flaschen sind leer?

3 Ein Fußweg soll 1 km lang werden. Es sind schon $\frac{3}{4}$ des Weges fertig. Wie viel Meter Fußweg sind schon fertig?

4 Erweitere mit der Zahl in der Spitze.

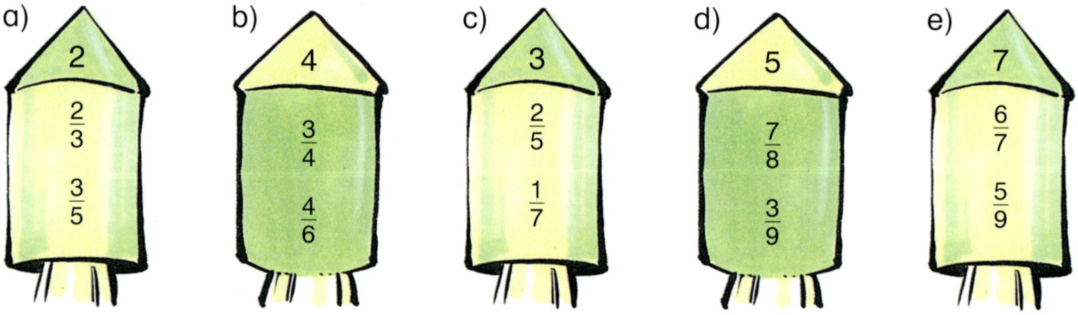

5 Kürze so weit wie möglich.

a) $\frac{3}{6}$ b) $\frac{2}{8}$ c) $\frac{50}{100}$ d) $\frac{12}{16}$ e) $\frac{3}{12}$ f) $\frac{14}{21}$

6 Addiere die Brüche. Kürze das Ergebnis, wenn möglich.

a) $\frac{4}{8} + \frac{3}{8}$, $\frac{2}{6} + \frac{2}{6}$
b) $\frac{2}{9} + \frac{4}{9}$, $\frac{1}{5} + \frac{3}{5}$
c) $\frac{7}{10} + \frac{2}{10}$, $\frac{3}{12} + \frac{6}{12}$
d) $\frac{5}{18} + \frac{7}{18}$, $\frac{11}{20} + \frac{4}{20}$
e) $\frac{7}{50} + \frac{18}{50}$, $\frac{16}{100} + \frac{23}{100}$

7

a) $\frac{2}{4} - \frac{1}{4}$, $\frac{4}{6} - \frac{3}{6}$
b) $\frac{5}{8} - \frac{2}{8}$, $\frac{4}{5} - \frac{2}{5}$
c) $\frac{3}{8} - \frac{2}{8}$, $\frac{7}{10} - \frac{4}{10}$
d) $\frac{6}{12} - \frac{5}{12}$, $\frac{17}{20} - \frac{8}{20}$
e) $\frac{23}{100} - \frac{5}{100}$, $\frac{74}{100} - \frac{24}{100}$

8 Ergänze den fehlenden Zähler.

a) $\frac{1}{6} + \frac{\blacksquare}{6} = \frac{5}{6}$ b) $\frac{2}{8} + \frac{\blacksquare}{8} = \frac{7}{8}$ c) $\frac{7}{8} - \frac{\blacksquare}{8} = \frac{5}{8}$ d) $\frac{5}{7} - \frac{\blacksquare}{7} = \frac{1}{7}$

Proportionale Zuordnungen

Ware – Preis – Tabellen

1 Damit der Verkauf beim Schulfest schneller geht, haben Bettina und Jan die Preise in Tabellen eingetragen.
Übertrage jeweils die Tabelle in dein Heft. Ergänze sie bis 10 Stück.

a) **Brezeln**

Stück	€
1	0,50
2	1,00
3	1,50
4	2,00
5	2,50

b) **Waffeln**

Stück	€
1	0,30
2	0,60
3	0,90
4	1,20
5	1,50

c) **Pizza**

Stück	€
1	0,70
2	1,40
3	2,10
4	2,80
5	3,50

2 Frau Schreiber kauft 4 Schalen Quarkspeise für 3,20 €.

a) Frau Sprengler kauft doppelt so viele Schalen wie Frau Schreiber.
Wie viel Euro bezahlt Frau Sprengler?

b) Herr Hansen kauft halb so viele Schalen wie Frau Schreiber.
Wie viel Euro bezahlt er?

3 Schreibe ab und ergänze den fehlenden Wert.

a) **Limo**

	Becher	€	
· 2 ↓	2	0,40	↓ · 2
	4		

b) **Kiwis**

	Stück	€	
· 2 ↓	3	0,90	↓ · 2
	6		

c) **Apfelsinen**

	Stück	€	
· 3 ↓	4	1,60	↓ · 3
	12		

d) **Brötchen**

	Stück	€	
↓	2	0,80	↓
	12		

e) **Jogurt**

	Becher	€	
↓	4	2,10	↓
	20		

f) **Vitaminsaft**

	Liter	€	
↓	3	6,30	↓
	12		

4 Schreibe ab und ergänze den fehlenden Wert.

a) **Farbe**

	Liter	€	
: 2 ↓	4	12	↓ : 2
	2		

b) **Teppichboden**

	m²	€	
: 3 ↓	6	39	↓ : 3
	2		

c) **Vorhangstoff**

	m	€	
: 2 ↓	6	36	↓ : 2
	3		

d) **Holzbalken**

	Stück	€	
↓	10	40	↓
	2		

e) **Draht**

	m	€	
↓	9	18	↓
	3		

f) **Fliesen**

	m²	€	
↓	8	120	↓
	2		

1 a) Herr Ortlepp kauft 2 kg Äpfel. Wie viel Euro muss er bezahlen?

b) Johanna kauft 2 kg Birnen. Wie viel Euro bezahlt sie dafür?

2 Frau Bergmann kauft 3 kg Birnen und 500 g Himbeeren.
Wie viel Euro zahlt Frau Bergmann?

3 Für eine Tomatensoße benötigt Paulina 2 kg Tomaten.

a) Wie viel 500-g-Netze muss sie kaufen?

b) Wie viel Euro bezahlt Paulina für die Tomaten?

4 Schreibe ab und ergänze den fehlenden Wert.

a) **Himbeeren**

· 2 ↓

g	€
250	2,70
500	

↓ · 2

b) **Erdbeeren**

g	€
250	2,10
750	

c) **Stachelbeeren**

g	€
200	2,30
800	

d) **Schafskäse**

: 3 ↓

g	€
300	5,40
100	

↓ : 3

e) **Ziegenkäse**

g	€
400	8,40
200	

f) **Schweizer Käse**

g	€
600	7,80
200	

5 Wie viel Euro zahlen die Kunden?

Julia kauft 400 g.

Frau Alt kauft 300 g.

Herr Seib kauft 500 g.

Schaubilder von proportionalen Zuordnungen

Länge in m	Preis in €
1	1,25
2	2,50
3	3,75
4	5,00
5	6,25
6	7,50
7	
8	
9	
10	

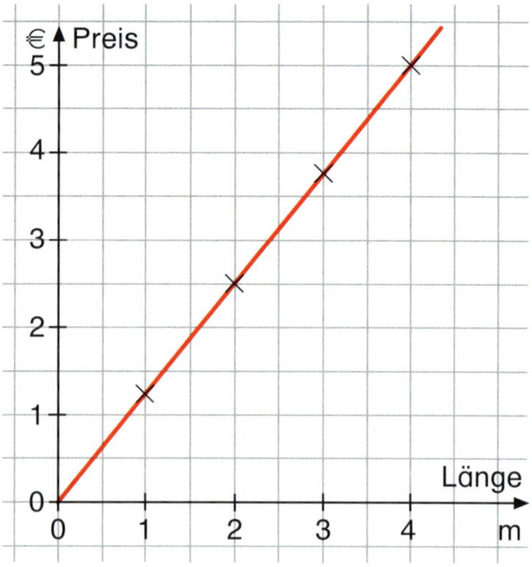

1 Für 1 m Gartenschlauch zahlt man 1,25 €.

a) Wie viel Euro kosten 2 m Gartenschlauch?
Zahlt man für die doppelte Länge den doppelten Preis?

b) Prüfe an weiteren Beispielen in der Tabelle, ob für die doppelte Länge der doppelte Preis zu zahlen ist.

c) Übertrage die Tabelle in dein Heft. Ergänze die Preise bis 10 m.

d) Übertrage das Schaubild in dein Heft. Vervollständige es mit den Werten aus deiner Tabelle.

e) Prüfe, ob alle Punkte auf einer Geraden liegen, die durch den Nullpunkt geht.

2 Jenny meint: „Das Schaubild in Aufgabe 1 kann ich schon zeichnen, wenn ich den Preis für eine einzige Länge kenne."
Hat sie Recht? Wie zeichnet Jenny die Gerade?

3 Für 6 m² Betonplatten zahlt man im Baumarkt 90 €.

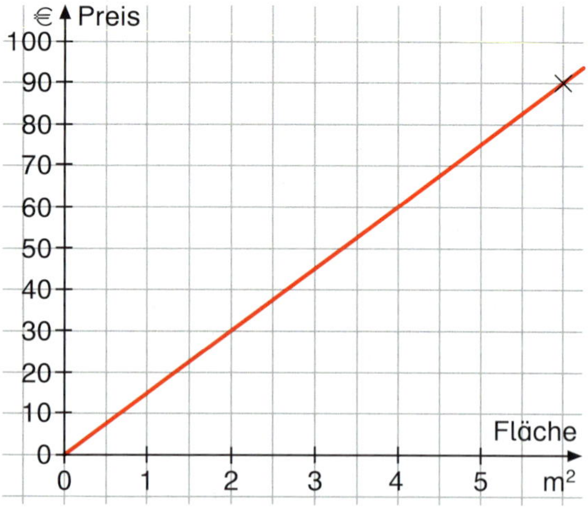

a) Übertrage das Schaubild in dein Heft. Setze es fort bis 10 m².

b) Lies in deinem Schaubild die Preise ab für:
2 m²; 3 m²; 5 m²; 9 m²
Prüfe die abgelesenen Preise durch Rechnung.

c) Lies in deinem Schaubild ab, wie viel m² Betonplatten man bekommt für:
60 €; 120 €; 150 €
Dein Partner bertechnet die Preise. Vergleicht eure Werte.

1 Im Supermarkt zahlt man für 1 kg Birnen 2 €, für 2 kg Kartoffeln zahlt man 1,50 € und 4 kg Äpfel kosten 5,00 €.

a) Welche der drei Geraden gehört zu Birnen, welche gehört zu Kartoffeln, welche gehört zu Äpfeln? Begründe deine Antwort.

b) Lies für Birnen, Kartoffeln und Äpfel die Preise ab. Gewicht: 1 kg; 3 kg; 5 kg

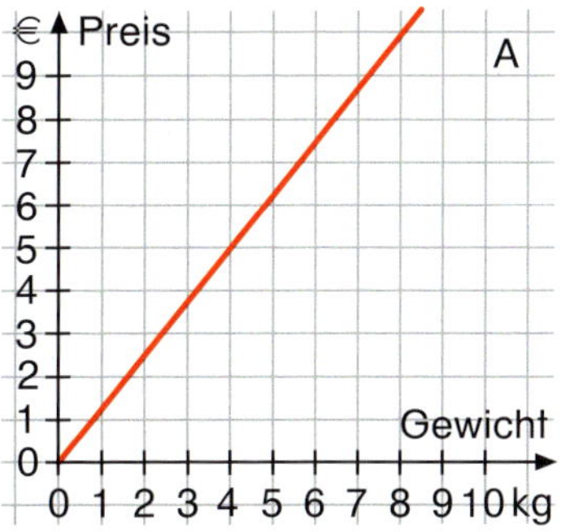

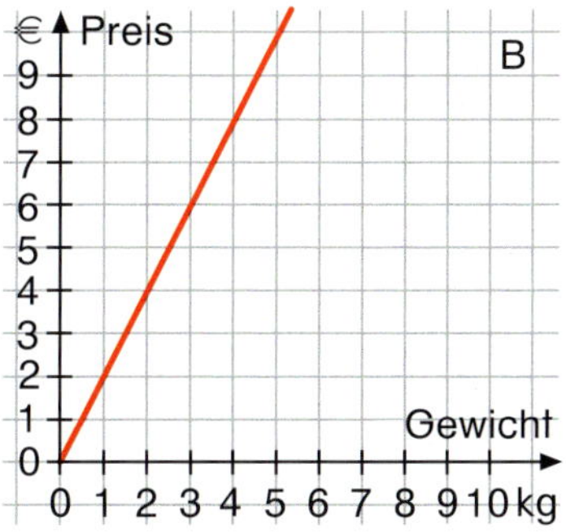

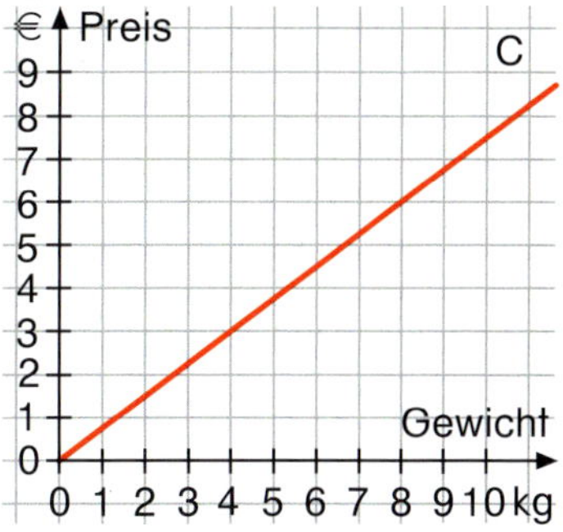

2

Die Schüler der Tannwald-Schule verkaufen zu verschiedenen Anlässen selbstgebackene Muffins. Sie haben dazu am Computer eine Ware-Preis-Tabelle erstellt.

a) Übertrage die Tabelle für den Pausenverkauf auf deinen Computer. Ergänze die Rechnungen in den Zellen B7 bis B20.

b) Beim Schulfest verlangen die Schüler 0,40 € für einen Muffin. Ändere in der Tabelle die Überschrift und den Preis für 1 Muffin. Wenn du danach ⏎ eingibst, erhältst du die vollständige neue Preisliste.

c) Beim Stadtfest soll ein Muffin 0,60 € kosten. Ändere die Tabelle entsprechend.

	A	B
1	Preisliste Muffins	
2	Pausenverkauf	
3		
4	Anzahl	Preis in €
5	1	0,25
6	2	=A6*B5
7	3	
8	4	
9	5	
10	6	
11	7	
12	8	
13	9	
14	10	
15	11	
16	12	
17	13	
18	14	
19	15	
20	16	

3 a) Zeichne ein Schaubild zu den Preisen für Muffins beim Pausenverkauf in Aufgabe 2. Du kannst die Gerade zeichnen, wenn du nur ein einziges Wertepaar aus der Tabelle kennst.

b) Zeichne ein Schaubild zu den Preisen beim Schulfest und beim Stadtfest.

Dreisatz

1 Drei Mohnbrötchen kosten 1,20 €.
Wie teuer sind 5 Mohnbrötchen?

Mohnbrötchen

	Stück	€	
: 3 ↓	3	1,20	↓ : 3
· 5 ↓	1	0,40	↓ · 5
	5		

2

a) **Roggenbrötchen**

	Stück	€	
: 3 ↓	3	0,90	↓ : 3
· 7 ↓	1		↓
	7		

b) **Vitaminsaft**

	l	€	
↓	2	2,40	↓
↓	1		↓
	5		

c) **Kartoffeln**

	kg	€	
↓	4	3,20	↓
↓	1		↓
	6		

d) **Müsliriegel**

Stück	€
5	3,50
1	
2	

e) **Hefte**

Stück	€
7	2,80
1	
4	

f) **Fahrpreis**

Personen	€
5	26,00
1	
3	

3 Bettina kauft Trockenfutter für Asko.
Für 7 Tage braucht sie 1 400 g Futter.
Wie viel Gramm Trockenfutter braucht sie für 4 Tage?
Ergänze die Tabelle.

Tage	g
7	1 400

4 Berechne mithilfe einer Tabelle immer die Menge für 4 Tage.

a) **Frischfutter**

Tage	g
5	1 500

b) **Leckerli**

Tage	Stück
7	35

c) **Cräcker**

Tage	Stück
15	30

5 Wie viel Gramm Trockenfutter bekommt jeder Hund?
Erstelle jeweils eine Tabelle.

1 Im Internetcafé *Connect* kann man gegen Gebühr das Internet nutzen. Für 2 Minuten zahlt man 5 Cent.

a) Irina surft 40 Minuten im Internet. Wie viel Euro muss sie dafür bezahlen?

b) Herr Arp nutzt auf einer Reise das Internet 3 Stunden lang. Wie viel Euro zahlt er?

c) Nico hat 0,50 € für das Surfen bezahlt. Wie viele Minuten hat er das Internet genutzt?

2 Im Internetcafé *Connect* hängt eine Tabelle mit Kostenbeispielen. Übertrage die Tabelle in dein Heft und ergänze die fehlenden Werte.

Dauer	2 Min	10 Min	30 Min	■ Min	1 Std.	■ Std.	2 Std. 30 Min
Kosten	0,05 €	■ €	■ €	1,25 €	■ E	3,00 €	■ €

3 Sebastian hat im Internetcafé *Connect* 0,45 € für das Surfen bezahlt. Wie viele Minuten hat er das Internet genutzt?

4 Karina telefoniert mit ihrem Handy im Tarif *Lucky*.

Tarif Lucky
Keine Grundgebühr
Für jede angefangene Minute in das

Festnetz	Eigene Netz
0,63 €	0,12 €

a) In der letzten Woche hat Karina 20 Minuten in das Festnetz telefoniert. Wie viel Euro musste sie dafür bezahlen?

b) Für Gespräche in das eigene Netz wurden Karina 50 Minuten berechnet. Wie hoch waren die Gebühren für die Gespräche?

5 Fatih hat im Tarif Lucky für Gespräche in das eigene Netz 8,40 € bezahlt. Wie viel Minuten wurden ihm berechnet?

6 Beim Telefonieren merkt man manchmal nicht, wie schnell die Zeit vergeht. Wie viele Minuten wurden für Gespräche im Tarif *Lucky* berechnet?

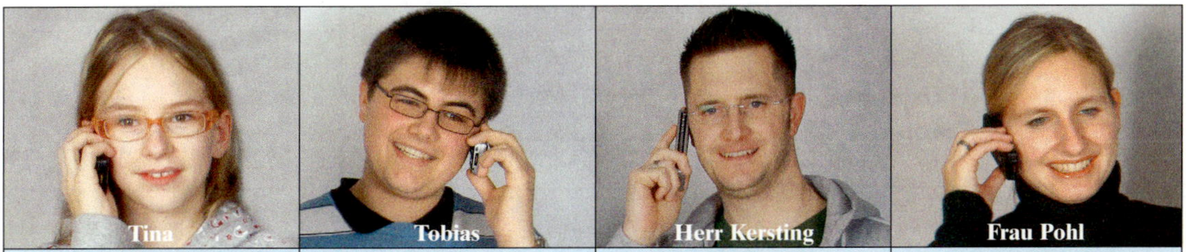

Tina	Tobias	Herr Kersting	Frau Pohl
In das eigene Netz: 9,00 €	In das Festnetz: 15,75 €	In das Festnetz: 23,31 € In das eigene Netz: 28,80 €	In das Festnetz: 7,56 € In das eigene Netz: 13,20 €

1

Max kauft 500 g Speisequark bei „Preisbrecher“.
Steffi kauft 200 g bei „Gut und günstig“.
Wer von beiden kauft preiswerter? Berechne jeweils den Preis für 100 g.

2 Vergleiche die Angebote bei „Preisbrecher“ und bei „Gut und günstig“.
Berechne immer den Preis für 100 g.

a) Jogurt b) Schokolade c) Götterspeise d) Traumcreme

3 Wer hat günstiger eingekauft?
Berechne immer den Preis für 1 kg.

a)

b)

4 Vergleiche die Angebote. Berechne immer den Preis für 1 kg.

5 Oft bieten verschiedene Firmen die gleiche Ware zu verschiedenen Preisen an.
Besorgt euch Prospekte und vergleicht die Angebote.
Erklärt euren Mitschülern, wie ihr die Preise vergleicht.

1 Svenja und Rico kaufen für eine Party ein.
Sie berechnen den Preis für die Spagetti bei beiden Packungsgrößen.
Ergänze die fehlenden Zahlen.

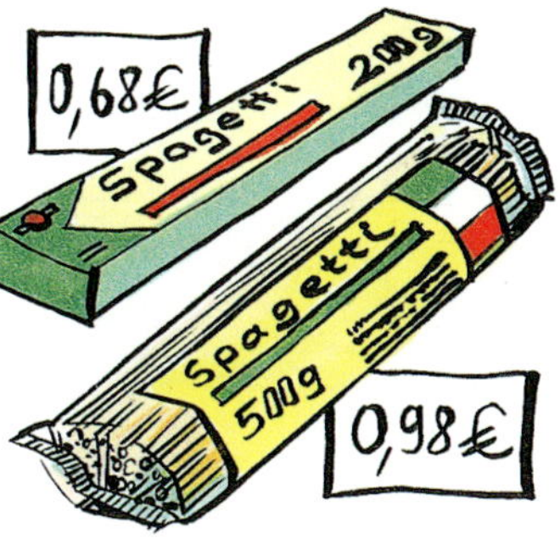

Kleine Packung

g	€
200	0,68
1 000	

Große Packung

g	€
500	0,98
1 000	

2 Berechne immer die Preise für beide Angebote.

3 Die Mengen sind gleich, die Preise sind verschieden. Berechne jeweils den Preis.

4 Eier im Sechserpack kosten 1,26 €.
In der Zehnerpackung kosten Eier derselben Sorte 1,90 €.
Wie teuer ist jeweils ein Ei?

5 Berechne immer den Preis für ein Stück.

Bleistifte	
6er Pack	3,36 €
5er Pack	2,45 €

Klebefilmrollen	
8er Pack	3,92 €
6er Pack	3,06 €

Textmarker	
4er Pack	5,68 €
6er Pack	8,34 €

Wasser sparen im Haushalt

Empfehlung
Beim Joggen sollte bei einer gesunden Person die Anzahl der Pulsschläge pro Minute niedriger sein als 180 minus Lebensalter.

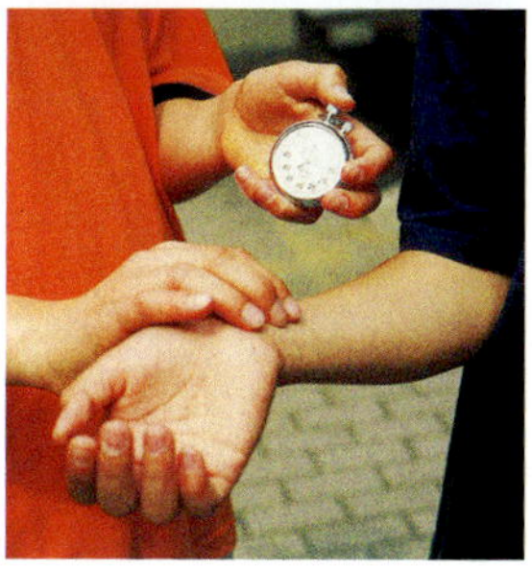

1 Leon kontrolliert beim Joggen seinen Pulsschlag. In 10 Sekunden zählt er 25 Pulsschläge. Wie oft schlägt sein Puls in einer Minute?

2 Herr Straub ist 40 Jahre alt. Heute hat er beim Joggen in 10 Sekunden 23 Pulsschläge gezählt. Entspricht das der Empfehlung?

3 In der Tabelle steht, wie oft bei gesunden Erwachsenen und Kindern in einer Minute das Herz schlägt.
Übertrage die Tabelle in dein Heft. Ergänze die Zahl der Herzschläge.

Herzschläge	in 1 min	in 1 h	an einem Tag
Erwachsene	60		
Kinder	100		

4 Schreibe die Zutatenliste für 6 Personen in dein Heft.

Quarkspeise für 4 Personen
500 g Sahnequark
80 g Zucker
200 g Himbeeren

Bananenmilchmix für 2 Personen
150 g Jogurt
1 Banane
$\frac{2}{3}$ *l* Milch
1 Teelöffel Zucker

Kartoffelauflauf mit Champignons für 4 Personen
1 000 g Kartoffeln
400 g Champignons
1 Zwiebel
1 Esslöffel Öl

5 Für eine Fahrt mit dem Taxi in einer Großstadt zahlt man 1,60 € für jeden gefahrenen Kilometer und eine Grundgebühr von 1,80 €.
a) Frau Graumann fährt mit dem Taxi zum 5 km entfernten Bahnhof. Wie viel Euro muss sie bezahlen?
b) Herr Bogner fährt mit dem Taxi zum Flughafen. Die Fahrt ist 10 km lang. Wie viel Euro bezahlt Herr Bogner?

6 Berechne die Kosten für die Taxifahrten.

Frau Janssen
Zum Bahnhof
7 km

Herr Ehmke
Zum Arzt
3 km

Frau Schlüter
Zum Flughafen
14 km

Taxigebühren in Neustadt
Grundgebühr: 1,80 €
Je gefahrenen Kilometer: 1,60 €

Wiederholen und Üben

1 Übertrage die Tabelle in dein Heft. Trage die Preise ein bis 10 Stück.

a) **Brötchen**

Stück	€
1	0,40

b) **Hörnchen**

Stück	€
1	0,70

c) **Pizza**

Stück	€
1	0,90

2 Übertrage die Tabelle in dein Heft. Ergänze den fehlenden Wert.

a) **Zement**

Säcke	€
2	5,10
4	

b) **Kantsteine**

Stück	€
5	8,30
15	

c) **Betonplatten**

Stück	€
2	3,20
8	

d) **Tapete**

Rollen	€
6	33,60
2	

e) **Teppichboden**

m^2	€
6	24,60
3	

f) **Wandfliesen**

m^2	€
10	150,50
2	

3 Ein Windrad macht in 10 Sekunden 4 Umdrehungen.

a) Wie viele Umdrehungen macht das Windrad in einer Minute?

b) Wie viele Umdrehungen macht das Windrad in einer Stunde?

4 Bestimme die fehlenden Werte.

a) **Holzleisten**

m	€
3	2,70
1	
5	

b) **Wandfarbe**

l	€
9	36,45
1	
14	

c) **Vorhangstoff**

m	€
5	83,40
1	
9	

5 Sebastian zahlt für 400 g Nüsse 3,40 €.
Jenny kauft 200 g Nüsse, Jens kauft 600 g.
Wie viel Euro zahlt Jenny? Wie viel Euro zahlt Jens?

6 Frau Gabler und ihre Nachbarin wollen Erdbeermarmelade kochen.
Frau Gabler kauft 12 kg Erdbeeren für 36 €. Die Nachbarin kauft 5 kg.
Wie viel Euro zahlt die Nachbarin für die Erdbeeren?

7 Berechne immer den Preis für 1 kg.

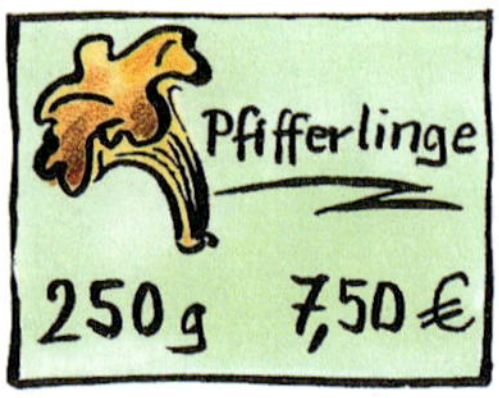

Prozentrechnung

Darstellen von Prozentsätzen

1 Berechne die neuen Preise.

Prozent bedeutet Hundertstel.
Das Zeichen für Prozent ist %.

$3\,\% = \frac{3}{100}$ $\frac{17}{100} = 17\,\%$

2 Schreibe mit dem Prozentzeichen und als Hundertstel.

7 Prozent   100 Prozent   50 Prozent   10 Prozent   1 Prozent

3 Welcher Bruchteil ist im Hunderterfeld gefärbt?

a)
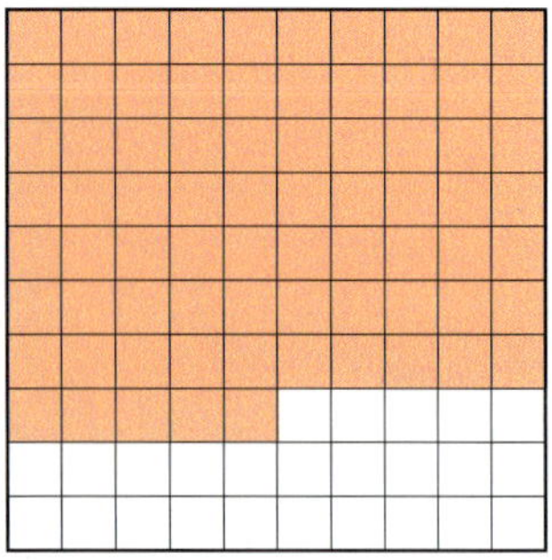
$75\,\% = \frac{\blacksquare}{100}$

b)
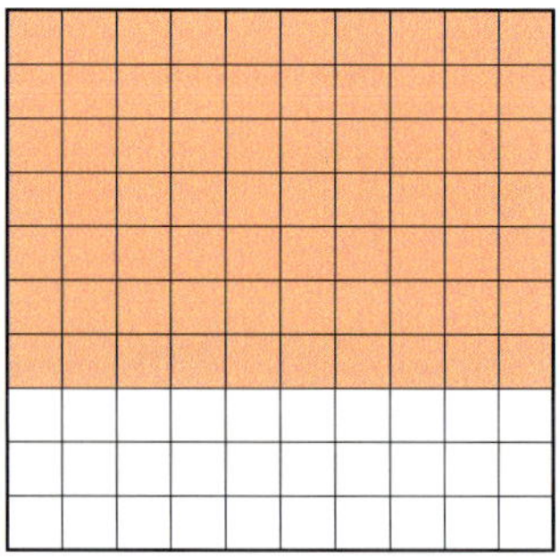
$70\,\% = \frac{\blacksquare}{100}$

c)
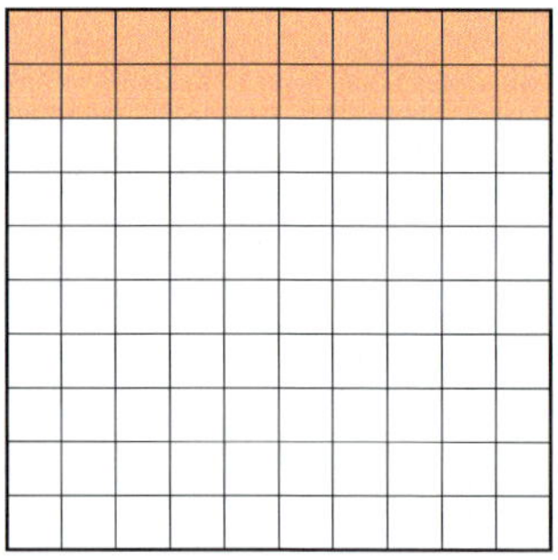
$20\,\% = \frac{\blacksquare}{100}$

4 Gib als Hundertstelbruch und in Prozent an.

a)
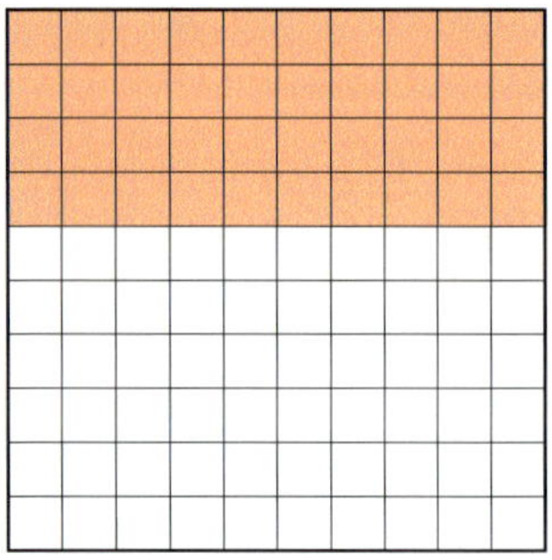

b)
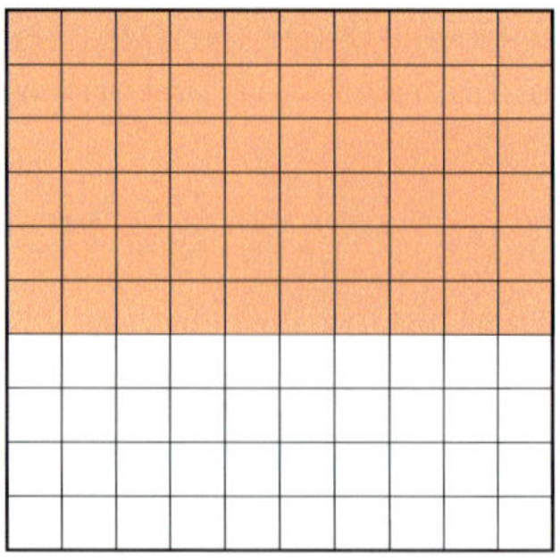

c)
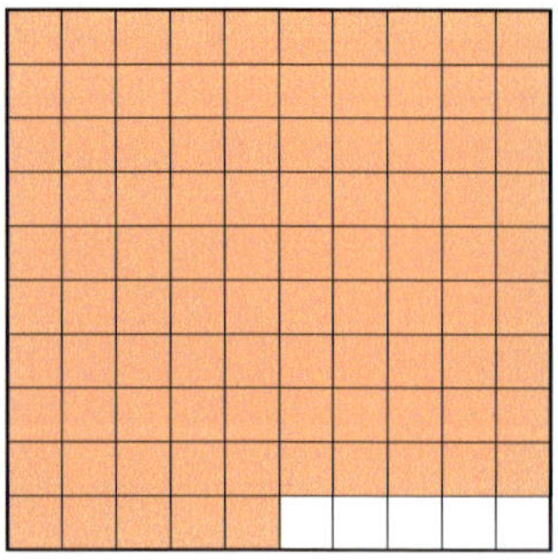

5 Zeichne jeweils ein Hunderterfeld.

Färbe: a) 80 %   b) 30 %   c) 25 %   d) 65 %   e) 85 %

Prozentsätze und Brüche

1

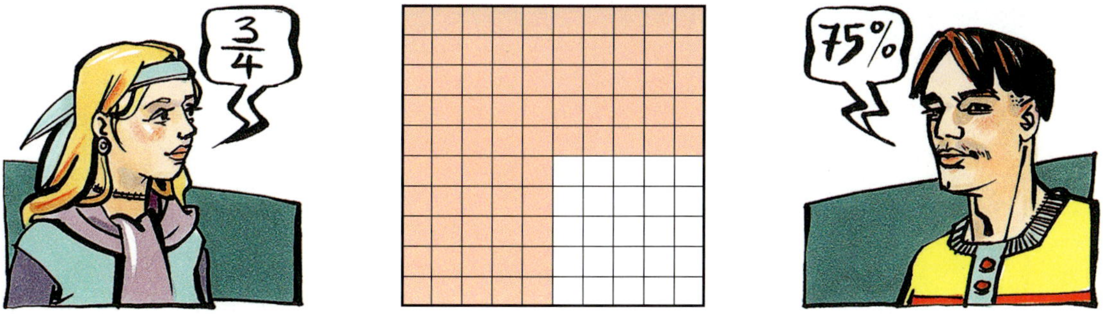

Haben beide Recht?

! $\frac{1}{2}$ = 50 % $\frac{1}{10}$ = 10 % $\frac{1}{4}$ = 25 % $\frac{1}{5}$ = 20 %

2 Zeichne jeweils ein Hunderterfeld auf Karopapier. Färbe den Bruchteil.

a) $\frac{1}{2}$ $\frac{1}{4}$ $\frac{1}{10}$ $\frac{1}{5}$ $\frac{1}{100}$

b) $\frac{3}{10}$ $\frac{9}{10}$ $\frac{3}{4}$ $\frac{4}{5}$ $\frac{34}{100}$

3 Schreibe zu jedem Bruch aus Aufgabe 2 den Prozentsatz auf. Verwende die Hunderterfelder.

$\frac{1}{2}$ = 50 %

4 Gib den gefärbten Teil als Bruchteil und in Prozent an.

a)
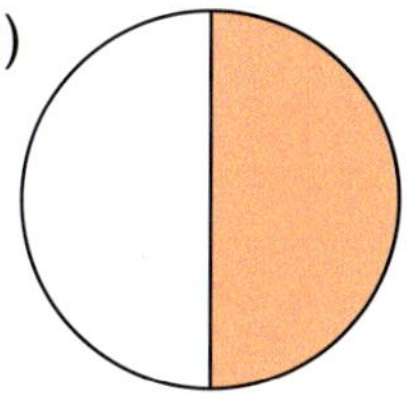

b)
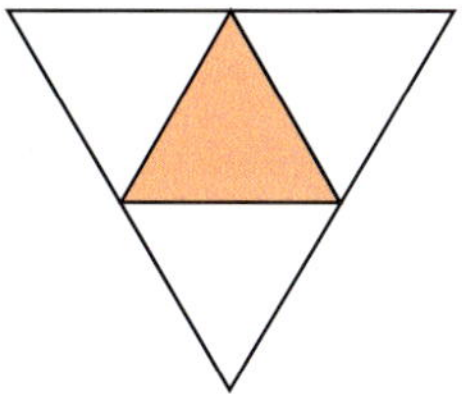

c)
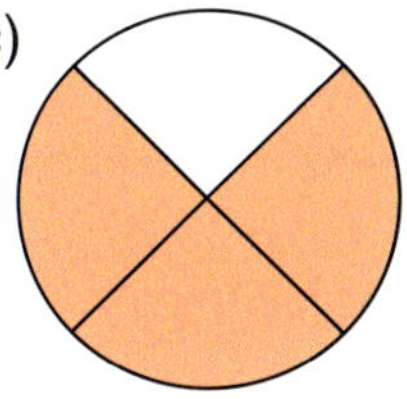

d)

e)
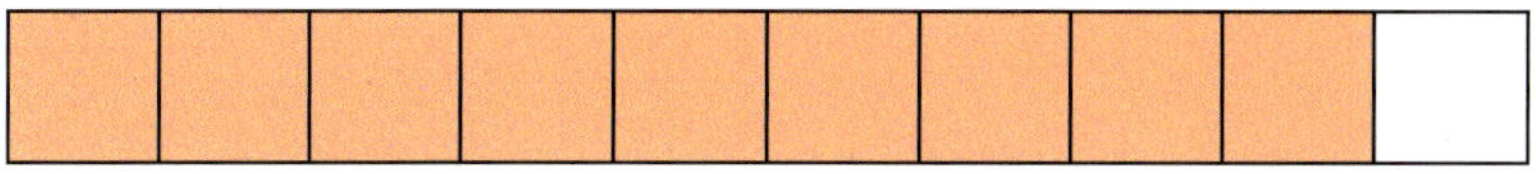

f)
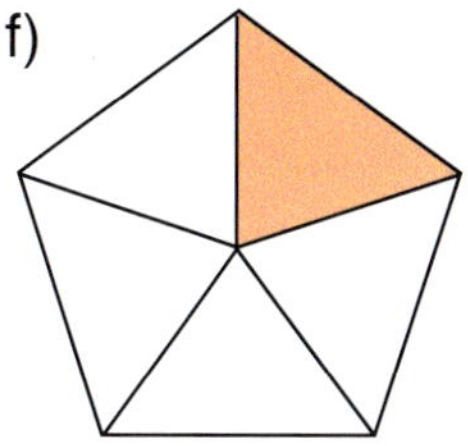

5 Schreibe als Bruch und in Prozent.

a)
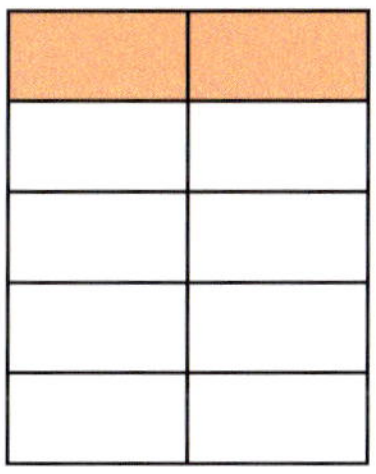

b)
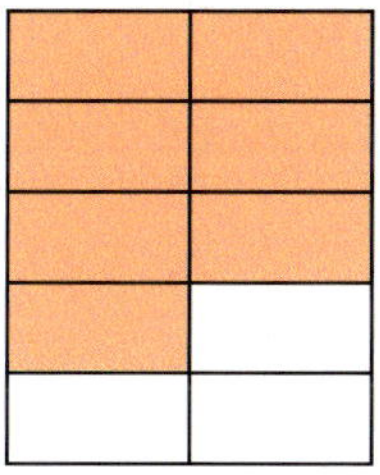

c)
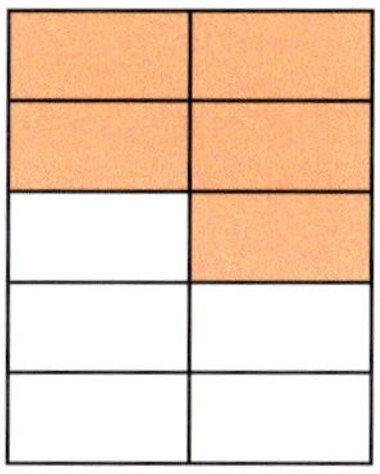

d)

6 Schreibe zu jedem Prozentsatz den Bruch auf. Kürze so weit wie möglich.

70 % = $\frac{70}{100}$ = $\frac{7}{10}$

a) 70 %   30 %   90 %   10 %

b) 25 %   75 %   80 %   40 %

Berechnen des Prozentwertes

	%	Schüler	
	100	400	
: 100 ↓	1	4	↓ : 100
· 70 ↓	70	280	↓ · 70

280 Schülerinnen und Schüler kommen zu Fuß zur Schule.

%	Schüler
100	400

100 % sind 400 Schüler.

▶

	%	Schüler	
	100	400	
: 100 ↓	1	4	↓ : 100

1 % sind 4 Schüler.

▶

	%	Schüler	
	100	400	
: 100 ↓	1	4	↓ : 100
· 70 ↓	70	280	↓ · 70

70 % sind 280 Schüler.

1 Die Tal-Schule hat 200 Schülerinnen und Schüler.
Davon kommen 80 % zu Fuß zur Schule.
Wie viele Schülerinnen und Schüler kommen zu Fuß zur Schule?

2 Die Kinovorstellung wird von 400 Zuschauern besucht.
Davon sind 30 % Jugendliche.
Wie viele Jugendliche besuchen die Vorstellung?

3 Die Zirkusvorstellung hat 300 Besucher.
Davon sind 15 % Kinder.
Wie viele Kinder besuchen die Zirkusvorstellung?

4 Der Sportverein bekommt 900 € gespendet. Für 60 % davon werden Trikots gekauft. Wie viel Euro werden für Trikots ausgegeben?

5 Erfinde eine Rechengeschichte zur Tabelle. Rechne aus.

a)

	%	Besucher	
	100	500	
: 100 ↓	1	5	↓ : 100
· 40 ↓	40	■	↓ · 40

b)

	%	Schüler	
	100	300	
: 100 ↓	1	■	↓ : 100
· 20 ↓	20	■	↓ · 20

c)

	%	€	
	100	500	
: 100 ↓	1	■	↓ : 100
· 12 ↓	12	■	↓ · 12

6

a)	b)	c)	d)
1 % von 400 €	10 % von 200 €	12 % von 500 kg	22 % von 300 m
1 % von 800 €	10 % von 600 €	13 % von 200 kg	23 % von 200 m
1 % von 500 €	20 % von 700 €	16 % von 400 kg	21 % von 400 m

1 Berechne die Anzahlung für die Möbelstücke.

2

a) 3 % von 120 €
5 % von 210 €
7 % von 110 €
4 % von 220 €

b) 10 % von 560 €
10 % von 470 €
20 % von 830 €
20 % von 710 €

c) 30 % von 260 €
40 % von 730 €
70 % von 280 €
90 % von 320 €

d) 28 % von 750 €
34 % von 480 €
53 % von 860 €
87 % von 980 €

3 Herr Tusk kauft Büromöbel für 2 470 €. Die Anzahlung beträgt 35 % des Kaufpreises. Wie viel Euro muss Herr Tusk anzahlen?

4 Wo wurde nicht immer richtig gerechnet? Berichtige.

a) 30 % von 210 € = 630 €
b) 40 % von 320 € = 128 €
c) 11 % von 540 € = 54 €
d) 15 % von 440 € = 60,60 €

5

Schrank	Sessel	Tisch	Stuhl	Regal
670 €	140 €	375 €	98 €	83 €

Im Räumungsverkauf werden alle Preise um 45 % ermäßigt.

a) Wie viel Euro beträgt die Ermäßigung für jedes Möbelstück?
b) Berechne für jedes Möbelstück den neuen Preis.

6 Berechne. Gib eine weitere Aufgabe mit Ergebnis an.

a) 1 % von 150 m
2 % von 150 m
3 % von 150 m
4 % von 150 m
■ % von ■ m

b) 10 % von 850 m
20 % von 850 m
30 % von 850 m
40 % von 850 m
■ % von ■ m

c) 5 % von 100 m
5 % von 200 m
5 % von 400 m
5 % von 800 m
■ % von ■ m

d) 1 % von 2 000 m
2 % von 1 000 m
4 % von 500 m
8 % von 250 m
■ % von ■ m

Prozentspiele

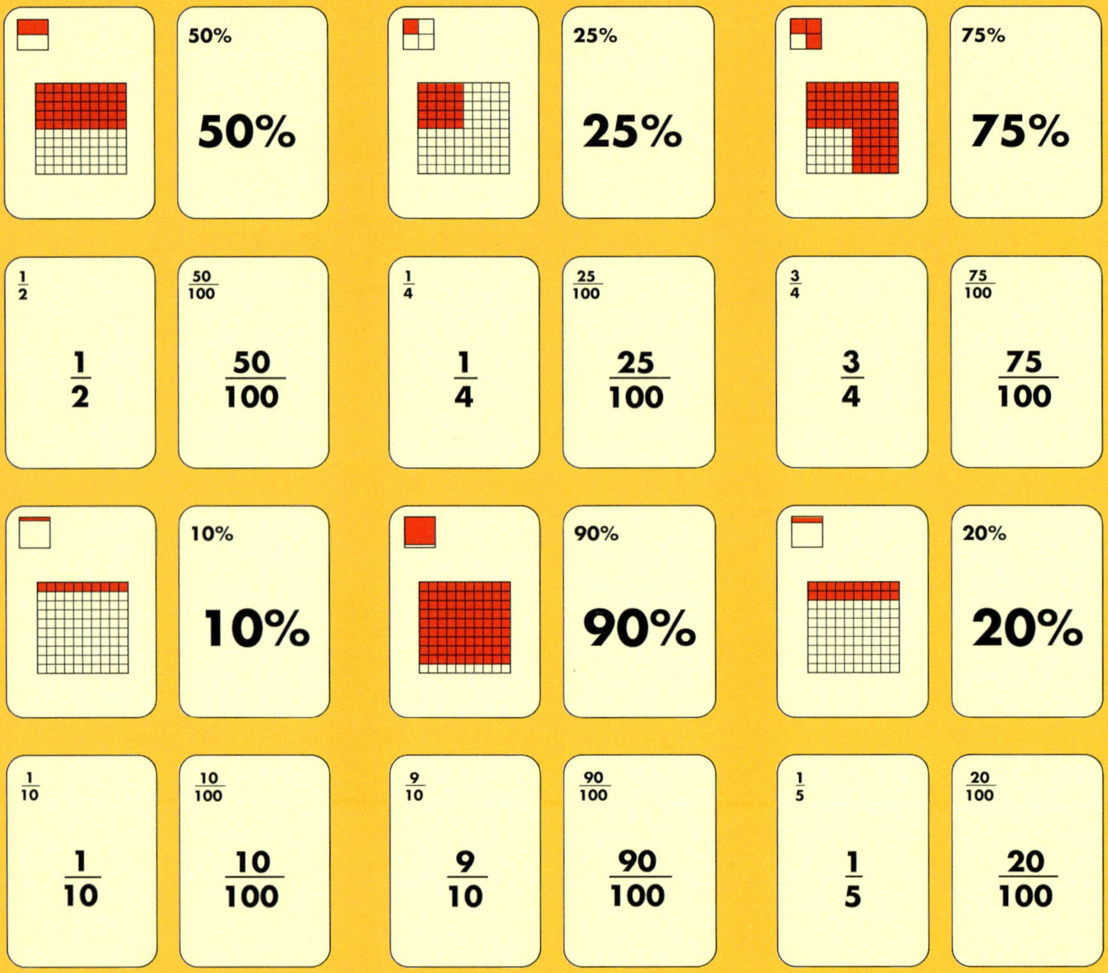

Vorbereitung: Die 24 Karten aufgedeckt hinlegen
Immer vier Karten, die zueinander gehören, zusammenlegen

Schwarzer Peter

- Ein Karte verdeckt aus dem Spiel nehmen und beiseite legen.
- Die übrigen Karten mischen und an 4 Spieler verteilen (drei Spieler bekommen 6 Karten, wer austeilt, bekommt 5 Karten).
- Wer ein Kartenpaar hat, legt es heraus, die Mitspieler prüfen nach.
- Reihum jeweils vom rechten Nachbarn eine Karte ziehen. Passt die gezogene Karte zu einer Karte auf der Hand, wird dieses Kartenpaar abgelegt.
- Wer am Schluss die letzte Karte hat, ist Schwarzer Peter.

Merkspiel

- Die Karten mischen und verdeckt auf den Tisch legen.
- Abwechselnd zwei Karten aufdecken. Wer ein Kartenpaar aufgedeckt hat, darf es behalten.
- Wird kein Paar aufgedeckt, werden die Karten wieder umgedreht.
- Wer am Schluss die meisten Kartenpaare hat, hat gewonnen.

PROJEKT

1 So könnt ihr die 24 Karten herstellen:
Ihr braucht 3 Blatt Karton.

Durch Falten und Halbieren erhaltet ihr aus jedem Blatt 8 Karten.

Nun habt ihr 24 rechteckige Karten.

So stellt ihr die Karten fertig:
Immer 4 Karten gehören zusammen.
Auf eine Karte klebt ihr das eingefärbte Hunderterfeld, auf die 3 anderen schreibt ihr den gefärbten Anteil als Bruch, in Prozent und als Hundertstelbruch.
Wenn ihr die Angaben in der linken oberen Ecke klein wiederholt, könnt ihr die Karten wie beim richtigen Kartenspiel in der Hand halten.

2 Hier seht ihr immer nur eine von 4 zusammengehörigen Karten.
Welches sind jeweils die 3 fehlenden Karten?

a) 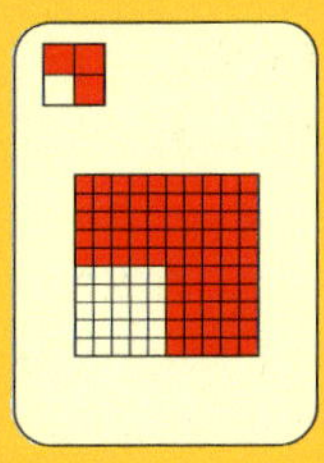

b) $\frac{1}{2}$ — $\frac{1}{2}$

c) $\frac{90}{100}$ — $\frac{90}{100}$

d) 10% — 10%

e) $\frac{1}{5}$ — $\frac{1}{5}$

f) 75% — 75%

g) $\frac{50}{100}$ — $\frac{50}{100}$

h) 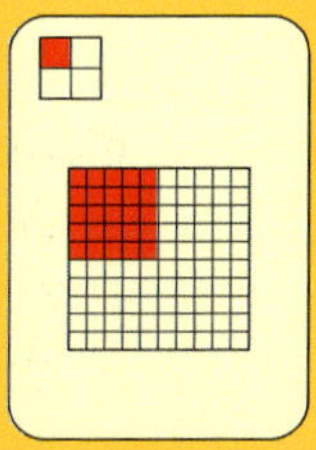

Vorteilhaftes Rechnen

1 Im Park wird ein Gehweg von 600 m Länge mit Platten belegt.
50 % des Weges sind schon fertiggestellt.
Wie viel Meter Weg sind fertig?

2

a)	b)	c)
50 % von 400 m	25 % von 400 kg	10 % von 500 €
50 % von 900 m	25 % von 800 kg	10 % von 700 €
50 % von 6 000 m	25 % von 2 000 kg	10 % von 3 000 €
50 % von 7 000 m	25 % von 8 000 kg	10 % von 7 000 €

3 Die Anzahlung beträgt 25 % des Reisepreises.
Wie viel Euro müssen angezahlt werden?

4

a)	b)	c)
50 % von 860 €	25 % von 160 kg	10 % von 430 m
50 % von 640 €	25 % von 200 kg	10 % von 960 m
50 % von 4 200 €	25 % von 4 400 kg	10 % von 8 500 m

5 Der Eintritt zur Gartenschau beträgt 12 €.
Kinder zahlen nur 25 % des Normalpreises.
Wie viel Euro kostet der Eintritt für ein Kind?

6 Entscheide selbst, wie du rechnest.

a)	b)	c)
25 % von 800 €	50 % von 2 100 €	30 % von 84 €
10 % von 360 €	25 % von 4 800 €	50 % von 96 €
13 % von 790 €	17 % von 1 200 €	25 % von 32 €
50 % von 640 €	28 % von 5 400 €	16 % von 47 €

Preissenkung – Preiserhöhung

1 a) Wie viel Euro beträgt für jedes Gerät die Preissenkung?

b) Berechne für jedes Gerät den neuen Preis.

Computer

a)

	%	€	
: 100	100	795	: 100
· 30	1	7,95	· 30
	30	238,50	

Die Preissenkung beträgt 238,50 €.

b) Alter Preis: 795,00 €
Preissenkung: −238,50 €
Neuer Preis: ▭ €

Der neue Preis beträgt ▭ €.

2 Frau Starke verdient monatlich 1 850 €.
Für Steuer und Versicherung werden ihr 27 % des Verdienstes abgezogen.

a) Berechne den Abzug in Euro.

b) Wie viel Euro bekommt Frau Starke monatlich ausgezahlt?

c) Wie viel Prozent ihres Verdienstes bekommt Frau Starke ausgezahlt?

3 a) Wie viel Euro beträgt für jedes Modell die Preiserhöhung?

b) Berechne für jedes Auto den neuen Preis.

Kleinwagen

a)

	%	€	
: 100	100	9 800	: 100
· 4	1	98	· 4
	4	392	

Die Preiserhöhung beträgt 392 €.

b) Alter Preis: 9 800 €
Preiserhöhung: + 392 €
Neuer Preis: ▭ €

Der neue Preis beträgt ▭ €.

4 Familie Marek hat im letzten Jahr für 475 € Strom verbraucht.
In diesem Jahr ist die Rechnung 12 % höher als im letzten Jahr.

a) Um wie viel Euro ist die Rechnung in diesem Jahr höher?

b) Wie hoch ist die Stromrechnung in diesem Jahr?

Ernährungsgewohnheiten

Aktuelle Befragung ergab:

Jugendliche immer gesundheitsbewusster

Wie eine Befragung von 4000 Jugendlichen im Alter von 12 bis 19 Jahren ergab, steht die gesunde Ernährung bei der heutigen Jugend hoch im Kurs. Die meisten jungen Leute achten auf ausgewogene Ernährung mit vielen Vitaminen. Gemüse, Obst und Fruchtsäfte sind bei der heutigen jungen Generation so beliebt wie nie zuvor. Die wichtigsten Ergebnisse:

50 % der Befragten essen regelmäßig Obst oder Gemüse.

78 % der Befragten trinken lieber Obstsäfte als Limonade oder Cola.

65 % der Befragten essen regelmäßig Vollkornbrot.

1 a) Wie viele der befragten Jugendlichen essen regelmäßig Obst oder Gemüse?

b) Wie viele der befragten Jugendlichen bevorzugen Obstsäfte?

c) Wie viele der befragten Jugendlichen essen regelmäßig Vollkornbrot?

2 Vor 20 Jahren ergab sich ein ganz anderes Bild.
Damals wurden 2000 Jugendliche befragt.

Frage	Ja	Nein
Isst du regelmäßig Obst oder Gemüse?	27 %	73 %
Trinkst du lieber Obstsaft als Limonade oder Cola?	42 %	58 %
Isst du regelmäßig Vollkornbrot?	36 %	64 %

a) Wie viele der 2000 befragten Jugendlichen antworteten jeweils mit Ja?

b) Wie viele der 2000 befragten Jugendlichen antworteten jeweils mit Nein?

3 Eine Reporterin befragte Jugendliche nach ihren Pausensnacks.
Das Säulendiagramm zeigt, wie viel Prozent der Befragten zu den einzelnen Pausensnacks greifen.

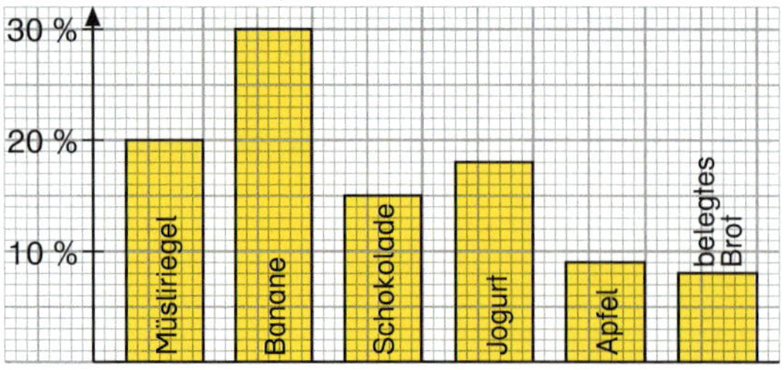

Wie viele der 300 Befragten greifen zu den einzelnen Pausensnacks?

So sollte sich die Nahrung einer erwachsenen Person zusammensetzen:

Die Nahrung sollte abwechslungsreich und auf 4–5 Mahlzeiten am Tag verteilt sein. Sie sollte würzig, aber nicht salzig sein.
Getränke sollten ungesüßt sein (Mineralwasser, Kräutertee, Schorle, ...).

1 Ein Erwachsener sollte täglich ungefähr 1 600 g Nahrung zu sich nehmen.
Wie viel Gramm entfallen auf die einzelnen Nahrungsmittel?

2 Stimmen die Empfehlungen? Prüfe nach.

Gemüse, Hülsenfrüchte und Salat sollten fast $\frac{1}{4}$ der Nahrungsmenge ausmachen.

Fleisch oder Fisch sollten weniger als $\frac{1}{10}$ der Nahrungsmenge ausmachen.

$\frac{1}{5}$ der täglichen Nahrungsmenge sollte aus Milch oder Milchprodukten bestehen.

3 In der Tabelle steht der durchschnittliche Verbrauch an Nahrungsmitteln pro Person in verschiedenen Jahren.
Wie viel kg sind es jeweils?

	1950	1985	2007
Gesamtmenge	614 kg	630 kg	612 kg
Kartoffeln	29 %	12 %	11 %
Fleisch	6 %	16 %	14 %
Milch, Quark, Jogurt	21 %	17 %	18 %

4 Entspricht die Zusammensetzung deiner Nahrung den Empfehlungen?

Wiederholen und Üben

1 Schreibe mit dem Prozentzeichen und als Hundertstel.

4 Prozent 12 Prozent 43 Prozent 84 Prozent 93 Prozent

2 Färbe in einem Hunderterfeld. Schreibe als Hundertstel.

a) 10 % b) 30 % c) 27 % d) 59 % e) 85 %

3 Gib den gefärbten Teil als Bruchteil und in Prozent an.

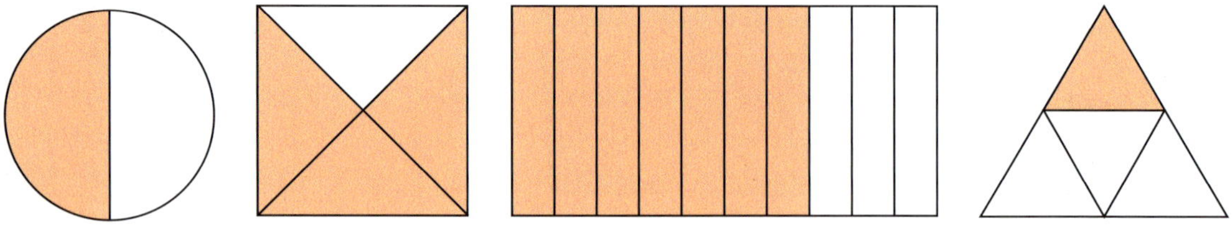

4

a) 7 % von 200 €
20 % von 600 €
60 % von 500 €

b) 8 % von 20 m
17 % von 50 m
73 % von 90 m

c) 6 % von 1 600 kg
28 % von 1 250 kg
64 % von 1 230 kg

5

a) 10 % von 30 €
10 % von 75 €
10 % von 347 €

b) 50 % von 68 kg
50 % von 36 kg
50 % von 52 kg

c) 25 % von 360 m
25 % von 840 m
25 % von 2 400 m

6 Wie viel Gramm Wasser sind in 500 g der Nahrungsmittel enthalten?

Wassergehalt: Hülsenfrüchte 18 % Fleisch 72 % Brot 41 %
Obst 88 % Milch: 86 %

7 Der Wertverlust eines Mittelklassewagens beträgt in den ersten 3 Jahren ungefähr 28 % des Neupreises.

a) Berechne für jedes Fahrzeug den Wertverlust in Euro.

b) Berechne für jedes Modell den Wert nach 3 Jahren.

Neupreise
Modell A: 15 500 €
Modell B: 17 800 €
Modell C: 19 450 €

8 Familie Özkan zahlte im letzten Jahr 980 € Heizkosten. In diesem Jahr ist die Rechnung um 8 % höher ausgefallen.

a) Berechne die Erhöhung der Rechnung in Euro.

b) Wie hoch ist die Heizkostenrechnung in diesem Jahr?

9 Eine Hausverwaltung erhöht zum 1. Januar die Mieten um 7 %.

a) Berechne jeweils die Mieterhöhung in Euro.

b) Berechne die neue Miete.

Alter Mietpreis
Familie Schmitz: 450 €
Familie Oberle: 510 €
Herr Rastelli: 265 €

Würfel und Quader – Volumen

Schrägbilder zeichnen

1 Baut Kantenmodelle von Würfeln und Quadern.
Haltet die Modelle gegen eine Lichtquelle.
Betrachtet das Schattenbild.

2 Übertrage das Schrägbild in dein Heft.

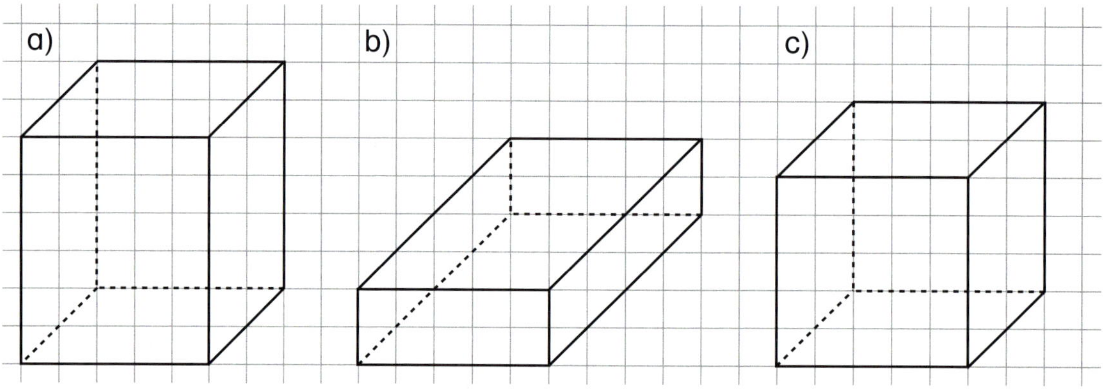

3 Das Schrägbild ist unvollständig.
Übertrage die Zeichnung in dein Heft.
Ergänze die fehlenden Kanten.

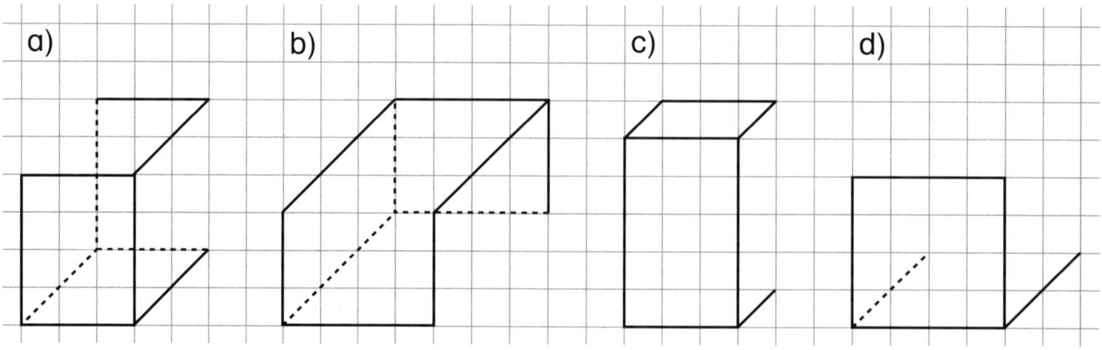

So zeichnest du das Schrägbild eines Quaders:

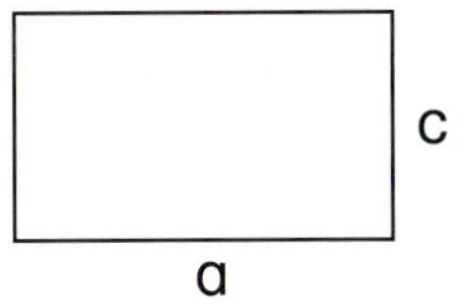

Vorderansicht zeichnen.

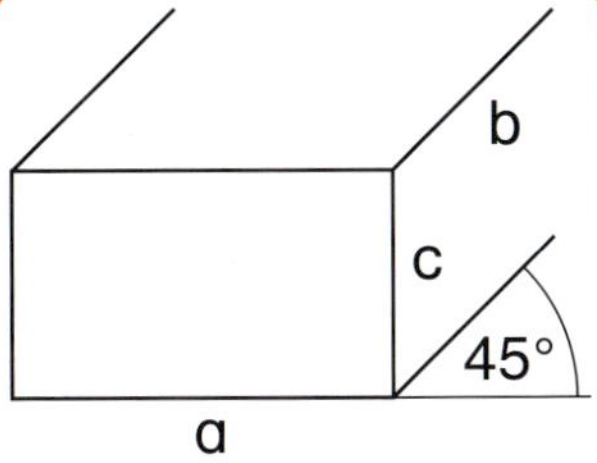

Nach hinten laufende Kanten in halber Länge nach schräg oben zeichnen.

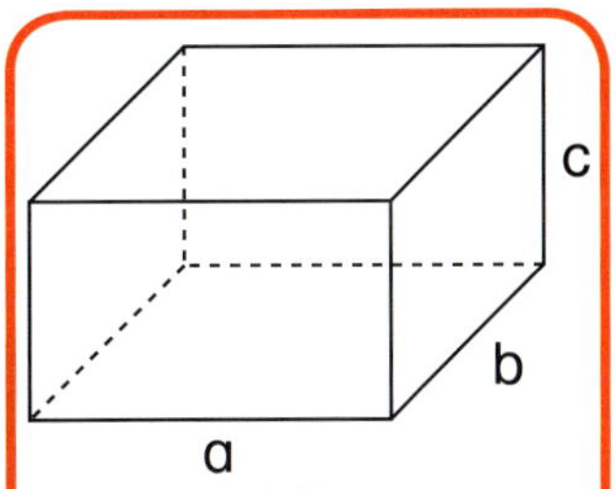

Nicht sichtbare Kanten werden in der Zeichnung gestrichelt.

1 Zeichne das Schrägbild des Körpers.

in halber Länge zeichnen

a) Quader: a = 5 cm; b = 4 cm; c = 6 cm
b) Würfel: a = 6 cm
c) Quader: a = 6 cm; b = 8 cm; c = 6 cm
d) Würfel: a = 7 cm

2 Zeichne Schrägbilder einer Streichholzschachtel in verschiedenen Lagen.

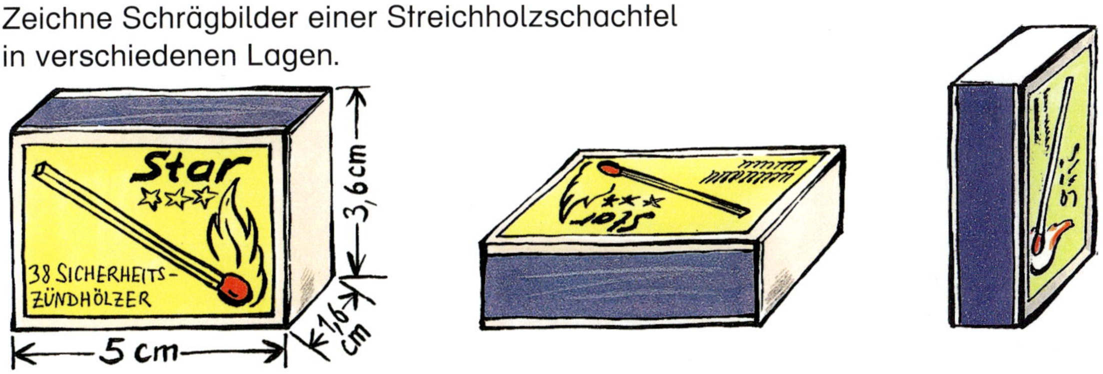

3 Wie viel Zentimeter Draht benötigt man für das Modell?

a)
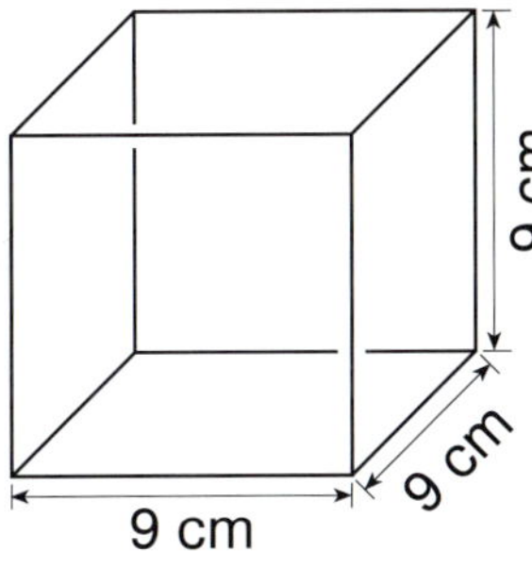

b)
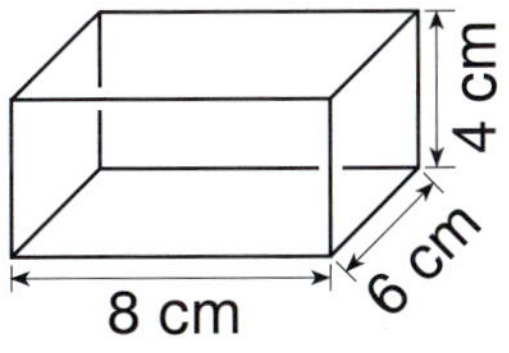

c)
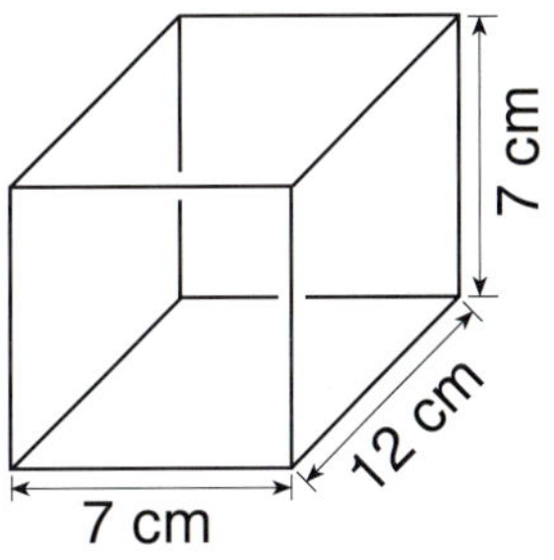

4 Aus dem Drahtstück soll ein möglichst großes Würfelmodell werden. Welche Kantenlänge hat der Würfel?

a) 120 cm

b) 84 cm

Quadernetze

1 Vom Quader zum Netz des Quaders.
Erkläre, wie man das macht.

2 Übertrage die Netze auf kariertes Papier.
Zu welchen Körpern gehören die Netze? Überprüfe.

A

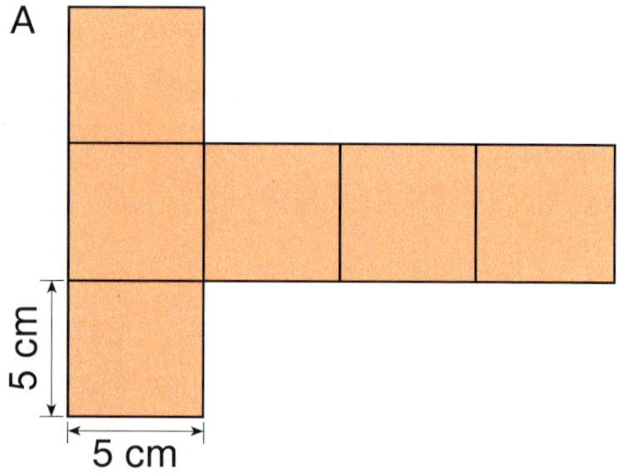

B

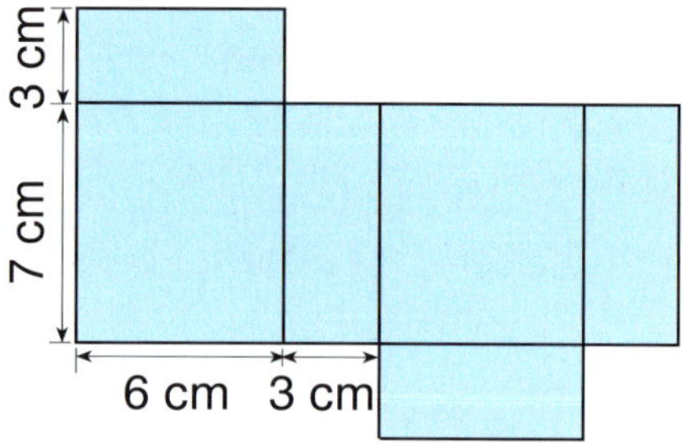

3 Übertrage das Quadernetz in dein Heft.
Färbe gegenüberliegende Flächen in gleicher Farbe.

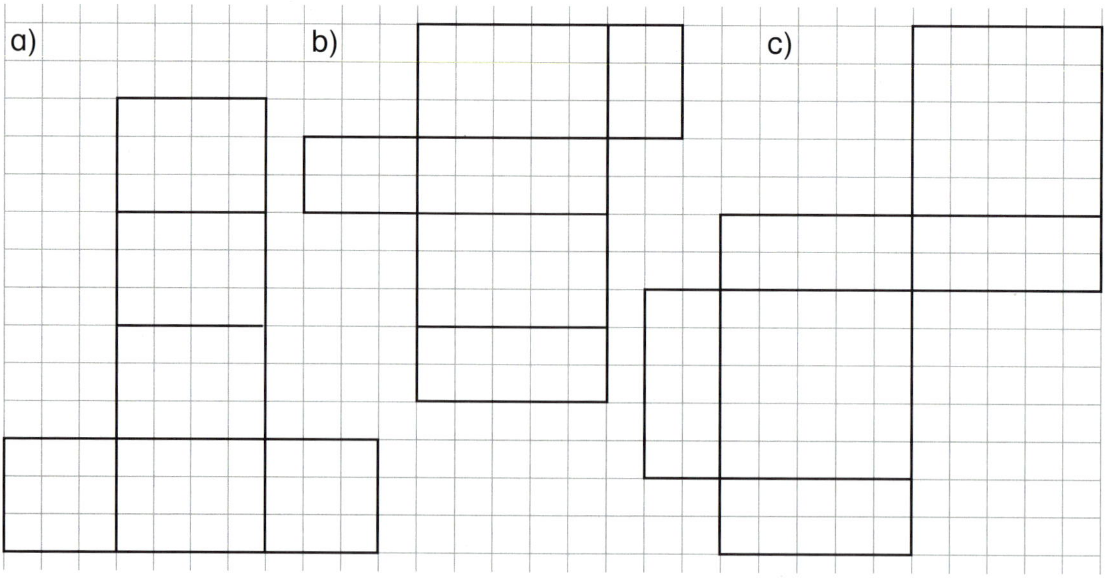

Oberfläche des Quaders

1 Erkläre, wie Ina die Oberfläche von Würfel und Quader berechnet.

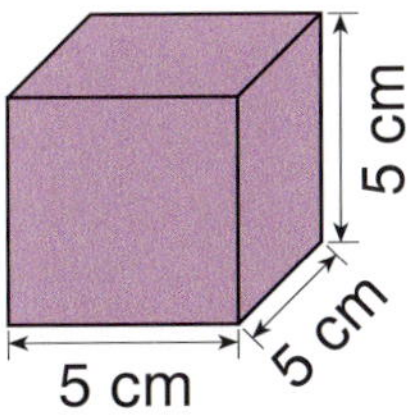

Oberfläche des Würfels:

O = 6 · Seitenfläche
O = 6 · 25
O = 150 cm²

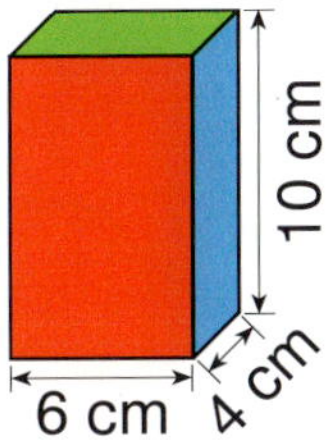

Oberfläche des Quaders:

O = 2 · **Grundfläche** + 2 · **Vorderfläche** + 2 · Seitenfläche
O = 2 · 24 + 2 · 60 + 2 · 40
O = 248 cm²

! Die Oberfläche eines Körpers ist die Summe seiner Einzelflächen.

2 Zeichne das Netz des Körpers. Berechne die Oberfläche.

a)
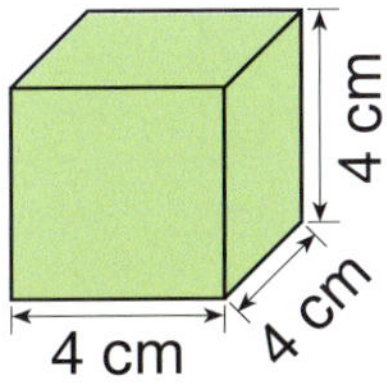

b)
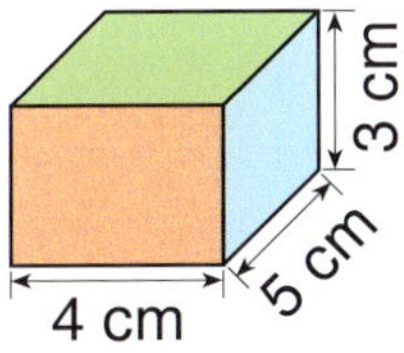

c)
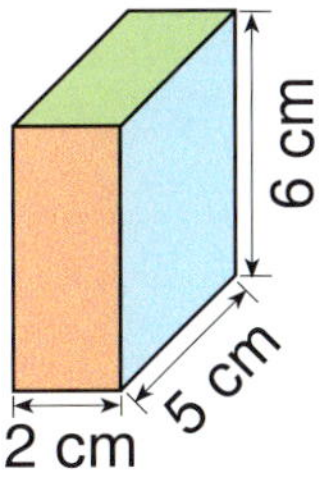

d)
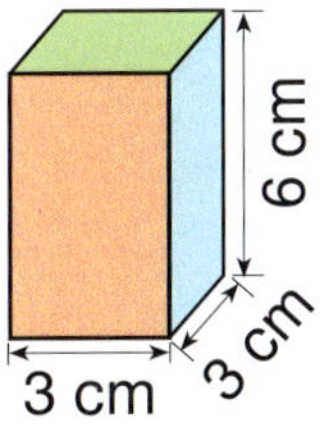

3 Wie viel cm² Pappe wird mindestens für den Karton benötigt?

a)
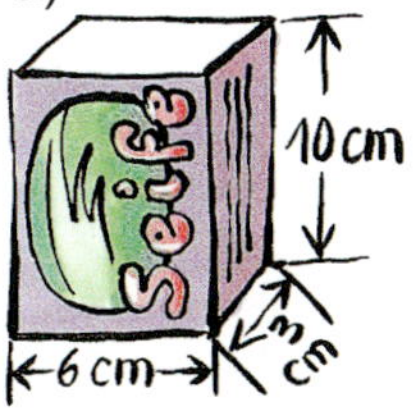

b)
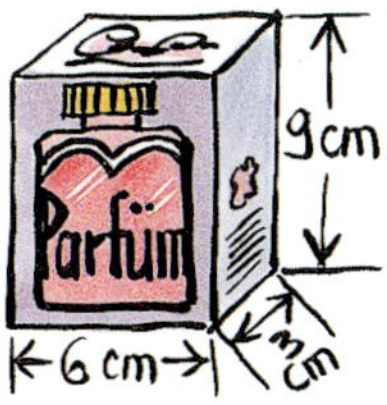

c)
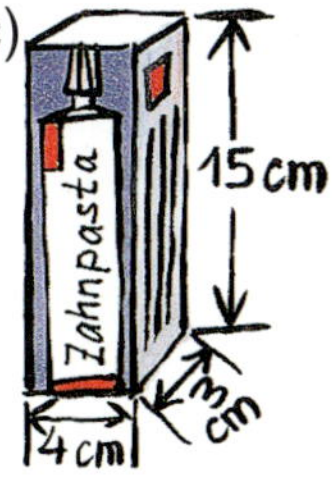

d)
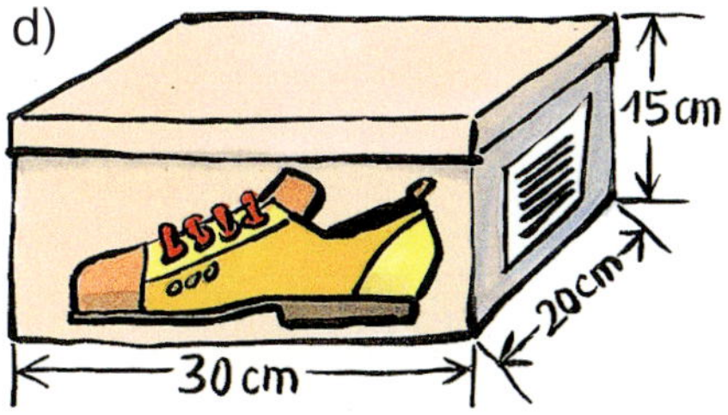

4 Das Straßenbauamt hat 20 Holzkisten für Streusalz bestellt.
1 m² Tannenholz kostet 14 €.

a) Wie viel m² Holz wird für eine Kiste benötigt?
b) Wie viel m² Holz wird für 20 Kisten benötigt?
c) Wie teuer ist das Holz für alle Kisten?

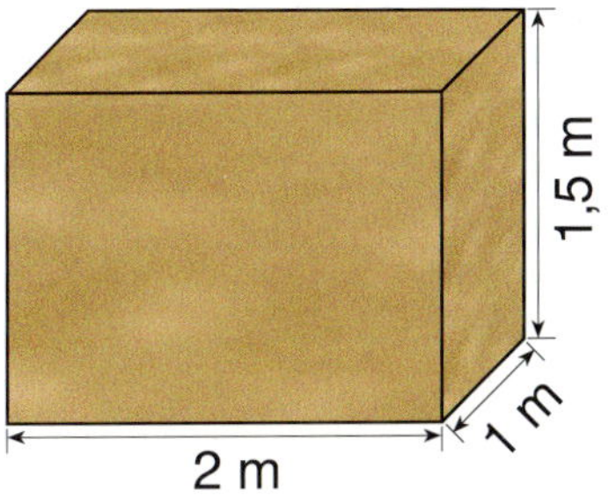

1 Wie viele Würfel haben die Wagen geladen?

Das Volumen kleiner Körper wird in Kubikzentimeter angegeben. Ein Würfel mit der Kantenlänge 1 cm hat das Volumen 1 cm³ (Kubikzentimeter).

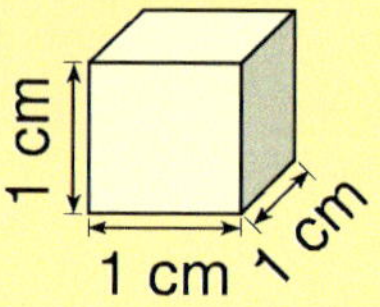

2 Die Würfel haben die Kantenlänge 1 cm.

a) Wie viele Würfel passen in jede Kiste?

b) Wie groß ist das Volumen jeder Kiste?

A

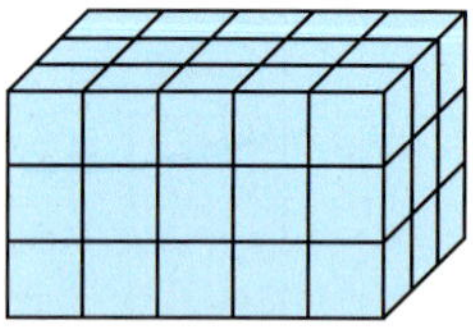

B

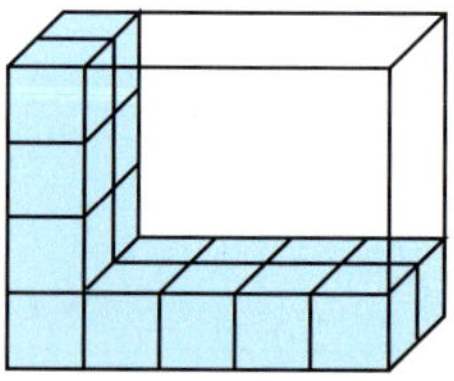

C

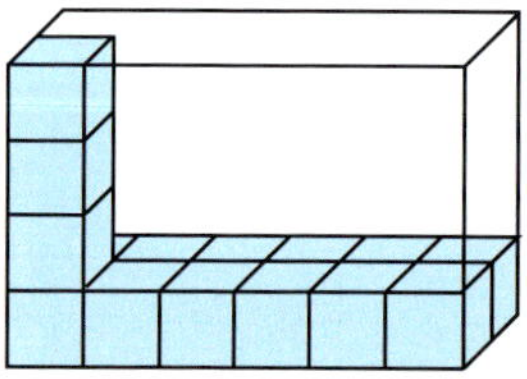

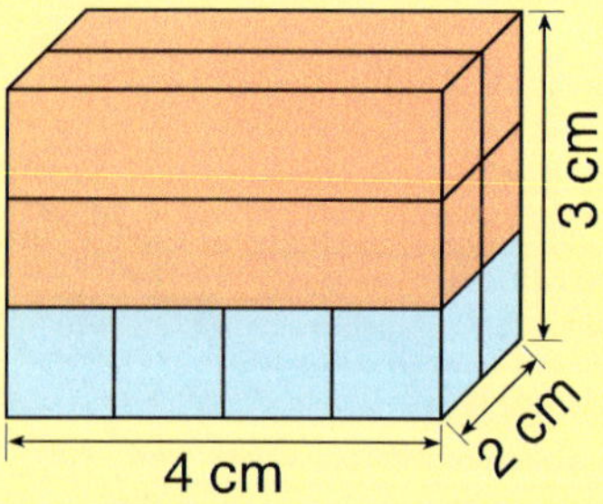

Volumen des Quaders

$V = a \cdot b \cdot c$

$V = 4 \cdot 2 \cdot 3$

$V = 24\ cm^3$

3 Berechne das Volumen.

a)

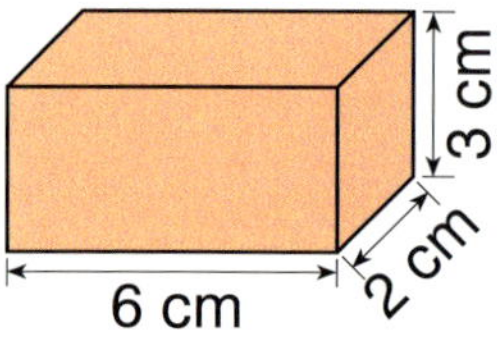

b)

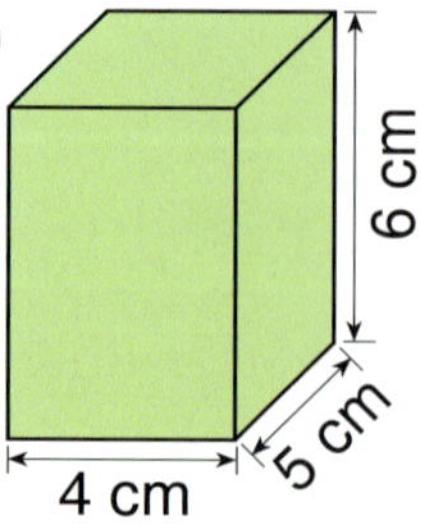

c)

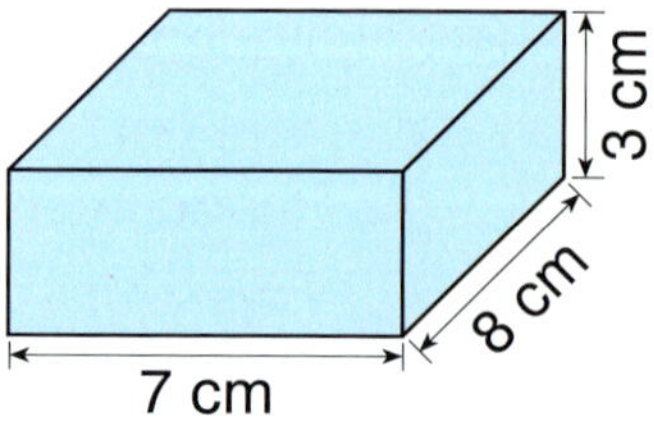

1

F	37,5 cm × 13 cm × 13 cm
S	25 cm × 17,5 cm × 10 cm
M	35 cm × 25 cm × 12 cm
L	40 cm × 25 cm × 15 cm
XL	50 cm × 30 cm × 20 cm

Berechne das Volumen der Pakete.

2 Berechne das Volumen des Pakets.

a) b) c) d)

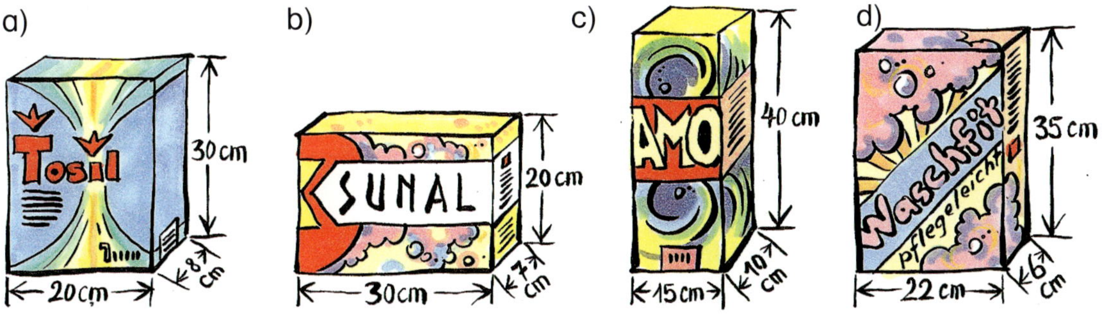

3 Berechne das Volumen des Quaders.

	a)	b)	c)	d)	e)	f)
Seite a	5 cm	4 cm	14 cm	5 cm	1,5 cm	5 cm
Seite b	4 cm	4 cm	5 cm	5 cm	3 cm	14 cm
Seite c	3 cm	4 cm	3 cm	5 cm	5 cm	4 cm

4 Die Firma EXTRO muss zwischen zwei Verpackungen für das neue Waschmittel wählen.

a) Berechne Volumen und Oberfläche der Quader.

b) Welche Verpackung würdest du wählen? Begründe.

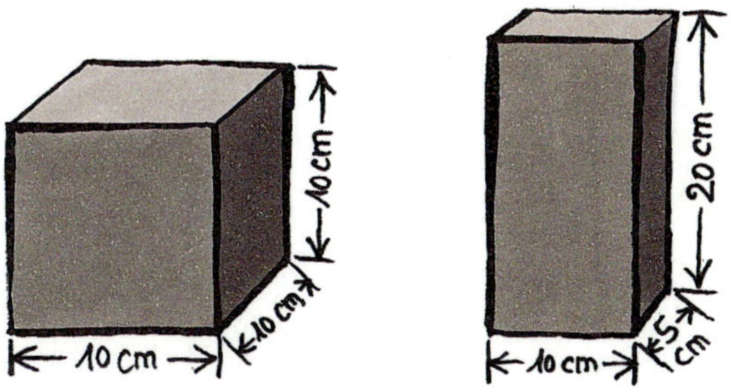

5 In der Schachtel werden quadratische Schokoladentäfelchen verpackt.

a) Wie viel cm^3 Schokolade passen in die Schachtel?

b) Ein Täfelchen ist 0,5 cm dick. Wie viele Schokoladentäfelchen passen in die Schachtel?

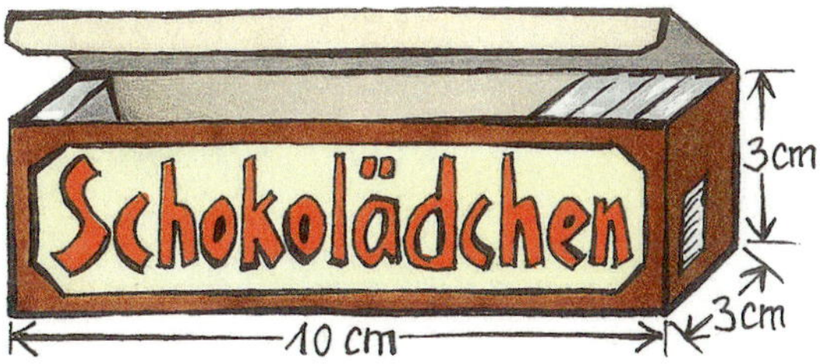

Kubikzentimeter – Liter – Kubikmeter

1 Fülle mit dem Messbecher Wasser in einen Hohlwürfel mit der Kantenlänge 10 cm.

!

1 000 Kubikzentimeter = 1 Liter

1 000 cm³ = 1 l

1 500 cm³ = 1,5 l

2

a) 1 500 cm³ = ■ l
   10 000 cm³ = ■ l

b) 4 l = ■ cm³
   15 l = ■ cm³

c) 1 300 cm³ = ■ l
   500 cm³ = ■ l

d) 3,5 l = ■ cm³
   0,3 l = ■ cm³

3 Schätze:
Wie viele 10-l-Eimer ergeben 1 m³ Wasser?

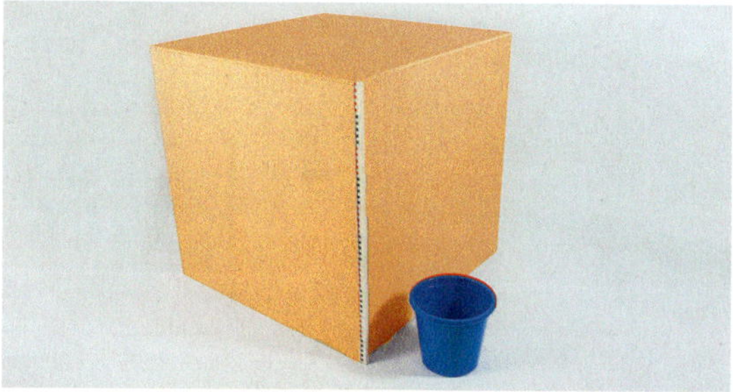

!

1 Kubikmeter = 1 000 Liter

1 m³ = 1 000 l

4

a) 5 m³ = ■ l
   9 m³ = ■ l

b) 3 000 l = ■ m³
   10 000 l = ■ m³

c) 2,5 m³ = ■ l
   8,3 m³ = ■ l

d) 7 500 l = ■ m³
   400 l = ■ m³

5 Wie viel Liter Saft enthalten die Pakete?

a)

b)

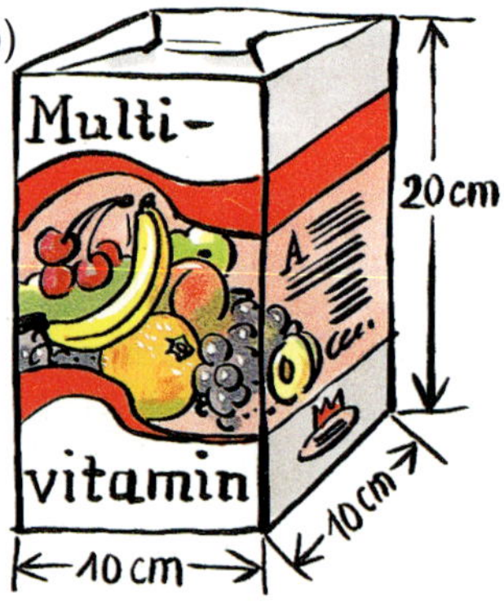

c)

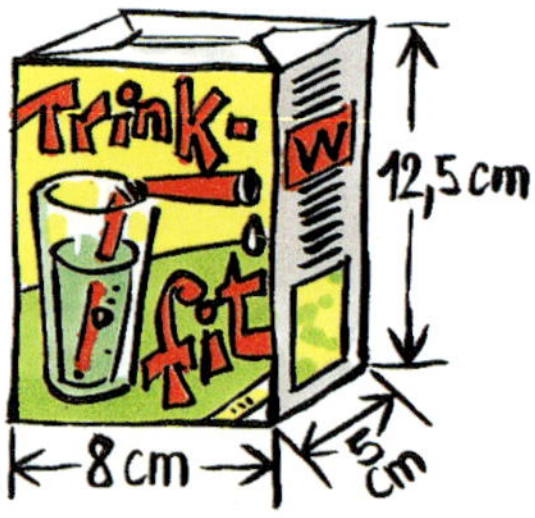

d)

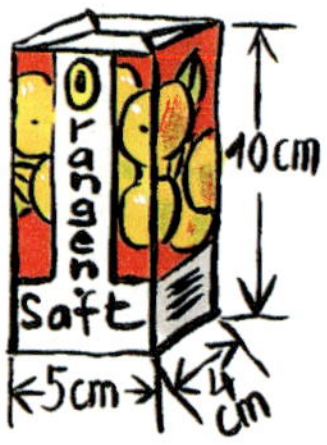

!

Kleine Flüssigkeitsmengen werden in Milliliter gemessen.

1 Kubikzentimeter = 1 Milliliter

1 cm³ = 1 ml

1 Liter = 1 000 Milliliter

1 l = 1 000 ml

6

a) 2 l = ■ ml
   5 l = ■ ml

b) 2,5 l = ■ ml
   1,3 l = ■ ml

c) 3 000 ml = ■ l
   4 000 ml = ■ l

d) 3 700 ml = ■ l
   900 ml = ■ l

1 Das große Aquarium ist 5 m lang, 2 m breit und 4 m tief.
Wie viel Liter Wasser werden für eine Füllung benötigt?

2 Wie viel Liter Wasser fasst das Aquarium?

a)

b)

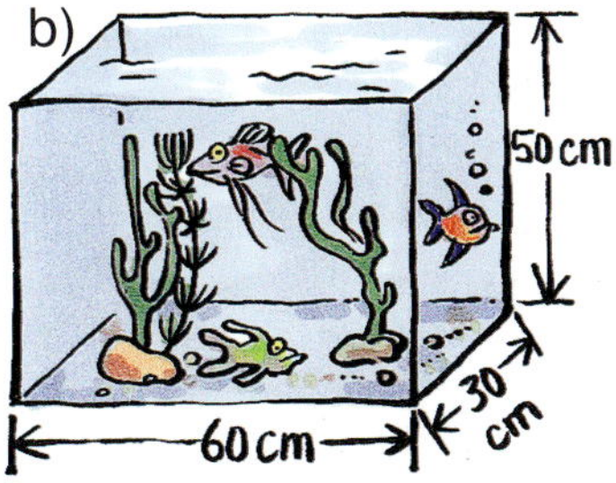

c)

3 Auch Fische brauchen Platz, um sich wohl zu fühlen.
Je nach Art benötigen sie ein bestimmtes Wasservolumen.

Guppie 7 l

Panzerwels 11 l

Neonsalm 5 l

a) Wie viele Guppies finden in jedem Aquarium aus Aufgabe 2 Platz?

b) Wie viele Neonsalme können in das kleinste Aquarium gesetzt werden?

c) Kann Inge in das große Aquarium 7 Guppies, 5 Panzerwelse und 8 Neonsalme setzen?

Wiederholen und Üben

1 Bei jedem dieser Quadernetze fehlt eine Fläche.

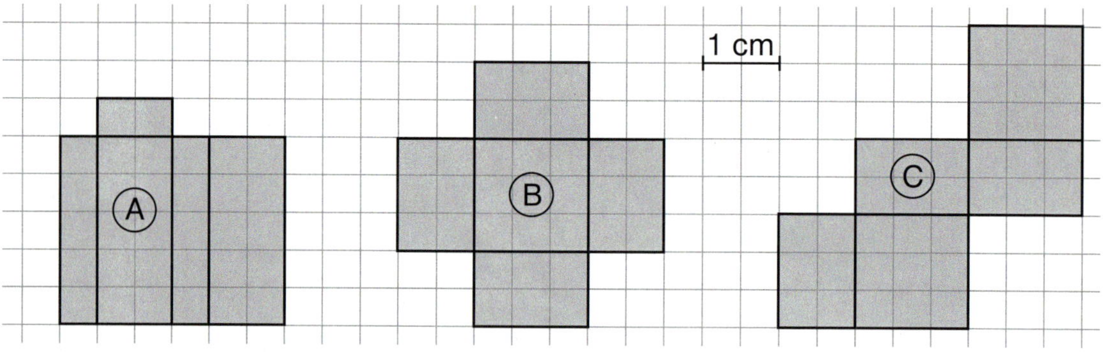

a) Übertrage in dein Heft und ergänze die fehlende Fläche.

b) Male gegenüberliegende Flächen in gleichen Farben aus.

c) Berechne die Oberfläche des Quaders.

2 Zeichne das Schrägbild des Körpers.
Berechne die Oberfläche und das Volumen.

a) a = 7 cm, b = 4 cm, c = 8 cm

b) a = 6 cm, b = 6 cm, c = 6 cm

c) a = 7 cm, b = 7 cm, c = 5 cm

d) a = 8 cm, b = 5 cm, c = 8 cm

3 Berechne den Laderaum des Lastkraftwagens.

a)

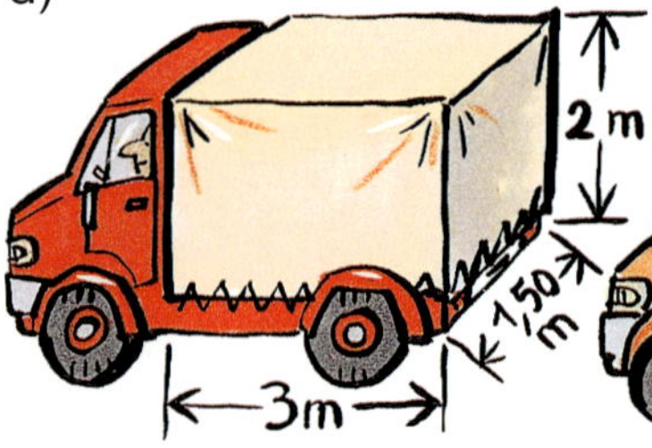

b)

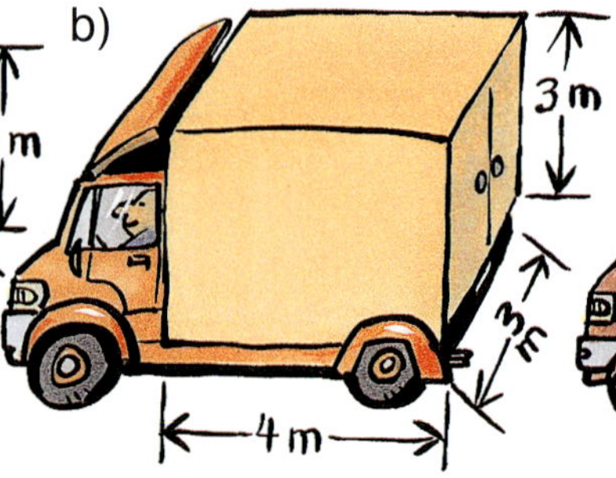

c)

4 Das Wasserbecken hat eine Tiefe von 2 m.
Wie viel m^3 Wasser werden für eine Füllung benötigt?
Wie viel Liter sind das?

a)

b)

c)

ALLES PALETTI

1 Wie heißen die Zahlen bei den roten Strichen? Schreibe: a = 50 000

2 Ergänze bis 1 000 000: 600 000 100 000 750 000 510 000 830 000

3 Schreibe zu jeder Zahl die Nachbarhunderttausender auf.

370 000 710 000 278 300 847 900 781 200

4 Kleiner, größer oder gleich? Setze ein: <, > oder =

a) 430 000 ■ 340 000	b) 310 500 ■ 315 000	c) 548 235 ■ 485 253
810 000 ■ 870 000	116 900 ■ 117 000	712 999 ■ 713 001
620 000 ■ 260 000	834 217 ■ 834 217	293 507 ■ 307 259

5 a)

b)

c)

6

a) 370 · 100	b) 10 · 6 300	c) 67 000 : 10	d) 2 000 : 1 000
90 · 1 000	1 000 · 900	4 300 : 10	370 000 : 100
150 · 10	1 800 · 100	480 000 : 10	59 000 : 10

7

a) 4 · 30	b) 50 · 6	c) 800 : 2	d) 360 : 6
5 · 700	600 · 4	9 000 : 3	4 900 : 7
8 · 2 000	3 000 · 9	80 000 : 4	24 000 : 3
3 · 30 000	70 000 · 8	400 000 : 2	350 000 : 5

8 Erfinde eine Rechengeschichte zur Aufgabe.
So kann der Text beginnen: *Drei Freunde …*

1 800 : 3

9 Wie lange dauern die Spaziergänge?

a) Burg – Rastplatz – Dicke Eiche
b) Rastplatz – Dicke Eiche – Burg
c) Dicke Eiche – Burg – Rastplatz
d) Rundgang um den See

Alles Paletti

1

a) 517 582 + 13 151
424 347 + 152 822
6 519 + 257 807

b) 82 574 – 60 341
537 142 – 214 020
777 288 – 51 513

c) 256 438 + 959
418 207 + 510 893
624 400 – 282 398

2

a)

234	3 418	27 425	· 7

b)

438	7 237	19 603	· 51

c)

417	6 934	10 231	· 30

d)

729	6 315	13 842	· 72

3

Eine Tipp-Gemeinschaft von 6 Personen hat im Lotto 248 310 € gewonnen. Der Gewinn wird gerecht verteilt. Wie viel Euro bekommt jede Person?

4

Wie heißen die Zahlen bei den roten Strichen? Schreibe: a = 8,3

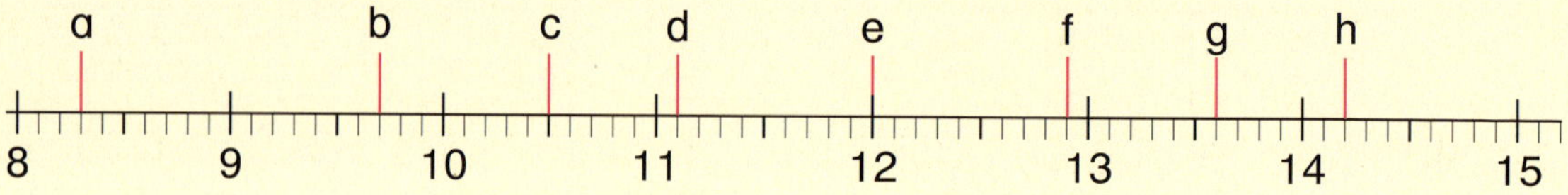

5

a)

3,81	7,2	0,05	· 10

b)

60,38	7,02	0,3	: 10

c)

0,248	83,25	2,7	· 100

d)

432,6	30,8	0,9	: 100

6

a)
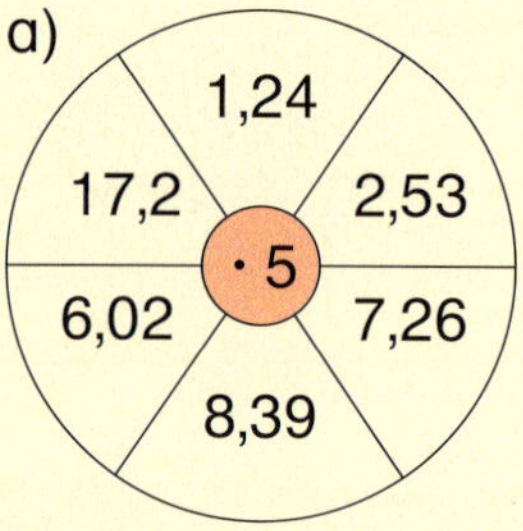

b)
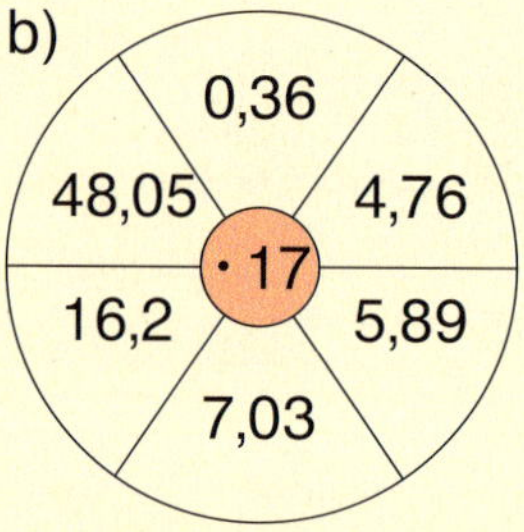

c)
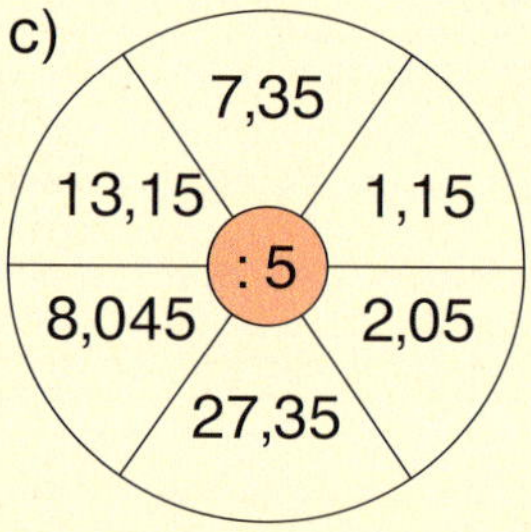

d)
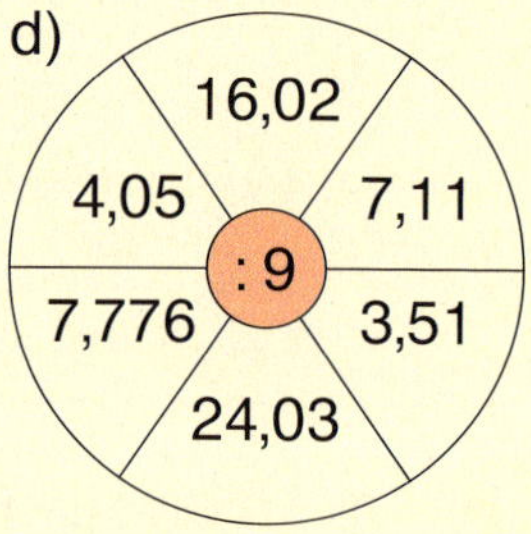

7

Bei einigen Lösungen wurde das Komma falsch gesetzt.
Du kannst diese Lösungen mit einem Überschlag herausfinden.

a) 20,5 · 8 = 16,4
12,7 · 7 = 88,9

b) 3,18 · 5 = 15,9
8,05 · 6 = 4,83

c) 6,02 · 5 = 30,1
3,05 · 4 = 1,22

d) 9,9 · 16 = 158,4
8,8 · 15 = 13,2

8

Schreibe mit Komma.

a) $\frac{1}{2}$ kg $\frac{3}{4}$ kg b) $\frac{1}{2}$ m $\frac{3}{4}$ m c) $\frac{1}{5}$ cm $\frac{4}{5}$ cm d) $\frac{1}{4}$ km $\frac{3}{4}$ km

9

Im Kopf oder schriftlich?

a) 2,40 € + 6,32 €
4,85 € – 2,60 €
9,65 € – 4,23 €

b) 13,6 cm + 2,3 cm
25,3 cm – 1,1 cm
18,7 cm – 3,2 cm

c) 4,90 m + 1,20 m
9,55 m – 0,50 m
8,30 m – 0,60 m

1 Frau und Herr Westphal machen mit ihren Kindern Laura und Niklas zwei Wochen Urlaub auf dem Bauernhof. Wie viel Euro zahlt Familie Westphal für die Übernachtung mit Frühstück in den zwei Wochen?

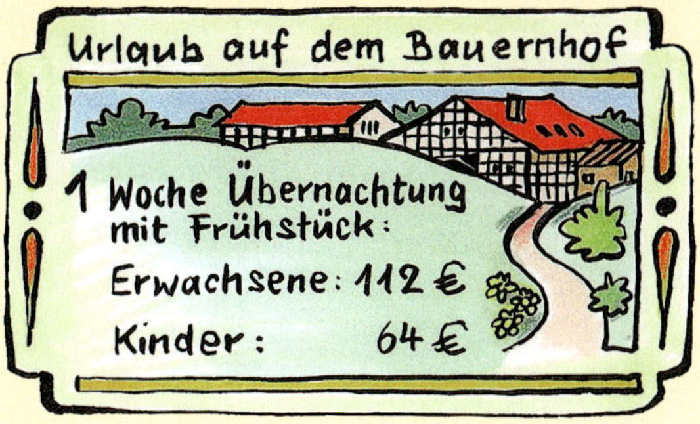

2 Berechne den fehlenden Preis.

a) **Textmarker**

Stück	€
8	4,80
2	

b) **Bleistifte**

Stück	€
6	2,40
3	

c) **Klebefilm**

Rollen	€
10	2,50
2	

d) **Milch**

l	€
3	1,35
1	
5	

e) **Limonade**

Flaschen	€
8	4,96
1	
5	

f) **Käse**

g	€
200	2,46
100	
300	

3 Wie viel Liter Benzin braucht das Auto für 400 km?

a) 
5,3 l für 100 km

b) 
6,1 l für 100 km

c) 
9,7 l für 100 km

4

a) 3% von 100 €
12% von 100 €
25% von 100 €

b) 5% von 300 m
16% von 700 m
61% von 900 m

c) 4% von 2 500 kg
27% von 1 400 kg
53% von 3 800 kg

5

a) Frau Schilling kauft $\frac{1}{2}$ kg Erdbeeren.
Wie viel Gramm Erdbeeren sind es?

b) Herr Kersting kauft $\frac{3}{4}$ kg Himbeeren für einen Kuchen.
Wie viel Gramm Himbeeren kauft Herr Kersting?

1 kg = 1 000 g
$\frac{1}{2}$ kg = ■ g

6

a)

$\frac{1}{2}$	$\frac{1}{10}$	$\frac{1}{4}$	$\frac{1}{5}$	von	1 m	1 km

b)

$\frac{3}{10}$	$\frac{2}{5}$	$\frac{7}{10}$	$\frac{3}{4}$	von	1 m	1 km

7 Kürze das Ergebnis, wenn möglich.

a) $\frac{3}{7} + \frac{2}{7}$ b) $\frac{1}{8} + \frac{5}{8}$ c) $\frac{2}{9} + \frac{1}{9}$ d) $\frac{7}{8} - \frac{1}{8}$ e) $\frac{9}{10} - \frac{1}{10}$

Alles Paletti

1 Bestimme mit einer Zeichnung, wie weit das Schiff vom Leuchtturm und von der Kirche entfernt ist.
Für 1 km in Wirklichkeit zeichne 1 cm in deinem Heft.

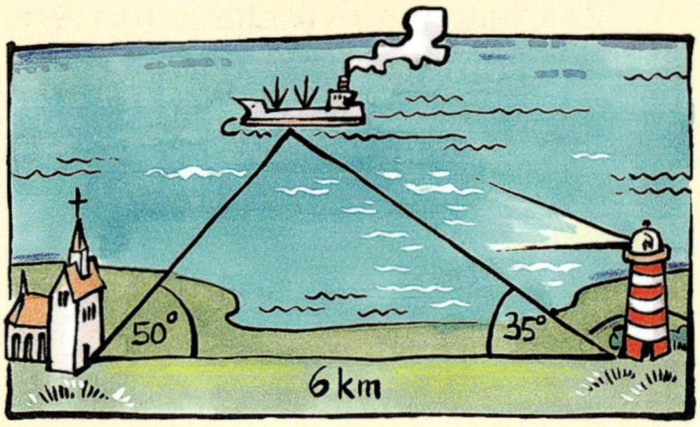

2 Zeichne das Dreieck mit dem Zirkel. Zeichne die Höhe zur Grundseite ein.
Berechne Umfang und Flächeninhalt des Dreiecks.

a)	b)	c)	d)	e)
a = 3 cm	a = 7 cm	a = 5,8 cm	a = 4 cm	a = 3,6 cm
b = 4 cm	b = 6 cm	b = 4 cm	b = 6,2 cm	b = 6 cm
c = 6 cm	c = 8 cm	c = 7 cm	c = 5 cm	c = 6 cm

3 Übertrage die Tabelle in dein Heft.
Berechne für die Rechtecke die fehlenden Werte.

Seite a	3 m	16 m	2,5 cm	2 m		6 cm
Seite b	4 m	5 m	4 cm		3 m	
Umfang						
Flächeninhalt				10 m^2	24 m^2	36 cm^2

4 Wie viel Euro kostet der Bodenbelag?

a) Terrasse

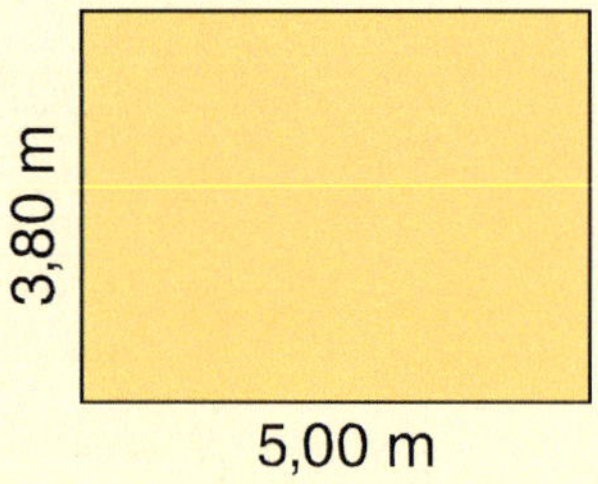

1 m^2 kostet 10,40 €.

b) Fahrradstellplatz

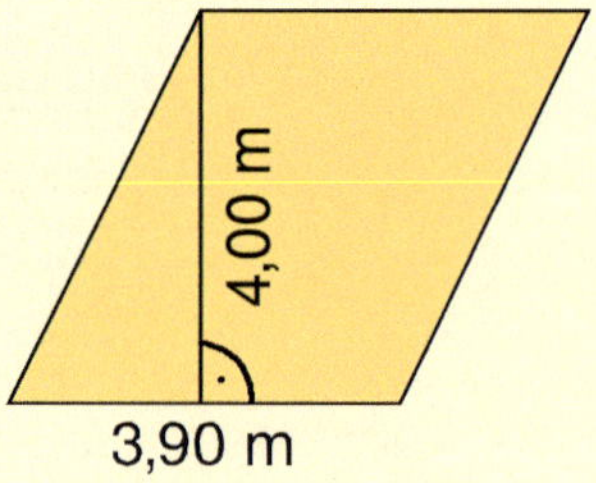

1 m^2 kostet 12,70 €.

c) Treppenabsatz

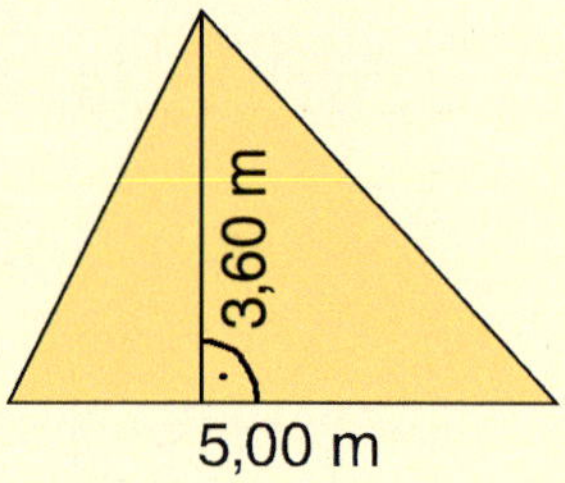

1 m^2 kostet 32,60 €.

5 Wie heißen die Körper?
Notiere für jeden Körper die Anzahl der Ecken, Kanten und Flächen.

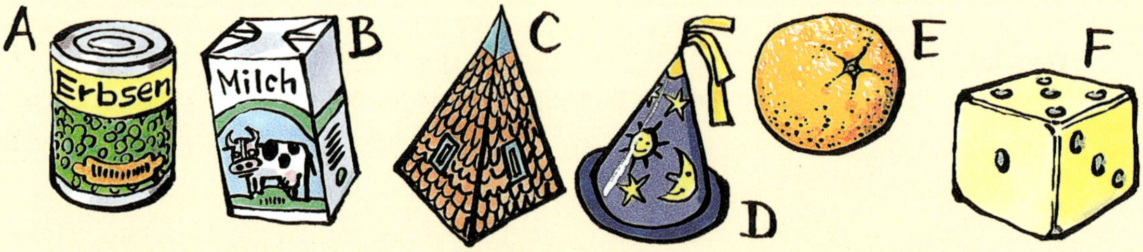

Zeichen und Grundrechenarten

Zeichen	Bedeutung	Beispiel	Zeichen	Bedeutung	Beispiel
$=$	gleich	$4 + 3 = 7$	$<$	kleiner als	$2 < 5$
$\approx$	rund	$219 \approx 200$	$>$	größer als	$6 > 3$

Addieren	$5 + 4 = 9$	Subtrahieren	$8 - 2 = 6$
Multiplizieren	$3 \cdot 5 = 15$	Dividieren	$12 : 2 = 6$

Rechenregeln $6 + 24 = 24 + 6$ $8 \cdot 9 = 9 \cdot 8$

Beim Addieren und Multiplizieren darf man die Zahlen vertauschen.

Rundungsregel

Abrunden bei 0, 1, 2, 3, 4	Aufrunden bei 5, 6, 7, 8, 9
Runden auf Tausender: Runden auf Hunderter:	**4**236 ≈ 4000 6**7**82 ≈ 7000 4**23**6 ≈ 4200 6**78**2 ≈ 6800

Brüche

Erweitern: $\frac{2}{5} = \frac{2 \cdot 3}{5 \cdot 3} = \frac{6}{15}$ Kürzen: $\frac{8}{12} = \frac{8 : 4}{12 : 4} = \frac{2}{3}$

Addieren: $\frac{1}{5} + \frac{3}{5} = \frac{1 + 3}{5} = \frac{4}{5}$ Subtrahieren: $\frac{4}{5} - \frac{1}{5} = \frac{4 - 1}{5} = \frac{3}{5}$

Brüche und Prozentsätze

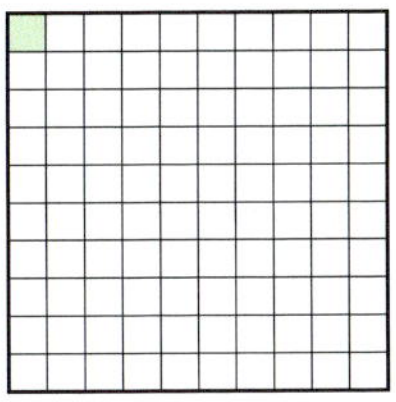

$\frac{1}{100} = 1\%$

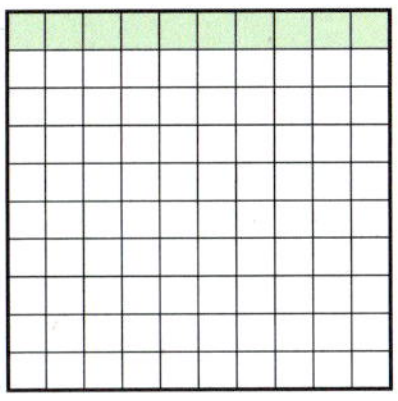

$\frac{1}{10} = \frac{10}{100} = 10\%$

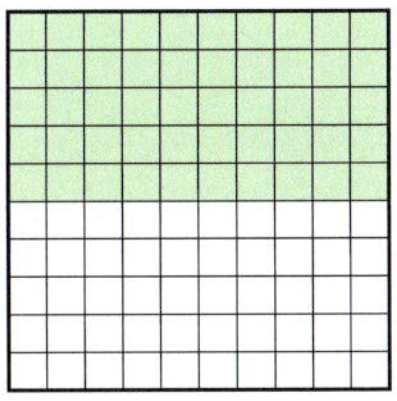

$\frac{1}{2} = \frac{50}{100} = 50\%$

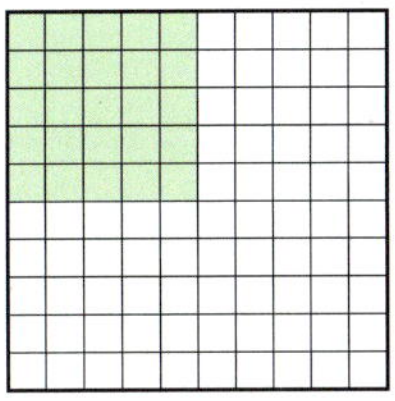

$\frac{1}{4} = \frac{25}{100} = 25\%$

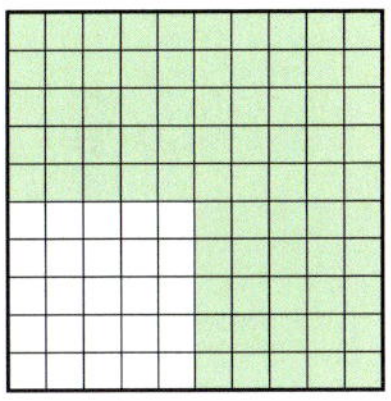

$\frac{3}{4} = \frac{75}{100} = 75\%$

Längen

1 cm = 10 mm 1 m = 100 cm 1 km = 1 000 m

2 cm 7 mm = 2,7 cm 1 m 8 cm = 1,08 m 1 km 275 m = 1,275 km

27 mm = 2,7 cm 108 cm = 1,08 m 1 275 m = 1,275 km

Raum- und Hohlmaße

1 l = 1 000 cm^3 1 m^3 = 1 000 l

2,3 l = 2 300 cm^3 1,2 m^3 = 1 200 l

Gewichte

1 kg = 1 000 g 1 t = 1 000 kg

1 kg 372 g = 1,372 kg 1 t 485 kg = 1,485 t

1 372 g = 1,372 kg 1 485 kg = 1,485 t

Zeit 1 min = 60 s 1 h = 60 min 1 Tag = 24 h

Bezeichnungen

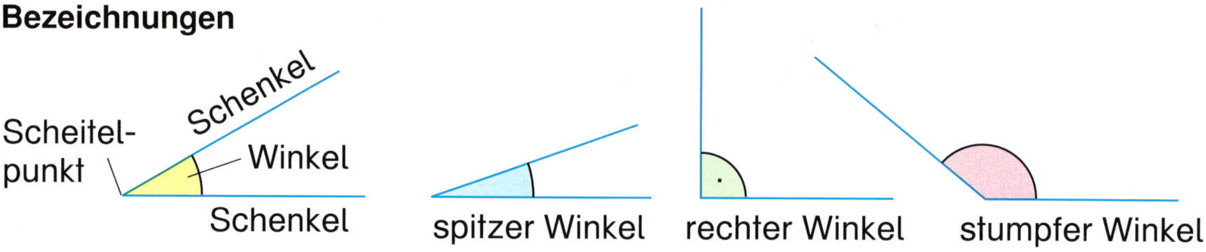

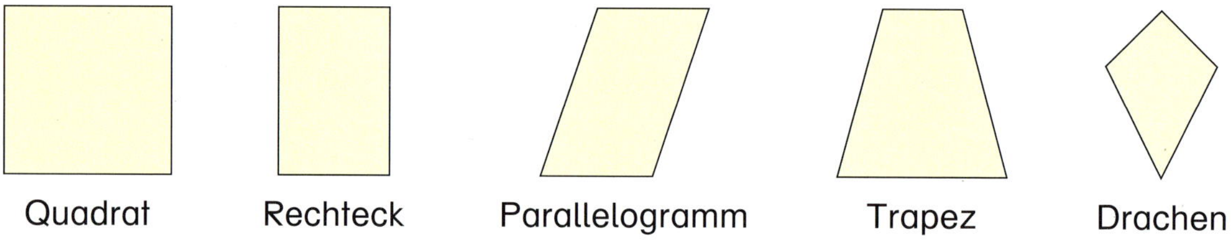

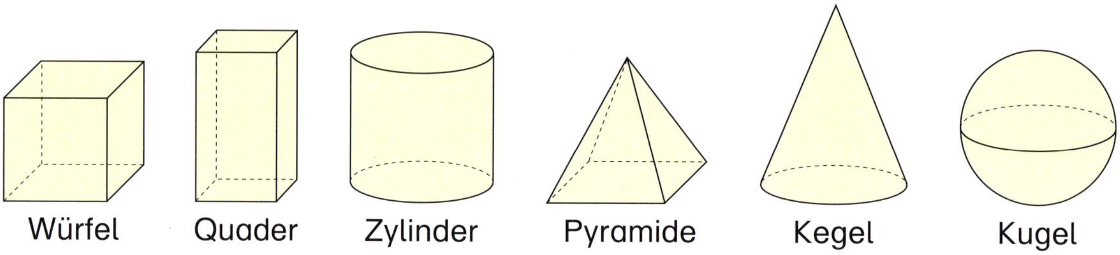

Winkelsumme im Dreieck

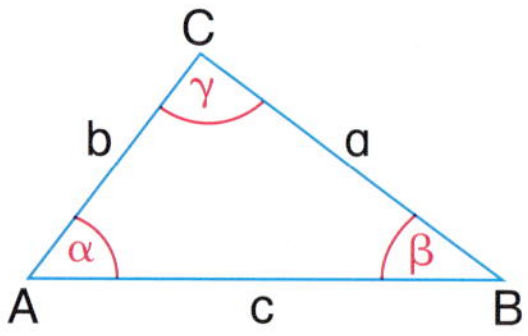

α alfa
β beta
γ gamma

$\alpha + \beta + \gamma = 180°$

Berechnungen

Quadrat

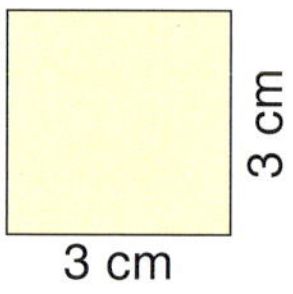

$A = a \cdot a$ | $u = 4 \cdot a$
$A = 3 \cdot 3$ | $u = 4 \cdot 3$
$A = 9\ cm^2$ | $u = 12\ cm$

Rechteck

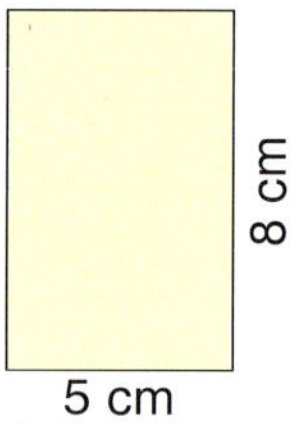

$A = a \cdot b$ | $u = 2 \cdot a + 2 \cdot b$
$A = 8 \cdot 5$ | $u = 2 \cdot 8 + 2 \cdot 5$
$A = 40\ cm^2$ | $u = 26\ cm$

Parallelogramm

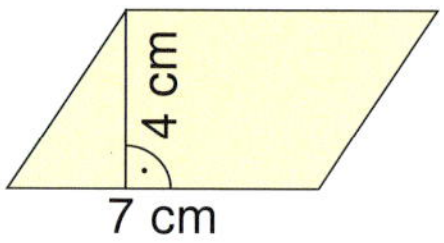

$A = g \cdot h$
$A = 7 \cdot 4$
$A = 28\ cm^2$

Dreieck

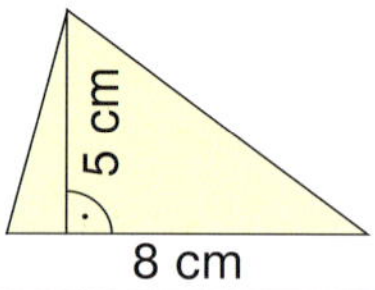

$A = \frac{g \cdot h}{2}$
$A = \frac{8 \cdot 5}{2}$
$A = 20\ cm^2$

Quader

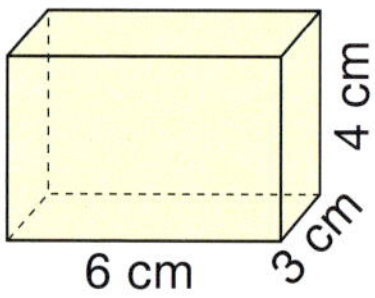

$V = a \cdot b \cdot c$
$V = 6 \cdot 3 \cdot 4$
$V = 72\ cm^3$

O = 2 · Grundfläche + 2 · Vorderfläche
+ 2 · Seitenfläche
$O = 2 \cdot 18 + 2 \cdot 24 + 2 \cdot 12$
$O = 108\ cm^2$